Peter Kliemann
Glauben ist menschlich

ctb calwer taschenbibliothek 13

Peter Kliemann

Glauben ist menschlich

Argumente für die Torheit
vom gekreuzigten Gott

Calwer Verlag Stuttgart

Bibliografische Information Der Deutschen Bibliothek

Die Deutsche Bibliothek verzeichnet diese Publikation in der Deutschen Nationalbibliografie; detaillierte bibliografische Daten sind im Internet über *http://dnb.ddb.de* abrufbar.

Das Werk folgt der reformierten Rechtschreibung. Ausnahmen bilden Texte, bei denen künstlerische, philologische und lizenzrechtliche Gründe einer Änderung entgegenstehen.

ISBN 978-3-7668-3719-6

17. Auflage 2016

Umschlaggestaltung: Karin Sauerbier, Stuttgart
Satz: Typomedia GmbH, Ostfildern
Druck und Verarbeitung: CPI books GmbH, Leck

Inhalt

Vorwort

Wir unterscheiden in unserem Sprachgebrauch manchmal zwischen »gläubigen« und »ungläubigen« Menschen, so, als gäbe es Menschen, die an gar nichts glauben. Doch gibt es das wirklich? Glaubt nicht jeder Mensch tagein, tagaus an etwas oder jemanden? Glaube ich, wenn ich mit meinem Auto über eine Brücke fahre, nicht fest daran, dass die Brücke nicht unter mir zusammenbricht? Glaube ich, wenn ich einem Freund ein Geheimnis anvertraue, nicht fest daran, dass er es nicht weitererzählt? Glauben Schülerinnen und Schüler, die sich um gute Noten bemühen, nicht daran, dass diese Noten ihnen einmal bessere Ausbildungs- und Berufschancen eröffnen werden?
Insofern gilt zweifellos: Glauben ist menschlich. Oder wie Jörg Zink und Rainer Röhricht es in einem gemeinsamen Gedicht formuliert haben:[1]

Es geht nicht ohne Glauben

Jeder Mensch glaubt irgendetwas,
auch wenn er meint, er glaube nichts.
Er kann nicht von dem leben,
was er sehen und beweisen kann.

Niemand kann einen Menschen lieben,
wenn er nicht glauben will,
denn der andere kann nicht ständig beweisen,
dass er es ernst meint.

Niemand kann einem anderen vertrauen,
wenn er nicht glauben will,
denn der andere kann ihm nicht beweisen,
dass er Vertrauen verdient.

Niemand kann etwas planen oder tun,
wenn er nicht glauben will,
denn er kann nicht wissen,
was die Zukunft bringt.

»Glauben« kann sich in unserer Sprache aber nicht nur auf einzelne Dinge, Personen oder Sachverhalte beziehen, sondern auch auf das Ganze des Lebens und das Ganze der Wirklichkeit. In diesem Sinn bekennen Christinnen und Christen, dass sie an Jesus Christus glauben. Der gekreuzigte Gott ist für sie Ursprung, Mitte und Ziel allen Lebens und aller Wirklichkeit. Andere Menschen vertrauen auf eine andere Sicht der Welt. Sie glauben zum Beispiel an die Kräfte des Marktes, an den Unterhaltungswert des Lebens, an Marx, an Freud, an den Zufall, an das Gesetz des Stärkeren oder einfach an sich selbst. Auch Paulus, der christliche Missionar des ersten Jahrhunderts, hatte wohl schon eine ähnlich plurale Situation vor Augen, wenn er in seinem ersten Brief an die Gemeinde der Hafenstadt Korinth schrieb, für andere Menschen sei »das Wort vom Kreuz« »ein Ärgernis« oder »eine Torheit«, für Christinnen und Christen jedoch »Gottes Weisheit« und »eine Gotteskraft« (vgl. 1. Kor 1,18–25).[2]

Im vorliegenden Buch soll nun versucht werden, den christlichen Glauben zu durchdenken, und zwar so, dass deutlich wird, was er mit anderen Arten des Glaubens gemeinsam hat und was ihn von anderem Glauben trennt.

Dabei kann man sich sicher darüber streiten, wie wichtig es ist, den christlichen Glauben ausgerechnet zu denken. Ist es nicht viel wichtiger, *dass* wir an Jesus Christus glauben, und das mit ganzem Herzen und nicht so sehr mit dem Kopf? Und sollten wir unseren Glauben nicht viel mehr *leben* als lange über ihn nachzudenken? Wie immer man die Gewichte setzt: Dass der christliche Glaube *auch* gedacht und mit vernünftigen Argumenten begründet sein will, ist schon für das Neue Testament keine Frage. Im 1. Petrusbrief heißt es ganz unmissverständlich: »Seid allezeit bereit zur Verantwortung vor jedermann, der von euch Rechenschaft fordert über die Hoffnung, die in euch ist!« (1. Petr 3,15) So war es schon in neutestamentlichen Zeiten unerlässlich, vielen Mitmenschen überhaupt erst einmal zu erklären, worum es im christlichen Glauben inhaltlich geht. Und bereits damals kamen die Christinnen und Christen um das Durchdenken ihres Glaubens auch schon deshalb nicht herum, weil sie untereinander keineswegs immer einig waren, wie der gemeinsame christliche Glaube denn nun konkret in Lebenspraxis umgesetzt werden sollte.

An der Notwendigkeit, den christlichen Glauben auch zu denken,

hat sich bis heute kaum etwas verändert. In einem Zeitalter zunehmender Säkularisierung und Differenzierung des gesellschaftlichen Lebens ist sie nach 2000 Jahren Christentumsgeschichte eher noch dringlicher geworden.
Nun ist an theologischen Büchern sicherlich kein Mangel. Kaum ein Teilaspekt des christlichen Glaubens ist nicht gründlich untersucht worden, und auch an meditativen und erbaulichen Veröffentlichungen, an mehrbändigen Dogmatiken und detaillierten Nachschlagewerken ist die Auswahl groß. Was weitgehend fehlt, sind jedoch relativ knappe, aber doch umfassende, allgemein verständliche und doch begrifflich möglichst klare Gesamtdarstellungen für die »gebildete Laiin« und den »gebildeten Laien«.[3] Dies wurde mir als Oberstufenlehrer an einem Gymnasium in Baden-Württemberg deutlich, und so entstanden die vorliegenden »Argumente«, die zunächst einmal für den internen Gebrauch gedacht waren und für mich selbst und meine Schülerinnen und Schüler eine thesenartige Zusammenfassung des Abiturstoffes im Fach Evangelische Religion bieten wollten.[4] In überarbeiteter Form wenden sie sich jetzt nicht nur an Schüler und Lehrer[5] der gymnasialen Oberstufe, sondern auch an interessierte Gemeindemitglieder, an Kolleginnen und Kollegen in anderen Schultypen, in der Erwachsenenbildung und in der Gemeindearbeit, an Studienanfänger sowie an all diejenigen, die sich nicht oder nicht mehr Christen nennen, die sich aber dennoch mit den Inhalten des christlichen Glaubens kritisch auseinander setzen wollen.

Bemerkung zur 10. Auflage

Als ich »Glauben ist menschlich« schrieb, war in keiner Weise abzusehen, dass diese Publikation einmal so viele Auflagen erreichen würde. Da die allgemeine Resonanz auf mein Buch immer noch sehr positiv ist, habe ich auch für die 10. Auflage keinen Anlass für eine grundsätzliche Neufassung gesehen. Manche ungeschickte oder unklare Formulierung habe ich jedoch korrigiert, den einen oder anderen Abschnitt ergänzt und vor allem auch die Lektürehinweise im Anmerkungsteil auf den neuesten Stand gebracht. Ich wünsche dem Buch, das sich nun auch nach den Regeln der reformierten Rechtschreibung präsentiert, weiterhin viele zufriedene Leserinnen und Leser und bin für Anregungen und Verbesserungsvorschläge stets dankbar.
Für die geduldige, freundliche und äußerst kompetente Hilfe beim Durcharbeiten der Korrekturfahnen bin ich Friedemann Weitz aus Leutkirch im Allgäu sehr verbunden.

Tübingen, Februar 2001 *Peter Kliemann*

Kapitel I

Was soll das alles?

Erste Überlegungen zur Frage nach dem Sinn des Lebens

Die Frage nach dem Sinn des Lebens stellt man nicht jeden Tag

■ Auch Menschen, die sich nicht als besonders religiös bezeichnen würden, für die Gott vielleicht gar kein Thema mehr ist, fragen gelegentlich nach dem »Sinn des Lebens«. Wer sich auf diese Frage ernsthaft einlässt, wird schnell merken, dass sie nur die Überschrift für eine Fülle von weiteren, zum Teil eher theoretischen, zum Teil aber auch sehr existentiellen Fragen ist, die traditionellerweise im Rahmen von Religion und Theologie formuliert und reflektiert wurden:

Irgendwann fragt jeder nach dem Sinn des Lebens.

Warum bin ich überhaupt auf der Welt? Gibt es einen Ursprung und ein Ziel allen Lebens? Oder ist letztlich alles Zufall? Welchen Unterschied macht dies für meine konkrete Lebensgestaltung? Wie hängt mein Leben mit dem Leben der anderen zusammen? Ist es egal, ob ich so oder anders lebe? Gibt es Kriterien für Gut und Böse? Gibt es überhaupt so etwas wie »den Sinn des Lebens«? Kann ich für mich und andere befriedigend leben, wenn ich davon ausgehe, dass das Leben gar keinen Sinn hat? Was ist ein erfülltes, geglücktes Leben, was ein missglücktes? Wie gehe ich mit Leid, Unrecht und Schicksalsschlägen um? Gibt es ein Leben nach dem Tod? Ändert die Antwort auf diese Frage etwas an dem Leben vor dem Tod?

»Meist lebt man ja einfach so drauflos, ohne viel nachzudenken … Aber manchmal, da fragt man sich dann schon: Was soll das eigentlich alles? Wozu bin ich auf der Welt? Da hat man dann so seine philosophischen Stunden …«
Sonja, 17 Jahre

Man könnte also, ohne Andersdenkende und Andersgläubige vereinnahmen zu wollen, sagen, dass es

Sinnfrage = Gottesfrage?

sich bei der Sinnfrage – der Frage nach dem Woher, Wohin und Wozu des Lebens – um eine neuzeitliche, säkularisierte Fassung der Gottesfrage handelt.[6]

Die Frage nach dem Sinn unterscheidet den Menschen vom Tier.

■ Dass der Mensch überhaupt nach dem Sinn seines Lebens fragt, unterscheidet ihn aus der Sicht heutiger Verhaltensforschung vom Tier.[7] Während Tiere in ihrem Verhalten weitgehend durch ihre Instinkte geleitet werden, sind diese Instinkte beim Menschen verkümmert. Der Mensch ist ein »Mängelwesen«, das einerseits die einmalige Freiheit hat, andererseits aber auch dazu gezwungen ist, sich zu entscheiden, wie es sein Leben gestalten will. Da die Möglichkeiten hierzu zwar nicht für jeden Einzelnen, aber doch für die Gattung Mensch nahezu unbegrenzt sind, sind auch die Lebensentwürfe und Lebensmodelle der Menschen je nach historischen, gesellschaftlichen und biografischen Gegebenheiten sehr unterschiedlich und vielfältig.

Die Frage nach dem Sinn als Signal für Lebenskrisen

■ Die Frage nach dem Sinn des Lebens stellt man nicht jeden Tag. Wir können lange Zeit sehr gut von einem vorläufigen Ziel, von einem Termin und Projekt zum anderen leben, ohne uns über tiefgründige Fragen philosophischer oder theologischer Art überhaupt Gedanken zu machen. Es wäre schlimm, wenn es anders wäre. Denn wenn sich einem die Frage nach dem Sinn des Lebens aufdrängt, dann ist dies in der Regel ein Signal dafür, dass die bewährten Wahrnehmungs- und Handlungsmuster des Alltags durcheinander geraten sind, dass nicht mehr klar ist, warum und wie man eigentlich leben soll. Wer plötzlich schwer krank wird, wer einen Freund oder Verwandten verliert, wer in der Schule oder im Beruf versagt, wer arbeitslos ist, wer ein behindertes Kind zur Welt bringt, wessen Beziehung in die Brüche geht, der oder die fragt nach dem Sinn des Lebens, und zwar nicht selten recht verzweifelt.

»So lasst uns nun nicht schlafen wie die andern, sondern lasst uns wachen und nüchtern sein ...«
1. Thess 5,6

Weil kein Mensch gegen solche Situationen gefeit ist und weil Verzweiflung ein schlechter Ratgeber ist, ist es gut, die Frage nach dem Sinn des Lebens auch schon einmal dann zu stellen und zu durchdenken, wenn man nicht unter einem akuten Sinndefizit leidet.

Woran du dein Herz hängst, das ist dein Gott

■ Auch wer nicht ständig über den Sinn des Lebens nachdenkt, unterstellt nichtsdestoweniger immer schon einen bestimmten Sinn. Martin Luther hat dies in seinem Großen Katechismus von 1529 in der Auslegung zum 1. Gebot so formuliert:

Jeder Mensch unterstellt schon immer einen Sinn des Lebens.

»Was heißt ›einen Gott haben‹ bzw. was ist ›Gott‹? Antwort: Ein ›Gott‹ heißt etwas, von dem man alles Gute erhoffen und zu dem man in allen Nöten seine Zuflucht nehmen soll. ›Einen Gott haben‹ heißt also nichts anderes, als ihm von Herzen vertrauen und glauben; in diesem Sinn habe ich schon oft gesagt, dass allein das Vertrauen und Glauben des Herzens einem etwas sowohl zu Gott als zu einem Abgott macht. Ist der Glaube und das Vertrauen recht, so ist auch dein Gott der rechte Gott, und umgekehrt, wo das Vertrauen falsch und unrecht ist, da ist auch der rechte Gott nicht. Denn die zwei gehören zusammen, Glaube und Gott. Das nun, sage ich, woran du dein Herz hängst und worauf du dich verlässest, das ist eigentlich dein Gott.«[8]

Luther fasst an dieser Stelle die Begriffe »Glauben« und »Gott« sehr weit. Man kann sich kaum einen Menschen vorstellen, der in diesem Sinn nicht an etwas glaubt, der sein Herz nicht an etwas hängt, der nicht irgendwo einen bewussten oder unbewussten Orientierungspunkt hat, für den nicht irgendetwas oder irgendjemand im Leben das Wichtigste ist. Auch ein Atheist glaubt nach Luthers Verwendung des Begriffs also an etwas, auch wenn er es vielleicht gar nicht benennen kann und will.

Auch Atheisten glauben.

Wenn das, »woran du dein Herz hängst ..., eigentlich dein Gott« ist, dann ist damit allerdings noch nicht ausgemacht, um was für einen Gott es sich handelt, ob er wirklich den Namen Gott verdient oder nur ein Scheingott (»Abgott«) ist und ob er »in allen Nöten« auch wirklich hält, was man sich von ihm verspricht.

Woran Menschen ihr Herz hängen

■ Wir hängen unsere Herzen, meist ohne uns dessen richtig bewusst zu sein, an Geld, Beruf, Karriere, Eigenheim, Hobbies, Ehepartner, Freunde, Kinder, Schönheit, Unterhaltung, Kleidung, soziales Ansehen und anderes, das nützlich und erstrebenswert sein mag, bei dem sich in schwierigen Lebenssituationen aber sehr schnell zeigt, dass wir falschen Gottheiten und Abgöttern gedient haben, die keineswegs »in allen Nöten« eine »Zuflucht« bieten (vgl. dazu auch schon das Gleichnis vom reichen Kornbauern, Lk 12,16–21). Was alles den Sinn des Lebens nicht garantiert, lässt sich also bei einiger Selbstkritik relativ leicht erkennen, wesentlich schwieriger ist es hingegen, zu diesem Thema etwas Positives zu formulieren.

»Aber Gott sprach zu ihm: Du Narr! Diese Nacht wird man deine Seele von dir fordern; und wem wird dann gehören, was du angehäuft hast?« Lk 12,20

Um den Sinn des Lebens muss man streiten

■ In früheren Jahrhunderten bot in unserem Kulturkreis die biblisch-christliche Tradition ein in Einzelheiten zwar immer auch heftig umstrittenes, insgesamt aber doch allgemein akzeptiertes Erklärungsmodell für die verschiedenen Fragen und Situationen des alltäglichen Lebens, aber auch für die Bewältigung von individuellen, familiären und gesamtgesellschaftlichen Krisen. Dieses Erklärungsmodell ist heute vielen Menschen nicht mehr oder nur ungenügend bekannt und schon gar nicht mehr von allen als selbstverständlicher Bezugs- und Orientierungsrahmen akzeptiert. Das biblisch-christliche Erklärungsmodell ist fraglich geworden; an seine Stelle ist jedoch bisher kein gleichwertiger Ersatz getreten, so dass ein weltanschauliches Vakuum entstanden ist, das sowohl im Leben des Einzelnen als auch im

Das biblisch-christliche Erklärungsmodell ist fraglich geworden. An seine Stelle ist jedoch kein Ersatz getreten.

politischen Leben in einer oft nur notdürftig durch Geschäftigkeit und Krisenmanagement überdeckten Orientierungslosigkeit zum Ausdruck kommt.

In einer Gesellschaft, die sich nur langsam wandelte, war die Anzahl der möglichen Lebensmodelle noch überschaubar. In unserer sich mit rasantem Tempo, aber ohne klar erkennbare Zielrichtung verändernden Industrie- und Konsumgesellschaft übersteigt die Vielfalt von z.T. nur sehr kurzlebigen, oft auch von den Massenmedien, der Werbung und der Unterhaltungsindustrie gezielt ins Spiel gebrachten Lebensentwürfen nicht selten die Wahrnehmungs- und Strukturierungsfähigkeit des Einzelnen.

»Es gibt so viele Meinungen und Ansichten. Man weiß gar nicht, woran man sich halten soll ...« Markus, 18 Jahre

Können die Sozialwissenschaften das weltanschauliche Vakuum füllen?

■ Das entstandene weltanschauliche Vakuum versuchen u.a. verschiedene wissenschaftliche Disziplinen, vor allem die Sozialwissenschaften, zu füllen, indem sie immer wieder Modelle geglückten Lebens entwerfen. Dabei kann allerdings nicht übersehen werden, dass es kaum möglich ist, die gewachsene und im Alltag auch einfacher Menschen fest verankerte Tradition von Religionen einfach durch das nüchterne und notwendigerweise distanziert-kritische Kalkül wissenschaftlicher Forschung zu ersetzen.

Immerhin kann man aus sozialwissenschaftlichen Untersuchungen z.B. lernen,

- dass es für menschliches Leben wichtig ist, dass die Kommunikation mit anderen Menschen gelingt (was natürlich genauer zu definieren wäre!);
- dass es für menschliches Leben wichtig ist, dass der Mensch sich realisierbare Aufgaben stellt, dass er sich für etwas engagiert;
- dass es für menschliches Leben wichtig ist, dass der Mensch sich mit der Endlichkeit seines Lebens, mit seinen Schwächen, mit dem Tod und der Möglichkeit von Schicksalsschlägen auseinander setzt;
- dass die Erfahrung von Sinn nicht durch bloße Reflexion herstellbar ist, sondern vor allem auch durch emotionale und unbewusste Faktoren mitbestimmt wird;

»Ich will mal Psychologie studieren. Das interessiert mich, weil man damit erklären kann, wie der Mensch funktioniert, und weil man den Menschen als Psychologe helfen kann ...« Karin, 17 Jahre

– dass das, was der eine als sinnvolles Leben empfindet, für den anderen noch lange nicht sinnvoll sein muss;
– dass einem Menschen, der am Sinn des Lebens zweifelt, menschliche Zuwendung mehr nützt als alle Theorien über den Sinn des Lebens.

Den **Sinn des Lebens gibt es nicht.**

■ Weil der Mensch – heute mehr denn je – den Sinn seines Lebens erst suchen muss, kann kein einzelner Mensch oder keine Menschengruppe sich anmaßen, *den* Sinn des Lebens für alle Menschen in allen Situationen zu kennen. Jeder kann nur artikulieren und versuchen, anderen plausibel zu machen, worin er aufgrund seiner Erfahrungen und seines Wissens den Sinn des Lebens sieht. Wer sich damit nicht zufrieden geben und Eindeutigkeit um jeden Preis erzielen will, läuft Gefahr, anderen Menschen physisch oder psychisch Gewalt anzutun, ihre Andersartigkeit und Vielfalt zu unterdrücken und diktatorischen oder inquisitorischen Verhältnissen den Weg zu bereiten.

Toleranz darf nicht mit Beliebigkeit oder Gleichgültigkeit verwechselt werden.

»Jeder hat halt seinen Glauben. Da kann man nichts machen ...«
Heiko, 18 Jahre

Ist bei der Behandlung der Sinnfrage also grundsätzlich Toleranz und Offenheit für die Lebensäußerungen anderer Menschen angezeigt, so darf diese Haltung jedoch nicht mit Beliebigkeit und Gleichgültigkeit verwechselt werden. Weil meine Antwort auf die Frage nach dem Sinn des Lebens in ihren Auswirkungen meine Mitmenschen konkret berührt und weil ihre Antworten auch auf mich unter Umständen unangenehme Folgen haben, können wir uns nicht damit zufrieden geben, dass eben jeder sein Leben so leben soll, wie er denkt. Müsste insbesondere in unserer heutigen Welt, die in ihrer Gesamtheit von ökologischen, militärischen, ernährungspolitischen Katastrophen unvorstellbaren Ausmaßes bedroht ist, nicht jeder Mensch bestrebt sein, seine vorläufige Antwort auf die Frage nach dem Sinn des Lebens mit den Antwortversuchen anderer Menschen zu konfrontieren und mit ihnen gemeinsam um den richtigen Weg zu einem lebenswerteren Leben zu streiten?

Die folgenden Bemühungen, die Sinnfrage aus christlicher Sicht zu beantworten, verstehen sich als ein Beitrag zu solch einem Dialog.

Gott = Liebe?

■ Sollte ich in einem Satz zusammenfassen, worin für mich als Christ der Sinn des Lebens liegt, so würde ich in Anlehnung an den 1. Johannesbrief sagen: In der Liebe. In der Liebe, die Gott uns schenkt und die wir Menschen weitergeben sollen. Solch eine Behauptung ist natürlich erklärungsbedürftig, denn es gibt nicht viele Wörter in der deutschen Sprache, die missverständlicher und vieldeutiger sind als die Begriffe »Gott« und »Liebe«. Man könnte die folgenden Arbeitsthesen deshalb als eine ausführliche, in vielerlei Variationen durchbuchstabierte Paraphrase des neutestamentlichen Satzes »Gott ist Liebe« (1. Joh 4,8.16) ansehen.[9]

These: Der Sinn des Lebens liegt in der Liebe, die Gott uns schenkt und die wir Menschen weitergeben sollen.

»Gott ist die Liebe; und wer in der Liebe bleibt, der bleibt in Gott und Gott in ihm.« 1. Joh 4,16

■ Wer die These »Gott ist Liebe« aufstellt, muss sich zu Beginn des neuen Jahrtausends zunächst einmal bewusst machen, dass viele Zeitgenossen die Existenz Gottes überhaupt bestreiten oder doch zumindest anzweifeln. Im nächsten Kapitel wird es deshalb darum gehen zu erklären, was eigentlich für oder gegen die Existenz eines göttlichen Wesens spricht.

Gott? Gibt es den überhaupt?

Kapitel II

Gott? Gibt es den überhaupt?

Der neuzeitliche Atheismus als Herausforderung für den christlichen Glauben

»Lasst uns essen und trinken; denn morgen sind wir tot!«

Zur Geschichte des Begriffs »Atheismus«

Der Begriff »Atheismus« (von griech. *átheos* = »ohne Gott«, »gottleugnend«) hat eine lange Geschichte. Als »Atheisten« wurden in der griechisch sprechenden Antike diejenigen bezeichnet, die sich weigerten, die offiziellen Gottheiten des Staatskultes anzubeten; das heißt, auch die ersten Christen waren nach dieser Definition »Atheisten«. Atheismus im heutigen Sinn, d.h. als grundsätzliche Leugnung der Existenz eines göttlichen Wesens, ist jedoch ein relativ neues Phänomen. Es wurde schon immer, zum Teil auch mit Waffengewalt, darum gestritten, wie Gott beschaffen sei und was genau sein Wille sei; dass es aber vielleicht gar keinen Gott gibt, das ist ein Gedanke, der im Zeitalter der europäischen Aufklärung, also dem 17./18. Jahrhundert, Boden gewinnt und erst im 19. und 20. Jahrhundert auch breitere Bevölkerungsschichten erfasst.

Der Atheismus der Bundesbürger neigt zur Sprachlosigkeit.

Liest man neuere religionssoziologische Untersuchungen zum religiösen Bewusstsein der Bundesbürger, dann gewinnt man den Eindruck, dass wir es zur Zeit vor allem mit einem schleichenden, versteckten Siegeszug des Atheismus zu tun haben. Wer sich ausdrücklich zum Atheismus bekennt, riskiert, seine Position, seine Lebensperspektiven und Werte, das, »woran er sein Herz hängt«, erläutern und begründen zu müssen. Er ist insofern für Christen ein sehr interessanter und anregender Gesprächspartner. Viel häufiger als dieser Überzeugungsatheismus ist heute jedoch ein stillschweigender, sprachloser Atheismus, für den die Gottesfrage anscheinend überhaupt kein Thema mehr ist, der sich nicht einmal mehr die Mühe macht, Gott auch nur abzulehnen.

Will man die Lebensfragen, die über Jahrhunderte und Jahrtausende hinweg in religiösen Kategorien formuliert wurden, nicht mit einem Schlag für gänzlich erledigt und beantwortet betrachten, dann wäre zu überlegen, ob sie heute in einem anderen Rahmen artikuliert werden (in der Politik? in Talkshows? in therapeutischen Gruppen? in der Popmusik? in der Kulturszene?) oder ob sie nicht nur aus Hilflosigkeit und Bequemlichkeit verdrängt und beiseite geschoben werden. Im letzteren Fall hätten wir es mit einem unkritischen und unreflektierten Materialismus zu tun, getreu dem schon in der Bibel zitierten, in einer Wohlstandsgesellschaft ganz neuen Ausmaßes aber hochaktuellen Motto »Lasst uns essen und trinken; denn morgen sind wir tot!« (1. Kor 15,32; Jes 22,13). Sollte dem so sein, dann wäre dies, zumindest für Christen, allerdings kein Grund, unseren Mitbürgerinnen und Mitbürgern ihre Flucht vor Fragen, die ihnen zu komplex und schwierig erscheinen, lediglich zum Vorwurf zu machen, sondern vor allem auch ein Anlass, sie zur Artikulation und Reflexion ihrer vergessenen und verdrängten Lebensfragen zu ermutigen und mit ihnen gemeinsam nach lohnenden Lebenszielen zu suchen, die ein Überschreiten von bloßen Konsumentenrollen möglich machen.

Die versteckte Gottesfrage

Wohlstands-atheismus?

»Liebe Brüder, wenn ein Mensch etwa von einer Verfehlung ereilt wird, so helft ihm wieder zurecht mit sanftmütigem Geist ... und sieh auf dich selbst, dass du nicht auch versucht werdest.«
Gal 6,1

Drei Argumente gegen Gott

Da, wo Atheismus sich artikuliert, erreicht er nur selten das philosophische Niveau von Feuerbach, Marx oder Nietzsche, auf die gleich noch einzugehen sein wird. Auch wer die Gedankengänge dieser Philosophen nicht kennt, kann in der Regel drei Gründe anführen, die nach weit verbreiteter Ansicht den Glauben an Gott unmöglich machen:

1. Argument: Naturwissenschaft und Gottesglaube sind unvereinbar.

- Ein erstes Argument lautet, die Erkenntnisse der modernen Naturwissenschaften ließen sich mit einem Gottesglauben, der ja weitgehend auf märchen- und mythenhaften Annahmen beruhe, nicht vereinbaren. Gottesglaube sei vielleicht in früheren Epochen ein angemessener Erklärungsversuch der Wirklichkeit gewesen, zu Beginn des 21. Jahrhunderts sei er jedoch endgültig überholt. – Diese These beruht weitgehend auf Missverständnissen, die im nächsten Kapitel bei einer Untersuchung des Verhältnisses von Glauben, Theologie und Naturwissenschaft ausgeräumt werden sollen.

Ein Missverständnis?

→ S. 42ff.

2. Argument: Der Gottesglaube hat in seiner bisherigen Geschichte wenig Positives bewirkt.

- Ein zweites Argument verweist auf die Grausamkeiten und Ungerechtigkeiten, die im Namen der Religion und speziell auch des Christentums bereits angerichtet wurden (Kreuzzüge, Inquisition, Hexenverbrennungen, Religionskriege, Verquickung von Mission und Kolonialismus, Verteufelung von Sexualität, Segnung von Kanonen, Bündnisse zwischen Thron und Altar – um nur einige zu nennen), und zieht daraus den Schluss, dass Gottesglauben bisher wenig Positives hervorgebracht habe. – Diese Kritik am bisherigen Verlauf der Kirchengeschichte ist sehr ernst zu nehmen (auch wenn die Geschichte des Christentums dabei oft allzu einseitig und polemisch dargestellt wird!), andererseits kann ein Versagen der Institution Kirche und ihrer Mitglieder aber niemals die Möglichkeit der Existenz Gottes widerlegen. Was die kritische Analyse der Kirchengeschichte belegt, ist doch nur, dass die Institution Kirche und ihre Mitglieder sehr oft das Evangelium von Jesus Christus, auf das sie sich beriefen, entstellt, in sein Gegenteil verkehrt und missbraucht haben. Daraus kann man die Notwendigkeit einer radikalen Kirchenkritik ableiten, die – ähnlich wie bei der notwendigen Kritik an Institutionen wie Schule, Staat oder Familie

Kirche = Gott?

– aber nicht unbedingt die völlige Abschaffung von Kirche und Christentum bedeuten muss, sondern eben genauso auch ihre Reform und Erneuerung zum Ziel haben könnte.

3. Argument: Wie kann Gott das zulassen?

● Ein drittes, gewichtiges Argument entsteht aus dem Protest gegen die Fülle menschlichen Leidens, das wir sowohl in unserer näheren Umgebung als auch weltweit beobachten können. Behinderte Menschen und verhungernde Kinder, Naturkatastrophen, unverschuldete Krankheiten, soziale Ungerechtigkeiten, Kriege, Folter oder gar unvorstellbare Gräuel wie die von Auschwitz führen zu der Frage, die man in der Sprache der Theologen als *Theodizeefrage* (Theodizee, von griech. *theós* = »Gott« und *díkē* = »Gerechtigkeit«, wörtlich: Rechtfertigung Gottes) bezeichnet und die im Alltag meist in der Formulierung »Wie kann Gott das zulassen?« zum Ausdruck kommt. Diese Frage, die Georg Büchner in seinem Drama »Dantons Tod« den »Fels des Atheismus« genannt hat,[10] stellt für den Gottesglauben einen nicht zu unterschätzenden Prüfstein dar.

Keine vorschnellen Antworten!

Vorschnelle Antworten wie die, dass Gott die Menschen vielleicht nur auf die Probe stellen wolle oder dass die Leiden der Menschen vielleicht die Buße für begangene Untaten und Verfehlungen seien, sind aus zwei Gründen unangebracht:

– Einmal maßen sie sich an, Gottes Pläne und Absichten zu kennen, seinen Willen berechnen zu können, was zumindest dem biblischen Gottesbild widerspricht und schon den Freunden Hiobs Tadel eingebracht hat (vgl. Hiob 42,7f.).

– Zum anderen nützen Theorien über die Ursachen des Leids dem, der leidet, sehr wenig. Sie laufen Gefahr, zynisch und herzlos zu sein.

Sinnvoller ist es hingegen, sich zu überlegen, wie man mit dem Leid, das ja auch nach der Abschaffung des Gottesglaubens nicht aus der Welt geschafft wäre, umgehen könnte, die Frage »Wie kann Gott das zulassen?« also in die Frage »Wie kann ich mit dem

»Die Frage ›Wo war Gott in Auschwitz?‹, an der sich die verschiedensten Denker versucht haben, geht nach meiner Ansicht über menschliche Kräfte. Es mag der Mühe wert gewesen sein, die klügsten, tiefsten, persönlichsten Antworten auf diese Frage zu versuchen. Ich fühle mich dieser Frage nicht gewachsen. Es

bleibt uns nur auf Auschwitz zu antworten. Und eine solche Anwort kann – so möchte ich sagen – letztlich nicht gedacht, sondern nur getan werden.«
Yehoshua Amir[11]

»Mein Gott, mein Gott, warum hast du mich verlassen?« Ps 22,2; Mk 15,34

Leid auf eine produktive und würdige Art und Weise umgehen?« umzuformulieren. Ob es der biblische Gottesglauben wirklich ermöglicht, mit Leiden produktiver und würdiger umzugehen als z. B. der Atheismus, kann jeder Mensch nur für sich selbst prüfen. Leiden ist jedenfalls sowohl im Alten Testament (vgl. neben dem Buch Hiob die Auseinandersetzung mit dem Leid in den Klagepsalmen!) als auch für die neutestamentliche Botschaft vom unschuldig am Kreuz hingerichteten Gottessohn nicht nur ein beliebiges Thema unter vielen.[12]

Kann man die Existenz Gottes beweisen?

Wer sich über die Existenz oder Nicht-Existenz eines göttlichen Wesens Gedanken macht, kommt sehr schnell zu der Frage, ob man die Existenz Gottes denn beweisen könne.[13] In der Geschichte der christlichen Theologie, vor allem auch in der Scholastik des Mittelalters, wurden in diesem Zusammenhang so genannte *»Gottesbeweise«* formuliert:

Fünf »Gottesbeweise«

- *Der kosmologische Gottesbeweis* (von griech. *kósmos* = »Schmuck, Ordnung, Weltall«) schließt aus der Tatsache, dass es in der Welt Bewegung gibt und dass jedes Bewegte seinerseits von einem anderen bewegt wird, auf die Notwendigkeit eines ersten Bewegers – »quod omnes nominant Deum« (»und eben dies nennen alle ›Gott‹«, so die berühmte Standardformel des Thomas von Aquin, 1225–1274, am Ende seiner Beweisgänge). Eine Variante des kosmologischen Gottesbeweises geht davon aus, dass alles in der Welt eine Ursache hat, es eine endlose Kette von Ursachen aber nicht geben könne. Also müsse es eine erste Ursache geben – quod omnes nominant Deum.
- *Der teleologische Gottesbeweis* (von griech. *télos* = »Ziel, Endzweck«) geht von der Ordnung, Zweckmäßigkeit und Zielstrebigkeit der Welt und vor allem

»Herr, wie sind deine Werke so groß und viel! Du hast sie alle weise geordnet, und die Erde ist voll deiner Güter.« Ps 104,24

auch der Natur aus. Aus dem Staunen über die kleinen und großen »Wunder der Natur« schließt dieser Gottesbeweis auf die Notwendigkeit eines Weltordners oder Weltschöpfers.

- *Der ethnologische Gottesbeweis* (von griech. *éthnos* = »Volk«) schließt aus der Beobachtung, dass alle Völker und Kulturen – weitgehend unabhängig voneinander – Vorstellungen von göttlichen Wesen entwickelt haben, dass dann an dieser Vorstellung doch etwas dran sein müsse.
- *Der ontologische Gottesbeweis* (von griech. *on* = »seiend, seinsmäßig, dem Sein nach«) schließt – in einer uns heute nur noch mit Mühe nachvollziehbaren Logik – von der Tatsache, dass wir Gott als vollkommenes Wesen denken können, auf die Notwendigkeit seiner Existenz. Dieser Beweis geht auf den mittelalterlichen Theologen Anselm von Canterbury (1033–1109) zurück.
- *Der moralische Gottesbeweis* schließlich, der mit dem Philosophen Immanuel Kant (1724–1804) in Verbindung gebracht wird, lautet: Gäbe es keinen Gott, dann gäbe es für uns Menschen letztlich auch keinen zwingenden Grund, uns moralisch und sittlich zu verhalten.

Nun lassen sich zu jedem dieser so genannten »Beweise« leicht »Gegenbeweise« führen: Warum muss es denn eigentlich einen ersten Beweger oder eine erste Ursache geben? Ist die Welt wirklich so wohlgeordnet und bewundernswert oder nicht oft auch sehr grausam und unbarmherzig? Kann es sich bei den Gottesvorstellungen der Völker nicht um bloße Projektionen, um naive, heute überholte Deutungen der Wirklichkeit handeln? Muss ein Atheist, nur weil er nicht an Gott glaubt, mit Notwendigkeit ein unmoralischer und unsittlicher Mensch sein? **»Gegenbeweise«**

Noch schwerwiegender sind aber theologische Einwände grundsätzlicher Art: Können Menschen mit ihrem endlichen Verstand ein unendliches, alles umfassendes und allem zugrunde liegendes Wesen über-

»Selig sind, die nicht sehen und doch glauben!« Joh 20,29

Gott lässt sich nicht beweisen!

haupt beweisen? Hieße Gott »beweisen« nicht auch immer, sich Gott verfügbar und kalkulierbar machen? Und liefe das nicht zumindest dem biblischen Gottesglauben völlig zuwider? Heutige Theologen lehnen die so genannten Gottesbeweise aus diesen Gründen in aller Regel ab. Trotzdem handelt es sich bei diesen Argumentationsfiguren nicht einfach um Unsinn. Diese »Beweise« können uns – von alltäglichen, z. T. kindlichen Erfahrungen ausgehend – anregen und dazu bringen, über »Gott und die Welt«, über Ursprung, Sinn und Ziel unseres Lebens nachzudenken. Wer sich auf diese Gedankengänge der Gottesbeweise einlässt und versucht, sie zu widerlegen, hat schon begonnen, Philosophie und Theologie zu betreiben. Er hat die Scheuklappen eines bewusstlosen Materialismus abgelegt.

Ludwig Feuerbach: Gott – eine Projektion des Menschen

Als Begründer des modernen, philosophisch durchdachten Atheismus gilt der Philosoph Ludwig Feuerbach (1804–1872). Etwas spöttisch hat man ihn, der zunächst ja selbst Theologie studiert hatte, auch den »Kirchenvater des modernen Atheismus« genannt.

Gott ist ein Wunschbild menschlicher Sehnsüchte und Hoffnungen.

Feuerbach vertritt in seinem Hauptwerk »Das Wesen des Christentums« von 1841 die These, Gott sei eine bloße Projektion des Menschen, ein Wunschbild seiner eigenen Hoffnungen und Sehnsüchte. Weil der Mensch es nicht aushält, unvollkommen und endlich zu sein, erfindet er sich ein vollkommenes und allmächtiges Wesen; weil er selbst nicht sterben will, erfindet er die Vorstellung von der Unsterblichkeit der Seele; weil er die Ungerechtigkeit auf Erden nicht erträgt, kommt er auf den Gedanken einer himmlischen Gerechtigkeit. In Umkehrung eines Satzes aus dem ersten Kapitel der Bibel kommt Feuerbach zu dem Schluss: »Der Mensch schuf Gott nach seinem

»Und Gott schuf den Menschen zu seinem Bilde, zum Bilde Gottes schuf er ihn . . .« 1. Mose 1,27

Bilde.« Problematisch an diesen Projektionsvorgängen ist für Feuerbach, dass der Mensch durch sie von sich selbst entfremdet wird, dass er sich innerlich entzweit, zwiespältig wird. Religion ist die Negation des Menschen, weil sie den Menschen dazu verleitet, seine Energien an ein illusionäres Konstrukt zu verlieren, anstatt sein Schicksal selbst in die Hand zu nehmen und die Welt nach seinen Bedürfnissen zu gestalten.

→ S. 89ff.

Die Konsequenzen, die Feuerbach aus seinen Überlegungen ziehen muss, liegen auf der Hand. Die Vorstellungen von Gott und einer jenseitigen Welt müssen überwunden werden. Damit kommt es aber zur Negation der Negation des Menschen. Die Einheit des Menschen mit sich selbst wird wieder hergestellt. Auf diese Weise wird Theologie (Lehre von Gott) zu Anthropologie (Lehre vom Menschen), Religion wird durch Politik, das Warten auf ein besseres Jenseits durch das Engagement für ein besseres Diesseits ersetzt. Feuerbach will, wie er es selbst formuliert, die Menschen »aus Gottesfreunden zu Menschenfreunden, aus Betern zu Arbeitern, aus Candidaten des Jenseits zu Studenten des Diesseits« machen.[14]

Aus »Candidaten des Jenseits« sollen »Studenten des Diesseits« werden.

Rückfragen an Feuerbach

»Da riss alles Volk sich die goldenen Ohrringe von den Ohren und brachte sie zu Aaron. Und er nahm sie von ihren Händen und bildete das Gold in einer Form und machte ein gegossenes Kalb. Und sie sprachen: Das ist dein Gott, Israel, der dich aus Ägyptenland geführt hat!«
2. Mose 32,3f.

Wer sich nun kritisch mit Feuerbachs Projektionstheorie auseinander setzt, wird zunächst zugestehen müssen, dass Religion in der Tat mit Projektionen zu tun hat. Menschen machen sich Vorstellungen und Bilder von den Göttern, die sie verehren, und in diesen Vorstellungen und Bildern kommen biografisch, kulturell und gesellschaftlich bedingte Bedürfnisse und Sehnsüchte zum Ausdruck. Dass dem so ist, wird durch die Religionsgeschichte vielfältig belegt und durch die Erkenntnisse der modernen Psychologie, insbesondere die Untersuchungen Sigmund

Muss Brot eine Projektion des Hungers sein?

Freuds (1856–1939), auch weitgehend plausibel erklärt. Die Frage ist nur, ob Religion deshalb *nichts anderes als*, ob sie *nur* Projektion sein muss. Schon sehr bald wurde Feuerbach von seinen Kritikern entgegengehalten, ob denn Brot eine Projektion des Hungers sein müsse, nur weil es dem menschlichen Wunsch nach Sättigung entspricht. Aus der richtigen These, die Gottesbilder der Menschen enthielten Projektionen, lässt sich in der Tat kein logischer Schluss auf die Nicht-Existenz eines göttlichen Wesens ziehen. Ein Wesen, das menschlichen Wunschvorstellungen entspricht, kann sehr wohl auch existieren.

Projiziert Feuerbach selbst?

Feuerbach geht bei seiner Argumentation also selbst von unbewiesenen und auch nicht beweisbaren Annahmen aus. Wenn er das Bild eines mündigeren, tatkräftigeren Menschen der Zukunft malt, projiziert er außerdem selbst; er »hängt sein Herz an« einen Fortschrittsglauben, der im 19. Jahrhundert auf viele Menschen faszinierend wirken musste, dessen negative Auswirkungen heute aber niemand mehr übersehen kann.

Die Bibel kennt das Problem der Projektion.

→ S. 76 ff.

Speziell von der christlichen Religion her wäre vor allem darauf hinzuweisen, dass schon im Alten Testament immer wieder betont wird, dass der Gott Israels der ganz Andere, der nicht Verfügbare und Kalkulierbare sei (vgl. z. B. 2. Mose 3,14), von dem der Mensch sich kein Bild machen dürfe (2. Mose 20,4). Das Alte Testament rechnet selbst mit Projektionen und unterstreicht in den verschiedenen Phasen der Geschichte Israels immer wieder, dass der Gott, um den es geht, alle menschlichen Vorstellungen übersteigt und sprengt (vgl. dazu insbesondere auch die Religionskritik der Propheten).

Dass der biblische Gott sich nicht den menschlichen Vorstellungen fügt, zeigt sich dann auch im Neuen Testament, wenn der von den Menschen sehnsüchtig erwartete Messias als obdachloses Kind im Stall geboren und am Kreuz als politischer Aufrührer unschuldig hingerichtet wird. Dass ein solches Gottesbild – zumindest auf den ersten Blick – nicht gerade menschlichen Wünschen und Sehnsüchten entspricht, sieht schon Paulus; er schreibt, der gekreuzigte Christus sei für den gesunden Menschenverstand eigentlich »ein Ärgernis« und »eine Torheit« (1. Kor 1,18ff.).

Feuerbach hat dem christlichen Glauben einen Dienst erwiesen.

Zugespitzt könnte man behaupten, dass Feuerbach dem christlichen Glauben geradezu einen Dienst erwiesen hat. Er hat die Bilder und Vorstellungen, die sich auch Christen immer wieder von ihrem Gott machen, als solche entlarvt und somit Raum geschaffen für den Gott, der sich von seinem Selbstverständnis her nicht in menschliche Muster und Kategorien zwängen lassen will.

Menschen brauchen Bilder.

»Wir sehen jetzt durch einen Spiegel ein dunkles Bild; dann aber von Angesicht zu Angesicht. Jetzt erkenne ich stückweise; dann aber werde ich erkennen, wie ich erkannt bin.« 1. Kor 13,12

Dabei wäre es unbarmherzig und unrealistisch, von den Menschen zu verlangen, sie sollten sich gar keine Bilder und Vorstellungen von Gott machen. Ein Gottesglaube ohne Bilder und Vorstellungen, wie er von Bilderstürmern in nahezu allen Jahrhunderten immer wieder einmal gefordert wurde, wäre etwas sehr Theoretisches, Abstraktes und Blutleeres, zu erreichen nur um den Preis der Unterdrückung und Leugnung von Fantasien und Emotionen. Auch die Bibel, die ja alles andere will als einen abstrakten Glauben, verwendet deshalb Bilder, wenn sie von Gott spricht (vgl. z.B. Ps 23; Jes 66,13; 5. Mose 32,4.11; im Neuen Testament die Gleichnisse Jesu). Entscheidend ist, dass wir uns unserer Projektionen bewusst werden, dass wir sie uns eingestehen und dass wir immer wieder bereit sind, sie zu modifizieren und gegebenenfalls hinter uns zu lassen.

Karl Marx: Religion als Opium des Volkes

Von der Interpretation zur Veränderung der Welt

Karl Marx (1818–1883) nahm die religionskritischen Gedanken Feuerbachs auf und führte sie weiter. Er warf Feuerbach wie auch allen anderen Philosophen vor, sie hätten die Welt nur verschieden interpretiert, während es doch darauf ankäme, sie zu verändern. Deshalb interessiert Marx auch weniger die philosophische Auseinandersetzung mit der Gottesfrage – die hält er durch Feuerbachs Arbeiten im Wesentlichen für erfolgreich abgeschlossen –, sondern vielmehr die Analyse und Kritik derjenigen gesellschaftlichen Bedingungen, die Menschen überhaupt dazu bringen, sich in die Fantasiewelt der Religion zu flüchten. Marx begründet seine Religionskritik also weniger durch philosophische als durch historische, soziologische und ökonomische Überlegungen, auf die im Einzelnen noch in einem späteren Kapitel zurückzukommen sein wird: »Der Mensch, das ist kein abstraktes, außer der Welt hockendes Wesen. Der Mensch, das ist die Welt des Menschen, Staat, Sozietät.«[15]

→ S. 252 ff.

Religion ist für Marx etwas aus der materiellen Not Geborenes, das Produkt ungerechter und unmenschlicher gesellschaftlicher Lebensbedingungen. Sie gehört wie Kunst, Bildung, Wissenschaft oder Philosophie zum ideologischen »Überbau« einer nach dem Prinzip wirtschaftlicher Ausbeutung funktionierenden »Basis« der »Produktionsverhältnisse« und ist somit nichts anderes als deren Spiegelbild: »Dieser Staat, diese Sozietät produzieren die Religion, ein verkehrtes Weltbewusstsein, weil sie eine verkehrte Welt sind. Die Religion ist die allgemeine Theorie dieser Welt ... ihre Logik in populärer Form ... ihre moralische Sanktion, ihre feierliche Ergänzung, ihr allgemeiner Trost- und Rechtfertigungsgrund.«[16]

Religion als »Überbau« der Produktionsverhältnisse

Wenn Marx in diesem Zusammenhang Religion als »Opium des Volks«[17] bezeichnet, meint er damit zweierlei: Einerseits hat Religion eine einschläfernde, opiatische Wirkung auf die unterdrückten Volksmassen. Indem sie ihnen – ähnlich wie die Opiumpfeife dem chinesischen Kuli – ein paradiesisches Jenseits vorgaukelt, sie Demut, Gehorsam und Tugendhaftigkeit lehrt, lenkt sie von der notwendigen revolutionären Veränderung der bestehenden Gesellschaft ab. Insofern kommt sie der herrschenden Klasse sehr gelegen, zumal ihre Vertreter durch gelegentliche Almosen auch noch das Gefühl haben können, besonders wohltätig und gottgefällig zu leben. Andererseits ist Religion als Opium nach Marx jedoch auch eine Lebensäußerung »des (!) Volks«, eine »Protestation gegen das ... Elend ..., der Seufzer der bedrängten Kreatur, das Gemüt einer herzlosen Welt, ... der Geist geistloser Zustände«[18] und somit auch Ausdruck eines – allerdings unzulänglichen – Widerstands gegen die bestehenden Verhältnisse.

Religion ist Droge und Protestation zugleich.

Marx zieht anders als Lenin (1870–1924), der vom »Opium für (!) das Volk«[19] spricht und somit den Protestcharakter von Religion nicht mehr sieht, deshalb auch nicht den Schluss, man müsse Religion besonders nachdrücklich bekämpfen oder gar mit Gewalt ausrotten. Da Religion für ihn nur ein Symptom gesellschaftlicher und wirtschaftlicher Entfremdung ist, muss man in allererster Linie die gesellschaftliche und wirtschaftliche Entfremdung aufheben. Dann, in der klassenlosen Gesellschaft, einem in jeder Hinsicht paradiesischen Zustand auf Erden, wird Religion, weil sie überflüssig geworden ist, von selbst verschwinden. Um allerdings eine solche Revolution möglich zu machen und in Gang zu bringen, muss auch die Verschleierungsfunktion der Religion, ihr ideologischer Charakter, immer wieder entlarvt und der Blick der Menschen auf das wahre und unbeschönigte Elend der gesellschaftlichen Verhältnisse gelenkt werden. Religionskritik will also »die imaginären Blumen an der Kette« zerpflücken, »nicht damit der Mensch die phantasielose, trostlose Kette trage, sondern damit er die Kette abwerfe und die lebendige Blume breche. Die Kritik der Religion enttäuscht den Menschen, damit er denke, handle, seine Wirklichkeit gestalte wie ein enttäuschter, zu Verstand gekommener Mensch ...«[20]

Religion stirbt in der klassenlosen Gesellschaft von selbst ab.

Rückfragen an Marx

Christliche Religion kann »Opium des Volks« sein.

→ S. 244ff.

Marx ist in jedem Fall zuzugestehen, dass sein Vorwurf der Verschleierung und Stabilisierung der ungerechten gesellschaftlichen Verhältnisse im Hinblick auf das Christentum des 19. Jahrhunderts weitgehend seine Berechtigung hatte. Ein selbstkritisches Christentum ist Marx insofern auch zu Dank verpflichtet. Wie noch zu zeigen sein wird, stand insbesondere die offizielle evangelische Kirche in Deutschland damals in einem unglücklichen Bündnis von Thron und Altar weitgehend wirklich auf der Seite der Reaktion und der Unterdrückung. Und auch heute dient Religion und auch christliche Religion in vielen Ländern der Welt den Herrschenden zweifellos immer noch als Opiat zur Einschläferung und Ruhigstellung der ausgebeuteten und unterjochten Untertanen.

Christliche Religion muss aber nicht »Opium des Volks« sein.

»Darum, weil ihr die Armen unterdrückt und nehmt von ihnen hohe Abgaben an Korn, so sollt ihr in den Häusern nicht wohnen, die ihr von Quadersteinen gebaut habt, und den Wein nicht trinken, den ihr in den feinen Weinbergen gepflanzt habt. Denn ich kenne eure Freveltaten, die so viel sind ..., wie ihr die Gerechten bedrängt und Bestechungsgeld nehmt und die Armen im Tor unterdrückt.« Am 5,11f.

Nun wäre es allerdings falsch, derartige Phänomene mit Religion oder Christentum schlechthin gleichzusetzen. Dafür, dass Religion auch nicht-opiatische, revolutionäre Züge haben kann, gibt es ebenso viele Beispiele. Genannt seien für das Christentum des 20. Jahrhunderts hier etwa nur Dietrich Bonhoeffer, Martin Luther King, Camilo Torres, Ernesto Cardenal, Dom Helder Camara, Abbé Pierre oder Bischof Tutu. Dass radikales Eintreten für mehr soziale Gerechtigkeit, die Beseitigung von Armut und Elend und menschliche Gesellschaftsformen dabei dem Kern des biblischen Gottesglaubens mehr entsprechen als eine den Status quo religiös überhöhende und stabilisierende Frömmigkeit, wird im Folgenden hoffentlich noch deutlich werden.

Kritisch ist zu Marx' Religionskritik weiter anzumerken, dass an ihn, soweit er sich mit seiner Argumentation auf Feuerbachs Projektionstheorie stützt, genau dieselben Anfragen zu richten sind wie an Feuerbach. Aber auch die Punkte, in denen Marx über Feuerbach hinausgeht, provozieren eine Fülle von Fragen, deren Berechtigung zunehmend auch von marxistischen Philosophen wie z.B. Milan Machoveč, Ernst Bloch oder Roger Garaudy gesehen wurde:

– Besteht angesichts der tatsächlichen politischen Entwicklungen im Sozialismus, insbesondere auch seit dem Zusammenbruch des Ostblocks am Ende der 80er Jahre, überhaupt noch eine realistische Hoffnung, dass die klassenlose Gesellschaft jemals erreicht werden kann?

Wann kommt die klassenlose Gesellschaft?

– Spricht nicht vielmehr vieles dafür, dass der Gedanke der klassenlosen Gesellschaft selbst Ausdruck einer quasi-religiösen Utopie ist? Gab und gibt es in kommunistisch ausgerichteten Staaaten nicht auch sonst zahlreiche Anzeichen dafür, dass es sich beim Marxismus um eine säkularisierte Ersatzreligion handeln könnte? (Vgl. z.B. die kultische Verehrung von Revolutionshelden mit der Verehrung von Heiligen, Militärparaden mit Prozessionen, die Pflege von antikapitalistischen Feindbildern mit religiösen Einteilungen in Gut und Böse, die marxistische Geschichtsphilosophie mit apokalyptischen Endzeitvorstellungen.)

Ist der Marxismus eine Ersatzreligion?

– Selbst wenn – aller politischen Wahrscheinlichkeit zum Trotz – es tatsächlich einmal eine klassenlose Gesellschaft ohne materielle Nöte geben sollte, wären damit die Frage nach dem Sinn des Lebens, menschliche Probleme wie Schuld, Krankheit und Tod erledigt? Verkürzt zumindest der klassische Marxismus die Wirklichkeit nicht allzu sehr auf soziale und wirtschaftliche Dimensionen?

Wären in der klassenlosen Gesellschaft alle Lebensprobleme gelöst?

Friedrich Nietzsche: Gott ist tot!

Einen Atheismus ganz anderer Art vertritt Friedrich Nietzsche (1844–1900). Nietzsche geht davon aus, dass die Welt und das Leben ohne jeglichen Sinn sind. Er ist also Nihilist (lat. *nihil* = »nichts«) und kann deshalb auch dem humanistischen Fort-

Das Leben hat keinen Sinn.

schrittsglauben von Feuerbach und Marx nicht zustimmen. Jeder Versuch, der sinnlosen Welt einen Sinn zu unterlegen, ist für ihn nur ein Zeichen von Schwäche und Unaufrichtigkeit. Sein Ziel ist die schonungslose Destruktion aller weltanschaulichen und moralischen Werte und demzufolge auch die Destruktion aller Religion.

Sinngebung ist Schwäche.

Das Christentum ist eine lebensfeindliche Sklavenreligion.

Speziell dem Christentum wirft Nietzsche, selbst ein Pfarrerssohn, vor, es sei eine »Verschwörung ... gegen das Leben selbst«,[21] eine lebensfeindliche Sklavenreligion, erkennbar schon an der geschmacklosen Kernidee eines gekreuzigten Gottessohns. Der christliche Gott sei ein Despot, der schwache, hässliche und rückgratlose Kreaturen wolle, die sich freiwillig seiner auf Feigheit und Heuchelei beruhenden Moral der Nächstenliebe unterwerfen.

Die frohe Botschaft vom Tod Gottes

Insofern ist es für Nietzsche ein Akt der Befreiung und der Redlichkeit, wenn er in seinen Schriften die ungeheuerliche Einsicht verkünden kann: »Gott ist tot!«[22]

Das Schwache muss überwunden werden. Der »Übermensch« soll entstehen.

Einer – falsch verstandenen – christlichen Ethik der Nächstenliebe stellt Nietzsche die Forderung nach Härte und Stärke entgegen. Er lehrt einen »Übermenschen«, der sich selbst an die Stelle Gottes setzt und sich »jenseits von Gut und Böse«[23] einer ungebrochenen, rauschhaften Lebensfreude und einem schöpferischen »Willen zur Macht«[24] hingibt.

Nietzsche ist kein systematischer Denker.

Nietzsche erweist sich bei all diesen meist sehr polemisch und aggressiv gehaltenen Ausführungen eher als Seher und Prophet, weniger als systematischer Denker. Man darf bei ihm deshalb ebenso wenig nach konkreten Handlungsvorschlägen für die Organisation einer neuen Gesellschaft von »Übermenschen« suchen wie nach einem logisch zu Ende geführten Gedankengang. Nietzsche beschränkt sich auf programmatische, aphorismenhafte Thesen, die über weite Strecken eher als visionäre Dichtung denn als Philosophie im traditionellen Sinn gelesen sein wollen.

Auffällig an Nietzsches Schriften ist, dass er über den von ihm proklamierten Tod Gottes selbst zutiefst betroffen und erschüttert zu sein scheint. Er spricht vom Tode Gottes und dem damit für ihn verbundenen Zusammenbruch aller Werte und Wahrheiten nicht ruhig und distanziert, sondern in höchster Erregung. Er klagt seine bürgerliche Umgebung, und zwar insbesondere »unsere Herren Naturforscher und Physiologen«,[25] wütend an, sich die Konsequenzen der weltanschaulichen Krise gar nicht richtig bewusst zu machen: »... ihnen fehlt die Leidenschaft an diesen Dingen, das Leiden an ihnen.«[26] Nietzsche kann und will nicht Gott leugnen und so weiterleben, als sei nur ein frommer Gedanke aus Kindertagen gestorben. Wenn Gott tot ist, dann fallen für ihn auch alle anderen Werte und Ordnungen, alle humanistischen Ideale, jede Zielgerichtetheit und Logik, jede Ethik, jede Unterscheidung zwischen Gut und Böse, Wahr und Falsch.

Nietzsche schreibt als unmittelbar Betroffener.

Gegen die Oberflächlichkeit und Leidenschaftslosigkeit des bürgerlichen Denkens

Nietzsche für Christen?[27]

An dieser Stelle muss auch eine theologische Würdigung Nietzsches einsetzen. Nietzsche ist der Philosoph einer weltanschaulichen und kulturellen Krise, deren Tragweite bis heute noch oft verkannt wird. Durch die Aufklärung des 17. und 18. Jahrhunderts wurde die Selbstverständlichkeit christlicher Denktradition in Frage gestellt und durch die Industrialisierung des 19. Jahrhunderts die Selbstverständlichkeit jahrhundertealter Arbeits-, Familien- und Wohnstrukturen. Diese Aufhebung gewachsener Strukturen führte zu einer allgemeinen weltanschaulichen Orientierungskrise, die sich auf alle Bereiche der Gesellschaft erstreckt und bis heute nicht bewältigt ist. Nietzsche geißelt und verhöhnt nun erbarmungslos all die – Christen und Nichtchristen –, die diese Krise nicht wahrhaben wollen. Er unterstellt

Nietzsche deckt scharfsinnig und schonungslos auf, was viele bis heute nicht wahrhaben wollen: eine tief greifende und nach wie vor unbewältigte Krise der bürgerlichen Kultur.

ihnen, an überkommenen Werten und Normen nur deshalb festzuhalten, weil sie sich dem Chaos der Sinnlosigkeit nicht auszusetzen wagen. Dass Nietzsche hier weitgehend richtig diagnostiziert, wird jeder bestätigen, der sich – z. B. im Zusammenhang mit der Literatur und Kunst des so genannten fin de siècle – etwas genauer mit dem bürgerlichen Lebensstil des ausgehenden 19. Jahrhunderts beschäftigt. Vieles ist im Wilhelminischen Deutschland Heuchelei und doppelte Moral, vieles nur Fassade, wie man sich z. B. anschaulich an der Architektur von Wohnhäusern aus dieser Zeit klar machen kann: vorne eine repräsentative Ansicht mit wohl ausgestatteten Bürgerwohnungen, dahinter zwei, drei oder mehr dunkle Hinterhöfe, vorgesehen für das proletarische Elend der Gesellschaft.

»Denn sie gieren alle, Klein und Groß, nach unrechtem Gewinn, und Propheten und Priester gehen alle mit Lüge um und heilen den Schaden meines Volks nur obenhin, indem sie sagen: ›Friede! Friede!‹ und ist doch nicht Friede.« Jer 6,13 f.

Sind wir nicht alle Nietzscheaner?

Festzuhalten wäre außerdem, dass Nietzsche, aller vordergründigen Empörung über ihn zum Trotz, der Philosoph ist, nach dessen Programm große Teile der Bevölkerung heute faktisch leben. Der von Nietzsche gepredigte, von ihm selbst aber gar nicht praktizierte Egoismus, der rücksichtslose Kampf um das Recht des Stärkeren, die oft nur notdürftig kaschierte Ellenbogengesellschaft sind für viele Mitbürger heute ein in die Praxis umgesetztes Lebensmodell, meist allerdings nicht ganz so lustvoll und schöpferisch ausgelebt wie von Nietzsche beschrieben.

Christen, die Lebensfeindlichkeit und Weltflucht predigen, können sich mit dieser Botschaft nicht auf Jesus von Nazareth berufen.

Auch für Nietzsches Kritik an christlichem Duckmäusertum, an religiös legitimierter Verklemmtheit und Doppelmoral gibt es bis heute sicher zahlreiche Belege. Dass sich hinter angeblicher christlicher Nächstenliebe, Hilfsbereitschaft und Bescheidenheit oft mit persönlichen Schwächen verknüpfte Motive verbergen, kann ebenfalls nicht einfach geleugnet werden. Ob allerdings der Vorwurf zutrifft, der christliche Gottesglaube sei von seinem Kern her schlechthin eine Religion der Schwächlinge und von seinem Ziel her glücks- und lebensfeindlich, ist mehr als fraglich. Es mag hier der Hinweis genügen, dass der Gründer der christlichen Religion, Jesus von Nazareth, anders als z. B. die Mönche von Qumran, kein Asket war (vgl. z. B. Mk 2,18 ff.; Mt 11,19), dass er das Gottesreich, von dem er sprach, hier auf Erden schon Wirklichkeit werden ließ (vgl. Mt 11,4 f.) und dass auch sein Kreuzestod nicht zwangsläufig als Zeichen von Schwäche gesehen werden muss.

»Zur Freiheit hat uns Christus befreit! So steht nun fest und lasst euch nicht wieder das Joch der Knechtschaft auflegen!«
Gal 5,1

Nietzsches Hass auf das Schwache ist mit dem biblischen Gottesglauben unvereinbar.

Bei allem Verständnis für Nietzsches Kultur- und Religionskritik wird sich christlicher Glaube aber vor allem an einem Punkt ganz klar von Nietzsche abgrenzen müssen: Die bei Nietzsche gedanklich zumindest angelegte und von drittklassigen Epigonen z. B. während der Zeit des Nationalsozialismus in Massenmord umgesetzte Vernichtung der Schwachen und Wehrlosen wird sich niemals und in keinem Zusammenhang mit dem Glauben an den Gott vereinbaren lassen, von dem es heißt: »Das geknickte Rohr wird er nicht zerbrechen, und den glimmenden Docht wird er nicht auslöschen« (Jes 42,3). Der Gott der Bibel zeigt sich in allen Schichten der Bibel immer wieder als ein Anwalt der Schwachen, Hilflosen und Entrechteten, und er erwartet ebendiese Haltung auch von denen, die an ihn glauben. Der christliche Glaube geht deshalb auch davon aus, dass hilfreiche Zuwendung zum Nächsten nicht geheuchelt sein und auch nicht auf Kosten der Selbstentfaltung des Einzelnen gehen muss. Denn es heißt in der Bibel nicht »Du sollst deinen Nächsten lieben *statt* dich selbst!«, sondern »Du sollst deinen Nächsten lieben *wie* dich selbst!« (Mk 12,31 par; 3. Mose 19,18).

→ S. 240 f.

Noch einmal: Kann man die Existenz Gottes beweisen?

Fazit:
a) Feuerbach, Marx und Nietzsche haben das Christentum auf Fehlentwicklungen aufmerksam gemacht.

Versucht man, aus dieser Auseinandersetzung mit ausgewählten Positionen des neuzeitlichen Atheismus ein Fazit zu ziehen, dann wäre zunächst festzustellen, dass das Christentum durch die Thesen von Feuerbach, Marx und Nietzsche auf Schwächen und Fehlentwicklungen aufmerksam gemacht wurde, die sonst wahrscheinlich noch lange unausgesprochen und unkorrigiert geblieben wären. Man könnte also sagen, dass die genannten Philosophen, aber natürlich auch andere, dem Christentum in geradezu prophetischer Art und Weise behilflich waren. Sie haben die christlichen Kirchen und die christliche Theologie mit Nachdruck an den Kern ihres Glaubens erinnert.

Der christliche Glaube ist ihnen deshalb zu Dank verpflichtet.

Darüber hinaus sollte aber deutlich geworden sein, dass man mit logischen Argumenten die Existenz Gottes ebenso wenig beweisen wie widerlegen kann. Beides, die Existenz wie die Nicht-Existenz Gottes, ist logisch möglich, und es kann nur um die Frage gehen, auf welche Sicht der Wirklichkeit sich der Einzelne in seinem Leben aus welchen Gründen praktisch einlassen, d.h. wiederum, woran er »sein Herz hängen« will.

b) Die Existenz Gottes ist nicht beweisbar, sie ist aber auch nicht widerlegbar.

Das, was für oder gegen den Gottesglauben oder den Atheismus spricht, lässt sich in vernünftiger Diskussion gegeneinander abwägen, und man kann auch anhand von Biografien und Lebensbildern einigermaßen plausibel machen, wie der Gottesglaube oder der Atheismus sich im konkreten Lebensvollzug des Einzelnen und der Gemeinschaft auswirken können. Die Entscheidung für oder gegen Gott oder auch die Entscheidung, das Thema zu verdrängen oder sich bewusst nicht zu entscheiden, muss jedoch jeder für sich selbst treffen.

Die Bibel will, dass der Mensch sich entscheidet.

Dass der Mensch sich entscheiden soll und dass seine Entscheidung nicht bedeutungslos ist, ist dabei allerdings ein zentrales Anliegen der biblischen Tradition. Der Weg zum rechten Glauben kann in der Bibel sehr lang und kompliziert sein (vgl. z.B. die Biografie des Mose); er kann mit Verweigerung und Auflehnung gegenüber Gott verbunden sein (vgl. z.B. Jona oder Hiob); er enthält oft auch ein Element der Unsicherheit und des Zweifels (vgl. z.B. Mk 9,24; Joh 20,24ff.) – aber schließlich muss der Mensch sich doch entscheiden, und zwar nicht nur halbherzig, sondern ohne Wenn und Aber (vgl. dazu Lk 9,57–62). Die Offenbarung des Johannes drückt es in einem Sendschreiben an die kleinasiatische Gemeinde Laodizea sehr drastisch aus: »Ich kenne deine Werke, dass du weder kalt noch warm bist. Ach, dass du kalt oder warm wärest! Weil du aber lau bist und weder warm noch kalt, werde ich dich ausspeien aus meinem Munde« (Offb 3,15f.).

»Niemand kann zwei Herren dienen: Entweder er wird den einen hassen und den andern lieben, oder er wird an dem einen hängen und den andern verachten. Ihr könnt nicht Gott dienen und dem Mammon.« Mt 6,24

Albert Camus: Das Leben als Sisyphosarbeit

Dass in diesem Zusammenhang die Entscheidung gegen den Gottesglauben nicht verächtlich und abwertend dargestellt werden darf, ist nicht nur von der christlichen Nächstenliebe, sondern auch von der Sache her geboten. Als Beispiel hierfür mag der französische Schriftsteller und Literaturnobelpreisträger Albert Camus (1913–1960) dienen.[28]

Camus vergleicht in seinem Buch »Der Mythos des Sisyphos« die menschliche Existenz mit dem Schicksal des gleichnamigen griechischen Sagenhelden. Sisyphos, der die Götter durch sein rebellisches und ungehorsames Verhalten verärgert hat, ist dazu verdammt, in der Unterwelt einen Felsblock zum Gipfel eines Berges zu rollen. Immer, wenn er kurz vor dem Ziel ist, entgleitet ihm der Fels und rollt zurück in die Tiefe. Diesem aussichtslosen Vorgang entspricht nach Ansicht Camus' die Absurdität des menschlichen Lebens. Es gibt für ihn – wie schon für Nietzsche – keinen Sinn im Leben, und es wäre auch unwürdig und feige, sich dies aus Angst vor den Konsequenzen nicht einzugestehen. Camus bezeichnet Sisyphos als einen beneidenswerten Menschen, und zwar deshalb, weil er sein Schicksal – insbesondere auf dem Rückweg zum Fuß des Berges –

Camus vergleicht die menschliche Existenz mit dem Schicksal des griechischen Sagenhelden Sisyphos: Das Leben ist absurd.

»Unser Leben währet siebzig Jahre, und wenn's hoch kommt, so sind's achtzig Jahre, und was daran köstlich scheint, ist doch nur vergebliche Mühe.« Ps 90,10

Der Mensch kann die Absurdität des Lebens erkennen und dagegen revoltieren. Das gibt seinem Leben Würde.

Die Revolte des Menschen trägt Züge der Solidarität und Nächstenliebe.

durchschaut und sich im vollen Bewusstsein der Absurdität der Situation, voller Trotz und voller Würde, wieder an die Arbeit macht: »Der Kampf gegen Gipfel vermag ein Menschenherz auszufüllen. Wir müssen uns Sisyphos als einen glücklichen Menschen vorstellen.«[29] Anders als Nietzsche sieht Camus die Auflehnung gegen die Sinnlosigkeit des Daseins auch nicht als einen Kampf der Starken gegen die Schwachen, sondern er betont in seinen Romanen angesichts des gemeinsamen Schicksals der Absurdität immer wieder die Werte der Solidarität und der Nächstenliebe. Oft ähneln Camus' Gedankengänge dabei sehr stark Aussagen des christlichen Glaubens, doch Camus will bewusst ohne die Hypothese eines göttlichen Wesens auskommen, weil er will, dass der »Mensch in der Revolte«[30] die volle und ungebrochene Verantwortung für sein Handeln übernimmt.

Das Beispiel Camus zeigt, dass auch Menschen, die nicht an Gott glauben, »gute« Menschen sein können.

Das Beispiel Camus zeigt also sehr gut, dass eine Leugnung Gottes und selbst die Annahme einer völligen Sinnlosigkeit der menschlichen Existenz nicht notwendig in Unmenschlichkeit, Unmoral und Barbarei enden müssen. Man kann die Wirklichkeit offensichtlich als absurd erleben und sich dennoch – oder vielleicht sogar deshalb – für Menschenwürde und Solidarität einsetzen. Diese Haltung verdient Respekt.

Rückfrage: Woher nimmt der Mensch die Kraft, um gegen die Absurdität des Lebens anzukämpfen?

»Und er hat zu mir gesagt: Lass dir an meiner Gnade genügen; denn meine Kraft ist in den Schwachen mächtig.«
2. Kor 12,9

Allerdings wird der Christ auch fragen dürfen, woher der Mensch eigentlich die Kraft nimmt, sich gegen die Sinnlosigkeit des Lebens aufzulehnen, den Stein immer wieder zum Gipfel zu rollen, warum er eigentlich Solidarität und Nächstenliebe üben soll. Der christliche Glaube gibt hier – oft vielleicht viel zu schnell – Antworten, und er wird dem perspektivenlosen Bild vom immer wieder zurückrollenden Stein auch eine geschichtliche, zielgerichtete Sicht der Wirklichkeit entgegenhalten. Ob diese Sicht oder die Sicht Camus' die richtige ist, lässt sich jedoch mit Vernunftgründen nicht entscheiden und beweisen.

Von welchem Gott ist eigentlich die Rede?

Wichtig ist bei der Diskussion der Gottesfrage schließlich, dass man sich immer wieder vor Augen hält, dass der Begriff »Gott« so lange nicht sehr aussagekräftig ist, als man ihn nicht inhaltlich präzisiert, solange man also nicht sagt, von welchem Gott man redet. Sätze wie »Alle Menschen haben doch denselben Gott« gehen nur dem leicht von den Lippen, der sich nicht näher mit der übergroßen Vielfalt der Religionen beschäftigt hat. Fernöstliche Vorstellungen von einem allen Erscheinungen zugrunde liegenden, unpersönlichen und unveränderlichen göttlichen Seinsgrund lassen sich z. B. nur schwer vereinbaren mit der jüdisch-christlichen Vorstellung eines persönlichen, sich in einer linear verlaufenden Geschichte offenbarenden Gottes. Jahwe ist nicht Baal oder Marduk, und der dreieinige Gott ist auch nicht Allah. In den folgenden Kapiteln werden deshalb die Konturen des spezifisch biblischen Gottesglaubens genau zu umreißen sein. Vorher soll jedoch noch in einem eigenen Kapitel auf das Verhältnis von Glauben, Theologie und Naturwissenschaft eingegangen werden.

Der Begriff »Gott« ist nicht sehr aussagekräftig. Man muss sagen, von welchem Gott man spricht.

Kapitel III

Fängt der Glaube da an, wo das Wissen aufhört?

Zum Verhältnis von Glauben, Theologie und Naturwissenschaften

Der Glaube an Gott und die Naturwissenschaften – ein unüberwindlicher Gegensatz?

Viele Zeitgenossen sehen immer noch einen grundsätzlichen Gegensatz zwischen Gottesglauben und Naturwissenschaften. Wie ein Blick auf die Wissenschaftsgeschichte zeigt, beruht diese Annahme auf einem tragischen Missverständnis historischen Ausmaßes und ist deshalb heute auch nach Ansicht zahlreicher führender Naturwissenschaftler überholt:[31]

Der scheinbare Gegensatz von Gottesglauben und Naturwissenschaft hat seinen Ursprung im 16. und 17. Jahrhundert: Dreht sich die Sonne um die Erde oder umgekehrt?

Entstanden ist der scheinbare Gegensatz zwischen Gottesglauben und Naturwissenschaft im 16. und 17. Jahrhundert, als die katholische Kirche meinte, die astronomischen Forschungen von Männern wie Kopernikus (1473–1543), Giordano Bruno (1548–1600) und Galileo Galilei (1564–1642) als Ketzerei zurückweisen zu müssen – ein absurder Vorgang nicht zuletzt deshalb, weil sich die genannten Wissenschaftler selbst als gläubige Christen verstanden. Der Vatikan sah in der These, die Erde sei nicht der Mittelpunkt des Planetensystems und das ganze Planetensystem vermutlich nur eines von unzählig vielen, nicht nur einen naturwissenschaftlichen Umbruch von ungeheurer Tragweite, sondern vor allem auch einen Angriff auf die Bibel, die kirchliche Lehrautorität und das von Gott gegebene Gesellschaftssystem. Wenn die Erde nicht mehr der Mittelpunkt des Weltalls war, wenn Gott nicht mehr jenseits der Fixsternsphären thronte, dann lag es allzu nahe, auch im

Bereich der Kirche und der Gesellschaft die bisher als göttlich angesehenen Ordnungen und Werte in Zweifel zu ziehen und nach vernünftigen Begründungen zu verlangen. Hierbei ist zu bedenken, dass diese Befürchtungen der römischen Kurie angesichts der einschneidenden Veränderungen, die die Reformation Luthers, Zwinglis und Calvins mit sich gebracht hatte, nicht völlig aus der Luft gegriffen waren. Nicht zufällig konnte Kopernikus in der ersten Hälfte des 16. Jahrhunderts noch unwidersprochen behaupten, was wenig später, als die Gegenreformation sich voll entfaltet hatte, Giordano Bruno auf den Scheiterhaufen und Galilei vor die Inquisitionsbehörden brachte.

»Damals redete Josua mit dem HERRN ..., und er sprach in Gegenwart Israels: Sonne, steh still zu Gibeon, und Mond, im Tal Ajalon! Da stand die Sonne still und der Mond blieb stehen ...« Jos 10,12f.

Auch der Protestantismus weigerte sich lange Zeit, Erkenntnisse wissenschaftlicher Forschung zu akzeptieren. Der Gottesglaube geriet in den Verdacht der Wissenschaftsfeindlichkeit.

Doch auch der Protestantismus zeigte sich nicht immer für neue Gedanken offen. Insbesondere im Zeitalter der Aufklärung, als man anfing, die Bibel wie jedes andere Buch auf ihre historischen Entstehungsbedingungen hin zu untersuchen, betrachteten viele evangelische Theologen und Kirchenbeamte solche Fragestellungen als tabu und gerieten somit auf dem Gebiet der neu entstehenden Geisteswissenschaften in den Verdacht der Rückständigkeit. Der Fortschrittsoptimismus, die Entdeckerfreude und der Erfindergeist des 18. und 19. Jahrhunderts entwickelten sich in der Folge konsequenterweise in Opposition zu Theologie und Kirche, und bis heute existiert das kurzschlüssige Vorurteil, Glaube und Religion stünden prinzipiell im Widerspruch zu den Methoden freier und unvoreingenommener Wissenschaft.

Heute ergibt sich eine völlig neue Gesprächssituation:

Dass es sich hierbei um ein Vorurteil handelt, wird jedoch heute gerade auch von naturwissenschaftlicher Seite immer deutlicher erkannt:

- Zum einen wurde der Glaube an Gott von zahlreichen Wissenschaftlern des 19. Jahrhunderts nur allzu offensichtlich durch einen anderen Glauben, nämlich den Glauben an den Fortschritt und die Erforschbarkeit der Welt, ersetzt. Alles galt als er-

Der Glaube an die Allmacht der Wissenschaft gerät ins Wanken. Insbesondere die ethischen Grenzen naturwissenschaftlicher Forschung werden deutlich.

»Wer sich auf seinen Verstand verlässt, ist ein Tor; wer aber in der Weisheit wandelt, wird entrinnen.« Spr 28,26

Die Untersuchungen der Atomphysiker Niels Bohr und Werner Heisenberg stellen das herkömmliche Wirklichkeitsverständnis grundsätzlich in Frage.

forschbar. Die Phänomene der Wirklichkeit, die man sich nicht erklären konnte, konnte man sich eben *noch* nicht erklären. Es war nur eine Frage der Zeit, bis der Mensch, endlich von den Fesseln des Aberglaubens befreit, alle Probleme dieser Welt in den Griff bekommen würde. Diese Art von Scientismus (Wissenschaftsgläubigkeit), wie er in extremer Weise z.B. von dem Darwinschüler Ernst Haeckel (1834–1919) vertreten wurde, ist angesichts von Hiroshima und Nagasaki, angesichts von Umweltkatastrophen, von Aids oder den mit der modernen Gentechnik verbundenen Gefahren heute zutiefst fragwürdig geworden. Naturwissenschaft kann vieles leisten. Sie kann Zusammenhänge der Welt erklären und Erfindungen machen, über die wir nur staunen können. Doch ethische Probleme, die Frage, wie und mit welchem Ziel die Forschungsergebnisse und Erfindungen genutzt werden sollen, oder die Frage, ob es vielleicht Bereiche gibt, in denen der Mensch nicht einfach weiterforschen sollte, kann die Naturwissenschaft aus sich selbst heraus nicht beantworten. Versucht sie es dennoch, wird sie selbst zu einer unreflektierten Pseudoreligion, die dazu verurteilt ist, alle Umwege und Irrwege der bisherigen Religionsgeschichte noch einmal zu gehen, und zwar mit all den schwer kalkulierbaren Risiken, die der naturwissenschaftliche Fortschritt heute in sich birgt.

• Zum anderen führten aber vor etwa 70 Jahren die Untersuchungen der Atomphysiker Niels Bohr (1885–1962) und Werner Heisenberg (1901–1976) zu einer erkenntnistheoretischen Grundlagenkrise der modernen Naturwissenschaften. Bohr entdeckte bei der physikalischen Untersuchung des Lichts, dass Licht je nach Versuchsbedingungen einmal als Strom von Teilchen, dann aber wieder als elektromagnetische Welle erscheint. Diese beiden Ergebnisse sind nach den Grundsätzen der klassischen Physik nicht miteinander vereinbar, und doch kann man das Phänomen des Lichts nur unter Zuhilfenahme beider

Sichtweisen physikalisch angemessen erklären. Bohr bezeichnete diese Erscheinung von einander widersprechenden, sich aber ergänzenden Beobachtungen als »Komplementarität«. Heisenberg ist der Entdecker der so genannten »Unschärferelation«, die besagt, dass sich Ort und Geschwindigkeit eines Elementarteilchens nie gleichzeitig genau bestimmen lassen. Misst man den Ort eines Elektrons, dann ändert sich unter Einwirkung der Messinstrumente bereits die Geschwindigkeit, und umgekehrt.

Aus diesen Untersuchungen Bohrs und Heisenbergs wird deutlich, dass es für die moderne Naturwissenschaft nicht mehr möglich ist, wie im 19. Jahrhundert naiv von *der* Wirklichkeit und den sie unveränderlich bestimmenden Naturgesetzen zu sprechen. *Die* Wirklichkeit »an sich« gibt es nicht, immer nur Wirklichkeit, die ein erkennendes Subjekt unter einer bestimmten Fragestellung beschreibt. Das Subjekt gestaltet also durch seine Perspektive, sein Erkenntnisinteresse, seine Beschreibungssprache und die Anordnung der Versuchsbedingungen die Wirklichkeit mit. Wirklichkeit erscheint nicht mehr als eine subjektunabhängige, streng kausal strukturierte und somit genau berechenbare Welt von Objekten, sondern eher als ein Wechselspiel von Subjekt und Objekt, das zwar – ähnlich wie beim Schachspiel – nach bestimmten feststehenden Regeln verläuft, grundsätzlich aber nahezu unendlich viele Spielzüge gestattet und deshalb auch im Hinblick auf zukünftige Entwicklungen nicht prognostizierbar ist.

»Es ist selbst den Engeln des Herrn nicht gegeben, alle seine Wunderwerke zu verkünden, die der allmächtige Herr geschaffen hat, damit das All durch seine Herrlichkeit besteht ... Wie herrlich sind alle seine Werke, obwohl man kaum einen Funken davon erkennen kann.«
Sir 42,17.23

Wenn jedoch schon unter Naturwissenschaftlern nicht mehr naiv von *der* Wirklichkeit gesprochen werden kann, dann lässt es sich auch leichter akzeptieren, dass die naturwissenschaftliche Beschreibung der Wirklichkeit nur einen möglichen Zugang zur Wirklichkeit darstellt. Ich kann eine Blume biologisch als Stoffwechselsystem beschreiben, ich kann sie aber auch malen oder ein Gedicht über sie schrei-

Es gibt mehr als einen Zugang zur Wirklichkeit.

»Habt Augen und seht nicht, und habt Ohren und hört nicht?«
Mk 8,18

»Die Ros' ist ohn' warum, sie blühet, weil sie blühet, / sie acht' nicht ihrer selbst, fragt nicht, ob man sie siehet.« Angelus Silesius (1624–1677)

ben, sie als Futtermittel für Tiere betrachten oder: sie zum Anlass nehmen, über den Sinn des menschlichen Lebens oder die Frage nach Gott nachzudenken. Es ist nicht ausgemacht, welcher Zugang der »richtigere« ist, und die Blume wird auch stets »mehr« sein als die jeweilige Sichtweise, aus der heraus ich mich ihr gerade zuwende. Im Folgenden wird also näher zu bestimmen sein, welchen Zugang zur Wirklichkeit die Naturwissenschaften und welchen Zugang zur Wirklichkeit Glauben und Theologie nehmen und was die jeweilige Fragestellung unter welchen Bedingungen leisten kann.

Mythos und Logos

Die Erkenntnis, dass es unterschiedliche, sich deshalb aber nicht ausschließende Zugangsarten zur Wirklichkeit gibt, hat in der abendländischen Philosophiegeschichte eine lange Tradition. Seit der Antike wird immer wieder zwischen »Mythos« und »Logos« unterschieden. Beide Begriffe meinen im Griechischen zunächst »Rede, Wort«. Darüber, was die beiden Arten, von der Welt zu reden, unterscheidet und wie ihr Verhältnis zueinander genau zu bestimmen ist, wird unter Philosophen und Theologen bis heute gestritten.[32] Sehr allgemein lässt sich sagen, dass »Logos« sich auf die rationale, vernünftige, begrifflich klar definierte Weise der Verarbeitung von Wirklichkeit bezieht, »Mythos« hingegen den eher erzählerischen, oft von Bildern und Symbolen geprägten Zugang zur Wirklichkeit meint. Dass der Mythos dabei nicht einfach durch den Logos »entmythologisiert« werden kann, dass der Logos nicht einfach »wahrer« ist als der Mythos, weiß jeder, der sich einmal intensiver auf Literatur und Kunst eingelassen hat, der sich vergeblich bemühte, seine Emotionen unter die Kontrolle der Vernunft zu bekommen, oder der im Schlaf die Faszination und auch die Schrecken von Traumbildern erfahren hat.

»Im Anfang war das Wort (logos), und das Wort war bei Gott, und Gott war das Wort ... und das Wort ward Fleisch und wohnte unter uns ...« Joh 1, 1.14

7 Tage oder 18 Milliarden Jahre? Wie entstand die Welt?

Steht der biblische Schöpfungsglaube im Widerspruch zu naturwissenschaftlichen Erkenntnissen?

Wie wichtig es ist, sich der jeweiligen Fragestellung und ihrer Grenzen bewusst zu sein, belegt die neuerdings insbesondere in den USA wieder verstärkt diskutierte Scheinalternative von biblischem Schöpfungsglauben und naturwissenschaftlichen Weltentstehungs- und Evolutionstheorien. Heutige Naturwissenschaftler halten es aufgrund der zu beobachtenden kontinuierlichen Ausdehnung unseres Weltalls für wahrscheinlich, dass dieses vor etwa 18 Milliarden Jahren durch einen »Urknall«, d.h. eine gewaltige Gasexplosion, entstanden sein könnte. Die ersten einfachen Lebewesen wie Amöben oder Pantoffeltierchen sind nach Ansicht von Biologen vermutlich vor rund drei Milliarden Jahren aufgetreten. Menschenaffen und Menschen gibt es hingegen erst seit einigen Millionen Jahren. So vorsichtig derartige Theorien von Naturwissenschaftlern heute auch formuliert werden mögen – stehen sie nicht in jedem Fall in einem völligen Widerspruch zu der Behauptung der Bibel, die Welt sei von Gott in nur sieben Tagen geschaffen worden, der Mann sei von Gott aus Erde geformt, die Frau später aus der Rippe des Mannes gebildet worden?

Schon das Alte Testament kennt zwei Schöpfungstexte, die in nicht unwesentlichen Punkten voneinander abweichen.

Wer so fragt, verkennt völlig die Aussageintention der biblischen Texte. Bei genauerer Betrachtung zeigt sich nämlich, dass wir es eigentlich gar nicht mit nur einer biblischen Schöpfungserzählung, sondern mit deren zwei zu tun haben. Zu unterscheiden sind der priesterschriftliche Schöpfungstext, der Gott immer als »Elohim« (in der deutschen Übersetzung: »Gott«) bezeichnet (1. Mose 1,1–2,4a), und der so genannte »jahwistische« Schöpfungstext (1. Mose 2,4b-25), in dem stets der Gottesname »Jahwe« (in der deutschen Übersetzung: »der HERR«) benutzt wird.[33] Diese zwei Texte weichen in nicht unwesent-

lichen Punkten voneinander ab. Um nur einige Beispiele zu nennen:
Während im ersten Text der Mensch nach den Tieren erschaffen wird, ist die Reihenfolge im zweiten umgekehrt. Während im ersten Text Mann und Frau gleichzeitig erschaffen werden, wird die Frau im zweiten Text erst nach dem Mann erschaffen. Während Gott im ersten Text allein durch sein Wort ohne Inanspruchnahme irgendeines Materials schafft, formt er im zweiten z. B. den Mann aus Erde. Während der erste Text von sieben Schöpfungstagen berichtet, kennt der zweite diese Einteilung nicht.

Die biblischen Schöpfungstexte wollen keine naturwissenschaftlichen Theorien über die Entstehung der Welt und der Lebewesen bieten.

Hätten beide Texte den Anspruch, eine naturwissenschaftliche Theorie über die Entstehung der Welt und der Lebewesen zu bieten, so könnte man sich nur wundern, warum der Redaktor des 1. Mosebuches, der die beiden Texte vermutlich um 400 v. Chr. so aneinandergereiht hat, wie sie uns heute vorliegen, nicht versucht hat, wenigstens die offensichtlichsten Spannungen und Widersprüche auszugleichen (von noch ganz anderen biblischen Vorstellungen über die Entstehung der Welt, etwa vom auch sonst im Alten Orient oft berichteten Kampf Gottes mit einem Meeresdrachen, ganz zu schweigen: vgl. z. B. Ps 74,13 ff.; Ps 89,10 ff.; Jes 51,9; Hiob 40,25 ff.). Offensichtlich ist die Absicht der Texte jedoch eine ganz andere.

Der priesterschriftliche Schöpfungstext ist im babylonischen Exil entstanden und will den israelitischen Glauben von der babylonischen Mardukreligion abgrenzen.

- Der priesterschriftliche Schöpfungstext ist nach Ansicht der heutigen Bibelforschung in der Mitte des 6. Jahrhunderts vor unserer Zeitrechnung im babylonischen Exil von israelitischen Priestern verfasst worden. Weil die von Nebukadnezar nach Babylon deportierte Oberschicht in Gefahr war, vom Gott ihrer Väter abzufallen und die scheinbar erfolgreicheren babylonischen Götter anzubeten, versuchen die Verfasser zum einen, die babylonischen Gottheiten polemisch abzuwerten:

Während man die Gestirne in Babylon als Götter verehrt, werden sie im priesterschriftlichen Text als bloße »Lichter« oder »Beleuchtungskörper« bezeichnet, die der Gott Israels geschaffen hat. Auch die Tiere, die in Babylon z.T. kultische Verehrung genossen, sind alle nur Geschöpfe des israelitischen Gottes und dem Menschen untertan. Während der babylonische Hauptgott Marduk die Feste des Himmels, die die Urwasser zurückhält, aus dem Leib der Göttin Tiamat geschaffen haben soll, erschafft der Gott Israels ohne fremde Hilfe ganz allein durch sein Wort, ohne Zuhilfenahme irgendeines Materials.

Es soll den deportierten Israeliten gezeigt werden, dass ihr Gott kein Versager und kein Gott des Chaos ist.

Zum anderen ist es den Priestern aber wichtig, den zweifelnden Israeliten zu zeigen, dass ihr Gott wider allen Augenschein kein Versager und kein Gott des Chaos ist, sondern ein mächtiger Gott, der sorgfältig, behutsam und planvoll vorgeht. Sie schreiben ihren Text deshalb nach einem ganz bestimmten, nur leicht variierten Schema (»Und Gott sprach ... Und es geschah so ... Und Gott sah, dass es gut war ... Da ward aus Abend und Morgen ...«), vergleichbar den Strophen und Refrains unserer Kirchenlieder. Die Krone der Schöpfung ist für sie der siebente Tag der Woche, der im babylonischen Exil eine große Bedeutung gewann, weil man nach dem Verlust des Jerusalemer Tempels vor allem auch an der Einhaltung bzw. Nicht-Einhaltung des Sabbats sehen konnte, ob jemand noch zum alten Gott Israels hielt oder nicht. Insgesamt liegt dem Text also daran zu betonen, *dass* der Gott Israels und kein anderer Gott die Welt geschaffen hat und auch jetzt noch erhält und dass die Israeliten deshalb keinen Grund haben, dem Gott Abrahams, Isaaks und Jakobs untreu zu werden. Das *Wie* der Weltentstehung steht für die Verfasser gar nicht zur Diskussion, sondern wird aus der allgemein bekannten, als selbstverständlich vorausgesetzten Vorstellungswelt des damaligen Alten Orients entlehnt (vgl. z.B. die Vorstellung, man müsse über die Erde eine unsichtbare Feste [lat. *firmamentum*] spannen, um die Urwasser des Himmels zurückzuhalten).

Nicht *wie* die Welt entstanden ist, ist den Priestern wichtig, sondern *dass* es der Gott Israels war, der sie geschaffen hat und heute noch erhält.

Auch dem »jahwistischen« Schöpfungstext liegt nichts an naturwissenschaftlichen Fragestellungen.

• Der »jahwistische« Schöpfungstext ist älter als der priesterschriftliche und möglicherweise im davidisch-salomonischen Großreich um 950 v. Chr. entstanden. Er weist den für den »Jahwisten« auch in anderen Kapiteln der Mosebücher typischen anschaulich-plastischen Erzählstil auf und legt den Akzent seiner Erzählung, die in den folgenden Kapiteln des 1. Mosebuches noch fortgesetzt wird, auf anthropologische Fragen. Dem oder den Verfassern ist wichtig, dass der Mensch von Gott als soziales Wesen geschaffen ist (1. Mose 2,18), das die Freiheit hat, sich auch gegen Gott zu entscheiden, und das aufgrund des Sündenfalls dazu verdammt ist, unter Mühsal und Arbeit sein täglich Brot zu verdienen (1. Mose 3). Auch hier ist die Aussageintention alles andere als eine naturwissenschaftliche, und nichts wäre unsinniger, als etwa das spannende Erzählmotiv von der Schaffung der Frau aus der Rippe des Mannes gegen die Erkenntnisse moderner Evolutionstheorien auszuspielen.

→ S. 170 ff.

Auch solche Fragen kann man stellen ...

Man darf die Kontroverse Schöpfungsglauben – Naturwissenschaften also getrost beiseite legen und sich bei der Auseinandersetzung mit den ersten Kapiteln des Alten Testaments vielleicht eher Fragen stellen wie die Folgenden:
Kann ich in einer Welt, die mir oft genauso chaotisch und wirr erscheint wie den Israeliten im babylonischen Exil, auch darauf vertrauen, dass hinter aller Wirklichkeit die ordnende Hand eines Gottes steht und dass dieser Gott der ist, mit dem es auch schon Abraham und Mose zu tun hatten? Oder im Hinblick auf die »jahwistische« Schöpfungserzählung: Welches Bild vom Menschen habe ich eigentlich? Ist mein Mitmensch für mich ein Mitgeschöpf Gottes, »Bein von meinem Bein und Fleisch von meinem Fleisch« (1. Mose 2,23), oder sehe ich in ihm nur den Konkurrenten, der mich in einer Welt voller Mühsal und Arbeit nur immer wieder daran hindert, mich

selbst zu entfalten? Oder: Können psychologische und biologische Theorien den Ursprung des Bösen und der Aggression in der Welt für mich wirklich besser und befriedigender erklären als der »Jahwist« mit seiner Geschichte vom Sündenfall?

Naturwissenschaftliche Forschung und biblischer Gottesglaube schließen sich *nicht* gegenseitig aus.

Die Vorstellungen und Theorien darüber, wie die Welt und der Mensch entstanden sind, haben sich im Laufe der Jahrhunderte und Jahrtausende oft geändert, und auch die uns heute geläufigen naturwissenschaftlichen Erklärungsmodelle werden vermutlich irgendwann modifiziert oder sogar ganz neu formuliert werden müssen. Welche Antworten die Naturwissenschaften aber auch immer geben werden, sie berühren die Antwort auf die Frage, ob die Welt und der Mensch in den Händen eines Gottes liegen oder nur ein Produkt des Zufalls sind, im Grunde nicht.

Wie Naturwissenschaftler arbeiten

Was ist der Gegenstand naturwissenschaftlichen Forschens?

Gegenstand naturwissenschaftlicher Forschung sind Erscheinungen, die gemessen werden können, die kausal erklärbar, wiederholbar und vorhersagbar sind und die deshalb auch unter bestimmten Versuchsbedingungen grundsätzlich von jedem jederzeit überprüft werden können.

Methodische Schritte:

Methodisch geht die moderne Naturwissenschaft bei der Erforschung ihres Gegenstandes folgendermaßen vor:

– Datensammlung

– Zunächst werden durch gezielte Beobachtungen, Experimente oder Tests Daten gesammelt (also z.B., dass ein Objekt mit dem Gewicht 1 kg zu einem bestimmten Zeitpunkt unter bestimmten Bedingungen in 0,3 Sekunden senkrecht zu Boden gefallen ist ...).

– Hypothesenbildung/Induktion

– Um den Zusammenhang zwischen diesen Daten (also z.B. zwischen dem Gewicht und der Fallgeschwindigkeit des Objekts) zu klären, formulieren Naturwissenschaftler nun eine Hypothese, d.h. eine begründete Vermutung (also z. B., dass das Gewicht der Objekte sich umgekehrt proportional zur Fallzeit verhält – so die Ansicht des Aristoteles). Diesen Schluss vom Einzelfall auf eine allgemeine Gesetzmäßigkeit bezeichnet man als Induktion.

– Überprüfung der Hypothese/Deduktion

– Die Hypothese wird nun in einer großen, aber begrenzten Anzahl von Versuchen überprüft. Diese Anwendung einer allgemeinen Behauptung auf Einzelfälle nennt man Deduktion.

– Falsifikation

– Erweist sich die zu überprüfende Hypothese auch nur in einem Fall als falsch (so genannte Falsifikation; also z. B., wenn zwei Körper trotz gleichen Gewichts in ein und demselben Medium unterschiedlich schnell fallen – so die Beobachtung Galileo Galileis), dann muss die Hypothese zurückgenommen, modifiziert oder auch eine ganz neue Hypothese aufgestellt werden (so z. B. die Hypothese des Galilei, dass alle Körper unabhängig von ihrem Gewicht im Vakuum gleich schnell fallen). Die neue Hypothese muss dann ihrerseits auf dem Wege der Deduktion wieder experimentell überprüft werden.

– Verifikation

– Erweist sich die zu überprüfende Hypothese hingegen immer wieder als richtig (so genannte Verifikation), dann kann sie in den Status eines Naturgesetzes erhoben werden, wobei es sich natürlich schon oft genug gezeigt hat, dass auch vermeintliche Naturgesetze noch einmal modifiziert werden mussten.

Was wir der naturwissenschaftlichen Forschung verdanken

Dieses Verfahren der modernen Naturwissenschaft hat sich mit seinem kritischen, für neue Erfahrungen offenen Grundansatz als äußerst erfolgreich erwiesen. Ihm verdanken wir vom Kühlschrank bis zum Laptop alle technischen Errungenschaften unserer Industriegesellschaft, und es liegt für uns im Nachhinein auf der Hand, warum die dogmatische, d. h. auf unhinterfragbaren Setzungen beruhende Haltung der katholischen Kirche sich auf Dauer gegen den empirischen, d. h. auf Experimenten und nachprüfbaren Erfahrungen beruhenden Ansatz eines Galilei nicht behaupten konnte.

Dennoch ist der naturwissenschaftliche Zugang zur Wirklichkeit nur einer von mehreren Zugängen, und dieser Zugang hat auch seine nicht zu übersehenden Grenzen:

Grenzen naturwissenschaftlichen Forschens:

– So sagen naturwissenschaftliche Sätze nichts über die Beziehung der Naturwissenschaftler zu ihrem Gegenstand aus, also z. B., aus welchen biografischen Gründen sich Galilei mit den Fallgesetzen beschäftigte, welche Gefühle die Versuche bei ihm auslösten, welche Folgen seine Forschungen für sein weiteres Leben hatten.

– Naturwissenschaftliche Forschung sagt nichts über die Beziehung des Wissenschaftlers zu seinem Gegenstand aus.

– Naturwissenschaftliche Erkenntnisse helfen auch bei ethischen und politischen Fragestellungen, die sich aus den Ergebnissen naturwissenschaftlicher Forschung ergeben, nicht weiter: Dürfen und sollen Atomkraftwerke gebaut werden? Ist es erlaubt, biologische und chemische Kampfstoffe herzustellen? Dürfen und sollen Experimente mit menschlichen Genen angestellt werden?

– Naturwissenschaftliche Forschung kann ethische und politische Fragen nicht beantworten.

– Naturwissenschaftliche Erkenntnisse versagen außerdem bei der Erklärung von Sachverhalten, die einmalig und nicht wiederholbar sind: Der Tod meiner Mutter, der Streit mit meinem Chef, das Herzklopfen beim Lesen eines spannenden Romans, die Hassliebe zu meinem Bruder, meine Freude über den Sonnenaufgang im Hochgebirge – all das ereignet sich natürlich unter Umständen in vergleichbarer Weise in vielen Menschenleben, unterliegt deshalb auch bestimmten, vielleicht sogar statistisch erfassbaren Gesetzmäßigkeiten, letzlich handelt es sich aber doch um jeweils einzigartige menschliche Erfahrungen, die in ihrer Erlebnisqualität nicht messbar sind und auch nicht von jedermann jederzeit überprüft werden können.

– Naturwissenschaftliche Forschung kann nichts aussagen über Sachverhalte, die einmalig und nicht wiederholbar sind.

– Welchen Sinn mein Leben eigentlich hat, warum ich ehrlich und hilfsbereit sein soll, ob ich heiraten soll, warum gerade mein Kind behindert zur Welt gekommen ist, warum ich hässlich bin, wie ich mit meiner Arbeitslosigkeit fertig werde, wie ich mit

– Naturwissenschaftliche Forschung hilft bei Sinn- und Lebensfragen nicht weiter.

meinem Sprachfehler leben kann – all das sind Probleme und Fragen, die Menschen schlaflose Nächte bereiten können, bei denen der naturwissenschaftliche Zugang zur Wirklichkeit uns jedoch keine Hilfe bieten kann.

Glaube und Theologie

glauben an = vertrauen auf, sich verlassen auf

Als Nächstes wären nun Gegenstand, methodisches Vorgehen und Grenzen theologischer Erforschung der Wirklichkeit zu bestimmen. Dabei ist es zunächst wichtig, sich den Unterschied von Glauben und Theologie zu verdeutlichen: »Glauben« bedeutet sowohl im Hebräischen als auch im Griechischen in erster Linie »glauben an« und damit so viel wie »vertrauen auf«, »sich verlassen auf«, »sich mit ganzem Herzen einlassen auf«, »bauen auf«. Diese Art von Glauben, die der Hebräerbrief eine »feste Zuversicht« (Hebr 11,1) nennt, richtet sich in der Bibel auf Gott bzw. auf Jesus von Nazareth (vgl. z. B. 1. Mose 15,1–6; Jes 7,1–9; Mt 8,5–13; Joh 11,25; Joh 20,24–29), kann sich aber – wie schon im Zusammenhang mit Luthers Erklärung zum ersten Gebot erkennbar wurde – auch auf ganz andere Götter und Abgötter richten. Glauben in diesem Sinn meint eine bestimmte Haltung zum Leben und zur Welt, ist in gewisser Weise das Grundmuster, nach dem ein Mensch sein Leben gestaltet. Man kann deshalb diese Art von »Glauben« auch nicht als Gegensatz zum Begriff »Wissen« sehen, sondern allenfalls einen Glauben (z. B. den an Jesus Christus) mit einem anderen (z. B. dem an den Fortschritt, an die Vernunft, an die klassenlose Gesellschaft, an den Zufall, an die Weisheit der Natur) vergleichen.

→ S. 15 f.

Glauben ist eine Lebenshaltung.

glauben *an* / glauben, *dass*

Nicht verwechselt werden darf der Ausdruck »glauben *an*« mit dem Ausdruck »glauben, *dass*«, bei dem »glauben« so viel heißt wie »meinen, dass«, »vermuten, dass«, »nicht sicher wissen, ob«. Das Wort »glauben« ist in der deutschen

Sprache doppeldeutig und oft irreführend, zumal aus dem »glauben *an* jemand oder etwas« oft auch ein »glauben, *dass*« folgen kann: Der Hauptmann von Kapernaum z. B. glaubt, *dass* sein Knecht wieder gesund werden wird, weil er *an* Jesus Christus glaubt, also ihm vertraut, sich auf ihn einlässt. Wer *an* Jesus Christus glaubt, glaubt auch, *dass* er wirklich auferstanden ist und dass der Gedanke der Auferstehung nicht nur eine menschliche Projektion ist. Es liegt aber zum Beispiel eine Verwechslung der beiden Verwendungsweisen von »glauben« vor, wenn jemand folgert: »Wenn du *an* den Gott der Bibel glaubst, musst du eigentlich doch auch glauben, *dass* Gott die Welt in sieben Tagen geschaffen hat.« Wenn sich jemand verpflichtet fühlt zu glauben, dass der Gott der Bibel die Welt in sieben Tagen geschaffen hat, dann glaubt er *an* die Behauptung, die Bibel sei eine Sammlung von historischen Tatsachenberichten, aber er glaubt deshalb noch keineswegs unbedingt *an* den Gott, *an* den die Verfasser des priesterschriftlichen Schöpfungstextes geglaubt haben.

Obwohl Glauben als eine Lebenshaltung nicht zwangsläufig sprachlich artikuliert und anderen mitgeteilt werden muss, fordert das Neue Testament doch unüberhörbar, »allzeit (!) bereit« zu sein »zur Verantwortung vor jedermann (!), der von euch Rechenschaft fordert über die Hoffnung, die in euch ist« (1. Petr 3,15). Christlicher Glaube enthält also im Unterschied zu vielen anderen Formen des Glaubens immer auch schon ein Moment der Erklärung, der Begründung und Weitergabe des Glaubens. Diese Weitergabe des Glaubens kann heute wie früher in vielfältiger Form erfolgen: durch Predigten, durch diakonisches Handeln, durch geistliche Musik und Kirchenlieder, durch persönliche Gespräche, durch Unterricht, durch theologische Bücher, durch Gemälde und Skulpturen, durch Fernseh- und Rundfunksendungen, durch das Internet, durch Podiumsdiskussionen, durch Vorträge, durch Straßen- und Zeltmission … Die Vielfalt der Verkündigungsformen und -themen signalisiert dabei zum einen, dass christlicher Glaube sich an vielerlei Menschen in ganz unterschiedlichen Lebenssituationen wendet, ist

Christlicher Glaube enthält immer schon ein Moment der Erklärung, Begründung und Weitergabe des Glaubens.

»Es sind verschiedene Gaben; aber es ist ein *Geist. Und es sind verschiedene Ämter; aber es ist* ein *Herr. Und es sind verschiedene Kräfte; aber es ist* ein *Gott, der da wirkt alles in allen.«*
1. Kor 12,4–6

insofern also etwas sehr Positives. Andererseits kam und kommt es aber nicht selten auch zum Streit über die rechte Art und den rechten Inhalt christlicher Verkündigung, z.B. zwischen Katholiken und Protestanten, zwischen Lutheranern und Reformierten, zwischen Pietisten und politisch engagierten Christen, zwischen Christen in Lateinamerika, Asien oder Afrika und Christen in Mitteleuropa. Um diesen Streit im Interesse der eigentlichen und ursprünglichen Aussageintention des Evangeliums sachgerecht austragen zu können, bedarf es der christlichen Theologie als einer systematischen und methodisch kontrollierten Reflexion des christlichen Glaubens. Theologie vergleicht unsere heutigen Gedanken und Vorstellungen von Gott sorgfältig und systematisch mit den in der Bibel dokumentierten Gedanken und Vorstellungen von Gott und ist somit eine Art wissenschaftliches Korrektiv für Glauben und Verkündigung, mit dem verhindert werden soll, dass wir unsere menschlichen Vorstellungen und Gedanken von Gott mit Gott selbst verwechseln.

Theologie ist die systematische und methodisch kontrollierte Reflexion des Glaubens.

»... glaubt nicht einem jeden Geist, sondern prüft die Geister, ob sie von Gott sind; denn es sind viele falsche Propheten ausgegangen in die Welt.« 1. Joh 4,1

Christliche Theologie ist die wissenschaftliche Reflexion des christlichen Glaubens und verhält sich deshalb zum Glauben ähnlich wie die Politikwissenschaft zur Politik oder die Musikwissenschaft zur Musik. Daraus ergibt sich unter anderem, dass man keineswegs Theologin oder Theologe sein muss, um gläubiger Christ sein zu können.

Wie gläubig müssen Theologen sein?

Ob umgekehrt Theologen auch gläubige Christen sein müssen, ist eine Frage, die mit dem Unterschied zwischen Theologie und vergleichender Religionswissenschaft zusammenhängt. Beide Universitätsdisziplinen beschäftigen sich mit derselben Thematik: mit der Interpretation religiöser Schriften, mit der Entstehung und Entwicklung von Religionen, mit der Geschichte philosophischen und theologischen Gedankenguts, mit der Geschichte der Institution Kirche, mit Fragen der Religionspsychologie und Religionssoziologie, mit der Frage nach dem Stellenwert von Religion und Kirche in unserer heutigen Welt. Doch Religionswissenschaft und Theologie gehen an denselben Gegenstand in unterschiedlicher Weise heran: Während Religionswissenschaftler versuchen, ihren Gegenstand möglichst »objektiv« und »neutral« zu beschreiben, machen Theologen inhaltliche Vorgaben und sind parteiisch. Sie gehen davon aus, dass Jesus Christus Ursprung, Mitte und Ziel aller Wirklichkeit ist, und sie beschreiben ihren Gegenstand folglich auch aus dieser Perspektive. In diesem Sinn werden Theologen in der Tat gläubige Christinnen und Christen sein müssen, was natürlich – wie bei jedem anderen Christen auch – gelegentliche Zweifel und Glaubenskrisen keineswegs ausschließt.

Theologie unterscheidet sich von der Religionswissenschaft durch ihre Parteilichkeit.

Ein weiterer Unterschied zwischen Theologie und Religionswissenschaft besteht darin, dass Theologie auf eine konkrete Glaubenspraxis und die Institution Kirche bezogen ist und ein erklärtes Interesse hat, diese Glaubenspraxis und die Institution Kirche nicht nur aus einer unbeteiligten Distanz heraus zu analysieren, sondern sie im Sinne des Evangeliums mitzugestalten, zu kritisieren und zu verbessern. Der Bezug zwischen der Institution Kirche und der wissenschaftlichen Theologie kann dabei sehr unterschiedlich aussehen: In der römisch-katholischen Kirche kommt es z. B. nach wie vor nicht selten vor, dass kritische und unbequeme Theologen von der Kirchenleitung zur Ordnung gerufen werden (vgl. z. B. die Fälle Küng und Drewermann oder die Auseinandersetzung um die lateinamerikanische Theologie der Befreiung), in den Landeskirchen der Evangelischen Kirche in Deutschland hingegen wird heute auf die nahezu uneingeschränkte Freiheit theologischer Forschung großer Wert gelegt.

Theologie unterscheidet sich von der Religionswissenschaft durch die Bindung an eine konkrete Glaubenspraxis. Sie will nicht nur analysieren, sondern mitgestalten.

Macht man sich diese zwei Unterschiede zwischen Theologie und vergleichender Religionswissenschaft klar, dann sind die Studienanfängerin oder der Studienanfänger nicht selten geneigt, der Religionswissenschaft wegen ihres Anspruchs auf Objektivität und Neutralität mehr Sympathie entgegenzubringen.

Erkenntnis und Interesse sind nicht zu trennen. Objektivität und Neutralität gibt es nicht.

Diesem verständlichen Wunsch nach intellektueller Ungebundenheit und Unbefangenheit muss man als Ergebnis der neueren wissenschaftstheoretischen Diskussion allerdings entgegenhalten, dass es objektive und neutrale Wissenschaft gar nicht gibt. Wissenschaftler, vor allem auch Geisteswissenschaftler, beschreiben ihren Untersuchungsgegenstand aus einer bestimmten Perspektive und einem bestimmten Erkenntnisinteresse heraus. Wissenschaftliche Erkenntnis und subjektives Interesse gehören untrennbar zusammen. Man kann sich dies z. B. gut veranschaulichen, wenn man vergleicht, wie Goethes »Faust« oder Schillers »Don Carlos« von einem Germanisten des 19. Jahrhunderts, von einem DDR-Germanisten und einem westdeutschen Germanisten ganz unterschiedlich interpretiert wurden.

Wie kritisch reflektiere ich meine eigenen Forschungsinteressen?

Wenn es jedoch »Objektivität« und »Neutralität« gar nicht gibt, dann liegt der große Vorteil der Theologie gegenüber der Religionswissenschaft darin, dass sie ständig gezwungen ist, den eigenen Standpunkt, die eigenen Vorgaben und die eigene Perspektive offen zu legen, zu benennen und zu reflektieren. Welche Interessen sich hinter der Fassade angeblicher Objektivität und Neutralität verbergen, ist hingegen oft nur mit Mühe auszumachen und zu durchschauen.

Theologie – eine Wissenschaft?

Theologie ist keine Naturwissenschaft, sondern eine Geisteswissenschaft. Sie kann deshalb auch

Ist Theologie aber überhaupt eine Wissenschaft? Wenn man Wissenschaftlichkeit wie in den Naturwissenschaften durch Messbarkeit, Wiederholbarkeit, Vorhersagbarkeit und ähnliche Kriterien zu bestimmen versucht, dann sicher nicht; denn weder der biblische Gott noch die religiösen Erfahrungen von Menschen lassen sich messen, experimentell wiederholen oder mit Exaktheit voraussagen. Doch wenn man die genannten Kriterien anlegt, dann wären auch alle anderen geisteswissenschaftlichen Disziplinen wie z. B. die Literaturwissenschaft, die Philosophie oder die Geschichtswissenschaft kaum als Wissenschaft zu bezeichnen. Man wird für die Geisteswissenschaften also andere Kriterien von Wissenschaftlichkeit anlegen müssen, und das ist auch legitim, denn dass das, was man als Wissenschaft bezeichnet, keineswegs ein für allemal festgelegt ist, zeigt die Wissenschaftsgeschichte[34] ebenso wie z. B. ein Vergleich des Wissenschaftsverständnisses westlicher Wirtschaftswissenschaftler mit dem, was bis vor kurzem in den sozialistischen Staaten als Wirtschaftswissenschaft bezeichnet wurde.

nicht nach den Kriterien naturwissenschaftlicher Forschung beurteilt werden.

Fragt man nach dem Forschungsgegenstand der Theologie, so kann man zunächst einmal von der etymologischen Herkunft des Begriffs ausgehen. Das Wort »Theologie« stammt aus dem Griechischen, setzt sich aus den Begriffen *theós* (»Gott«) und *lógos* (»Vernunft, Verstand, Wort, Begriff«) zusammen und bedeutet »reflektierte Rede/Lehre von Gott«. Da zumindest der biblische Gott sich jedoch aufgrund seiner Unverfügbarkeit und Nichtabbildbarkeit dem unmittelbaren Zugriff menschlicher Beschreibungen und Definitionen entzieht, wird man präzisieren müssen: Theologie ist reflektierte Rede/Lehre von Erfahrungen, die Menschen mit Gott gemacht haben, und zwar in der Absicht, die Erfahrungen vergangener Zeiten auf unsere heutigen Erfahrungen und Lebensprobleme zu beziehen.

Theologie ist reflektierte Rede von Erfahrungen, die Menschen mit Gott gemacht haben und machen.

Betrachtet man Gott als alles umfassende, allem zugrunde liegende und »alles bestimmende Wirklichkeit«,[35] dann könnte man weiter sagen, Theologie – und Ähnliches gilt für die Philosophie – untersuche menschliche Erfahrungen im Hinblick auf die Möglichkeit einer alles umfassenden, allem zugrunde liegenden und »alles bestimmenden Wirklichkeit«. Dass diese auf das Ganze der Wirklichkeit zielende Fragestellung ganz anders ist als die eines Naturwissenschaftlers, dem gerade daran gelegen sein muss, seinen Untersuchungsgegenstand möglichst genau einzugrenzen und zu definieren, liegt auf der Hand.

Theologie fragt nach dem Ganzen der Wirklichkeit.

Theologie ist in folgendem Sinn Wissenschaft:

Ganz allgemein und den Unterschied von Geisteswissenschaften und Naturwissenschaften übergreifend, ließe sich Wissenschaft als systematische und methodisch reflektierte Erforschung der Wirklichkeit bezeichnen. Dann könnte man christliche Theologie u. a. aus folgenden Gründen als Wissenschaft ansehen:

– Sie bemüht sich, den Inhalt des Glaubens gegenüber jedermann mit vernünftigen Argumenten zu erläutern.

- Christliche Theologie bemüht sich gemäß 1. Petr 3,15 jedermann gegenüber, also auch dem, der nicht Christ ist, den Inhalt des christlichen Glaubens zu erläutern und auf alle Fragen und Einwände gewissenhaft einzugehen.

– Sie bemüht sich, argumentative und logische Widersprüche zu vermeiden.

- Christliche Theologie versucht dabei, für jede und jeden einsichtig und nachvollziehbar zu argumentieren, also argumentative und logische Widersprüche zu vermeiden. Hierbei ist allerdings anzumerken, dass diese Widersprüche nicht mit in der Sache des christlichen Glaubens begründeten Paradoxien (also z. B., dass der allmächtige Gott am Kreuz hingerichtet wird oder dass Jesus Gott und Mensch zugleich ist . . .) verwechselt werden dürfen.

– Sie legt ihre Voraussetzungen und Methoden offen.

- Christliche Theologie legt ihre eigenen Voraussetzungen und Methoden offen und lässt ihre Arbeit jederzeit von jeder und jedem auf die Beachtung und Einhaltung dieser Voraussetzungen und Methoden hin überprüfen.

Die historisch-kritische Methode

Wenn christliche Theologie von »Gott« spricht, meint sie den Gott, von dem in der Bibel die Rede ist. Ein wichtiger, vielleicht der wichtigste Teil theologischer Arbeit besteht deshalb in der sachgerechten Auslegung der biblischen Schriften.[36]

Nun kann man die Bibel sehr unterschiedlich lesen. Man kann sie – ungeachtet des historischen Abstands, der zwischen ihrer Abfassung und unserer heutigen Zeit liegt – ganz unmittelbar und meditativ auf sich wirken lassen, und es ist immer wieder verblüffend, wie bereichernd gerade solche Art der Lektüre sein kann. Theologie als Wissenschaft wird sich mit einem solch intuitiven und unreflektierten Verfahren nicht begnügen können. Sie hat im Laufe der letzten zwei Jahrhunderte deshalb ein methodisches Instrumentarium entwickelt, das man als *historisch-kritische Methode* bezeichnet und das zum Ziel hat, die Entstehung und die ursprüngliche Aussageintention der biblischen Texte zu erklären. Historisch-kritische Bibelforschung untersucht die Bibel zunächst einmal nicht anders als jedes andere alte Buch auch (also z. B. Platons Schriften, den Koran, die Upanishaden), und sie erhebt deshalb den Anspruch, dass ihr Vorgehen auch von nicht-christlichen Geisteswissenschaftlern Schritt für Schritt, Argument für Argument überprüft und nachvollzogen werden kann.

Die historisch-kritische Methode fragt nach der ursprünglichen Aussageintention eines Textes.

Im Einzelnen bedient sich historisch-kritische Bibelforschung dabei einer Reihe von Untermethoden, von denen hier nur die wichtigsten kurz skizziert werden sollen.[37]

Untermethoden der historisch-kritischen Methode:

– Die Textkritik fragt nach dem ursprünglichen Wortlaut eines Textes.

- Da uns – wie bei allen Schriften der Antike – von keinem einzigen biblischen Buch das Original erhalten geblieben ist, ist es zunächst Aufgabe der *Textkritik*, aus den zahlreichen vorhandenen Abschriften den wahrscheinlichsten Urtext zu rekonstruieren. Insgesamt enthält die Bibel viele tausend

Textvarianten, von denen sich die meisten jedoch relativ leicht und eindeutig als Abschreibfehler oder bewusste Korrekturen erklären lassen. In einer kleineren Zahl von etwa 3000 Fällen ist und bleibt der ursprüngliche Wortlaut umstritten, wobei in wissenschaftlichen Bibelausgaben die möglichen Varianten jeweils in einem Apparat von Fußnoten vermerkt sind. Als Beispiel für ein textkritisches Problem, das auch Leserinnen und Leser ohne Hebräisch- oder Griechisch-Kenntnisse nachvollziehen können, sei der Schluss des Markusevangeliums angeführt, der in vielen deutschen Bibelübersetzungen klein gedruckt oder in Klammern gesetzt ist. Das Problem, das sich hinter dieser Kennzeichnung verbirgt, liegt darin, das Mk 16,9–20 in alten und sonst zuverlässigen Handschriften nicht enthalten ist. Entweder hat also ein späterer Abschreiber des Markusevangeliums diesen Schluss, in dem es um die Erscheinungen des auferstandenen Christus geht, hinzugefügt, vielleicht um das Markusevangelium nicht allzu deprimierend und unversöhnlich enden zu lassen, oder aber Mk 16,9–20 gehörte zum ursprünglichen Markusevangelium, ist dann aber – vielleicht, weil die Enden einer Schriftrolle besonders anfällig waren – verloren gegangen.

– Die Literarkritik fragt nach den Quellen, aus denen ein Text zusammengesetzt ist.

• Die *Literarkritik* untersucht den Text eines biblischen Buches anhand von Gliederungssignalen, Wiederholungen, Einschüben, Unebenheiten, inhaltlichen Spannungen u. Ä. auf die ihm zugrunde liegenden Quellen, betreibt also Quellenscheidung. Dies ist notwendig, weil die biblischen Schriften in der Regel nicht aus einem Guss am Schreibtisch nur eines Menschen entstanden sind, sondern meist auf kleineren, mündlich oder schriftlich überlieferten Teilquellen unterschiedlicher Herkunft aufbauen. Ein Beispiel für literarkritisches Arbeiten ist die schon besprochene Unterscheidung von priesterschriftlichem und »jahwistischem« Schöpfungstext im 1. Mosebuch, ein anderes wäre z. B. die Frage, aus welchen zunächst selbstständigen Einzelbausteinen (Gleichnissen, Wun-

→ S. 47 ff.

dergeschichten, Streitgesprächen, Jesusworten) die synoptischen Evangelien zusammengesetzt sind.

→ S. 99ff.

- Die *Formkritik* betrachtet biblische Texte unter dem Gesichtspunkt der Textsorte. So ist es z.B. wichtig zu erkennen, dass es sich bei 1.Mose 1,1–2,4a nicht um eine naturwissenschaftliche Theorie der Weltentstehung, sondern um einen hymnenartigen Bekenntnistext handelt. Ein anderes Beispiel: Wer weiß, dass es sich bei der Geschichte von Isaaks Opferung durch seinen Vater Abraham (1.Mose 22,1–19) um eine Sage handelt, die die Ablösung des damals weit verbreiteten Kindsopfers (vgl. 2.Kön 3,27; 3.Mose 18,21) durch ein Tieropfer erklären will, wird den Text anders verstehen als jemand, der den Text als Kapitel einer Biografie Abrahams und damit als Beispiel für ein besonders sadistisches Gottesbild liest.

– Die Formkritik fragt nach der Gattung eines Textes.

- Die *religionsgeschichtliche Methode* sieht die biblischen Texte im Zusammenhang mit den Nachbarreligionen Israels. So ist es zu einem sachgerechten Verständnis von 1.Mose 1,1–2,4a unerlässlich, sich die polemische Abgrenzung zur babylonischen Religion vor Augen zu führen.

– Die religionsgeschichtliche Methode vergleicht biblische Texte mit Texten aus anderen Religionen des Alten Orients.

- Die *redaktionsgeschichtliche Methode* beschäftigt sich im Unterschied zur Literarkritik nicht mit Quellenscheidung, sondern sozusagen mit »Quellenfügung«. Sie fragt nach der Konzeption des Redaktors, z.B. also des Evangelisten Matthäus, der – vergleichbar der Arbeit eines Zeitungsredakteurs – aus vielen kleinen Einzeltexten durch Auswahl, Anordnung, Kürzungen, Einschübe, Überleitungen, Zusammenfassungen u.Ä. das uns heute vorliegende Matthäusevangelium zusammengestellt hat. Wie typisch die »Handschrift« eines solchen Redaktors sein kann, lässt sich z.B. gut daran ablesen, dass Matthäus im Unterschied zu Markus und Lukas fast nie vom »Reich Gottes«, sondern fast immer vom »Himmelreich« spricht. Beide Begriffe beziehen sich auf dasselbe, Matthäus ist jedoch Judenchrist und will des-

– Die redaktionsgeschichtliche Methode fragt nach der Konzeption des Redaktors, der die einzelnen Quellen eines Textes zusammengefügt hat.

halb – wie damals im Judentum üblich – aus Ehrfurcht den Gottesnamen vermeiden.

Theologie als Hermeneutik

»Was bringt mir das eigentlich, wenn man die Bibeltexte so in ihre Einzelteile zerhackt? Das bringt mir doch nichts für mein Leben.«
Kerstin, 17 Jahre

Bliebe Theologie bei der historisch-kritischen Analyse der biblischen Schriften stehen, dann käme sie über die bloße Beschreibung von historischen Sachverhalten nicht hinaus. Sie wäre – vielleicht ähnlich wie die Ägyptologie oder Assyrologie – eine interessante und kuriose Forschungsdisziplin für einige Spezialisten, hätte aber nur sehr wenig Relevanz für die Gestaltung unserer heutigen Lebenswelt.

Von einem wirklichen Verstehen der biblischen, aber auch anderer Texte lässt sich jedoch erst dann sprechen, wenn wir versuchen, die Aussagen dieser Texte auf uns selbst zu beziehen und den Anspruch der Texte auch als Herausforderung für unser eigenes Leben zu sehen. Die theoretische Reflexion dieses Verstehensprozesses bezeichnet man als *Hermeneutik* (Lehre vom Verstehen, Auslegekunst; von griech. *hermēneúein* = »auslegen, erklären«).

Hermeneutik = Lehre vom Verstehen

Verstehen ist ein offener, nie abgeschlossener Prozess.

Typisch für den Vorgang des Verstehens ist zunächst, dass Verstehen ein offener, nie abgeschlossener Prozess ist. Ich kann noch so viel Zeit und Mühe auf die Interpretation eines Textes verwenden, er wird nie endgültig interpretiert sein, sondern wird einem anderen Interpreten oder auch mir selbst zu einem anderen Zeitpunkt in einem völlig anderen Licht erscheinen. In der Hermeneutik verwendet man in diesem Zusammenhang die Begriffe »Vorverständnis« und »Horizontverschmelzung«. Ich, der ich im Horizont einer reichen Industriegesellschaft am Beginn des dritten nachchristlichen Jahrtausends lebe, gehe mit einem ganz bestimmten Vorverständnis, das u. a. auch durch meinen persönlichen biografischen Hintergrund geprägt ist, an einen Text heran, der in einem ganz anderen Lebenshorizont, z. B. zur Zeit

Jeder Leser geht mit einem bestimmten Vorverständnis an einen Text heran.

Jesu in einer Agrargesellschaft, entstanden ist, und nehme ihn natürlich auch nur unter dem Blickwinkel meines Vorverständnisses wahr.
Meine ich, die Aussage des alten Textes verstanden zu haben, »sagt er mir etwas«, dann kommt es zu einer »Verschmelzung« von Leserhorizont und Texthorizont. Durch diese Auseinandersetzung mit dem alten Text verändern sich aber das Vorverständnis und der Horizont des Lesers – sei es auf dramatische Art wie bei Luthers Studium des Römerbriefs, sei es fast unmerklich –, und wenn der Leser den Text nun noch einmal liest, dann liest er ihn nicht mehr so wie beim ersten Mal, und es kommt somit zu einer neuen Horizontverschmelzung, die wiederum das Vorverständnis und den Lebenshorizont des Lesers verändert. Es handelt sich beim Verstehen also – ganz anders als bei der naturwissenschaftlichen Erkenntnis – um einen zirkulären Vorgang, der aber durchaus produktiv ist und keineswegs den Charakter eines Teufelskreises haben muss. Man spricht deshalb auch von »hermeneutischen Zirkeln«, denen das Verstehen unterliegt. So besteht z.B. eine Wechselbeziehung zwischen dem Teil und dem Ganzen eines Textes. Ich kann die Bedeutung eines Bibelverses einerseits erst dann verstehen, wenn ich den Textzusammenhang, in dem der Vers steht, verstanden habe (weshalb es auch den Regeln der Hermeneutik widerspricht, einzelne Bibelstellen, aus ihrem Zusammenhang gerissen, als Argumente zu benutzen!), andererseits kann ich den Text als Ganzes doch auch nur dann begreifen, wenn ich jeden einzelnen Satz des Textes verstanden habe.
Ein weiterer hermeneutischer Zirkel zeigt sich darin, dass ich einen biblischen Text (z.B. 1.Mose 1,1–2,4a) eigentlich nur dann richtig verstehen kann, wenn ich mich in die Zeit, in der er entstanden ist (also das babylonische Exil), hineinversetzen kann. Andererseits kann ich über eine weit entfernte Zeit wie die des babylonischen Exils wiederum nur etwas aus

Leserhorizont und Texthorizont müssen »verschmelzen«. Dadurch wird der Leserhorizont verändert.

Hermeneutische Zirkel sind notwendige Zirkel.

»Erst jetzt, wo ich mich für's mündliche Abi mit dem ganzen Stoff intensiver beschäftigt habe, verstehe ich, was das alles soll ...«
Annette, 19 Jahre

→ S. 47ff.

Texten erfahren, die in dieser Zeit entstanden sind (also z. B. 1. Mose 1,1–2,4a).

Die Bibel: Gottes Wort oder Menschenwort?

Eine Frage des Vorverständnisses im hermeneutischen Sinn ist es auch, welchen Stellenwert und welche Bedeutung man der Bibel überhaupt beimessen will. Um dieses Thema, um das nicht selten höchst emotional unter der Alternative »Gottes Wort oder Menschenwort?« gestritten wird, sachlich diskutieren zu können, empfiehlt es sich, zwischen vier verschiedenen Arten des Bibelverständnisses zu unterscheiden:

Vier Arten des Bibelverständnisses:
– Die Bibel ist eine Sammlung von alten Schriften, die uns heute nichts mehr zu sagen hat.

- Man kann, erstens, die Bibel ähnlich wie Texte aus dem alten Ägypten als eine Sammlung von alten Schriften betrachten, deren Vorstellungswelt von unserer heutigen Lebensproblematik so weit entfernt ist, dass sie uns heute kaum mehr etwas zu sagen haben.

– Die Bibel ist untrennbar mit unserer Kultur- und Geistesgeschichte verbunden. Es lohnt sich deshalb, sich auch heute noch mit ihr zu beschäftigen.

- Man kann, zweitens, – vermutlich mit wesentlich besseren Argumenten – die Bibel als eine Sammlung von alten Schriften betrachten, von der kultur- und geistesgeschichtlich solch intensive und nachhaltige Impulse ausgegangen sind und die so viele interessante Gedanken enthält, dass es sich zumindest für einen gebildeten Mitteleuropäer auch heute noch lohnt, sich mit ihr, vielleicht ähnlich wie mit den Schriften griechischer Philosophen, zu beschäftigen.

Während für diese beiden Arten des Bibelverständnisses die biblischen Texte recht eindeutig »Menschenwort« sind, gehen Christinnen und Christen davon aus, dass die Bibel mehr für sie ist als andere Schriften des Altertums. Christinnen und Christen betrachten die Bibel als ein Dokument von Glaubenserfahrungen, das auch für heutige Menschen noch unaufgebbare und einmalige Wahrheit enthält und für die Gestaltung des christlichen Glaubenslebens unerlässlich ist. Sie bezeichnen es deshalb auch als »Heilige Schrift« oder »Gottes Wort«. Was dies im Einzelnen bedeutet, ist nun allerdings sehr umstritten:

– Die Bibel ist »Gottes Wort« an uns, und zwar in einem ganz unmittelbaren und wörtlichen Sinn. Als »Gottes Wort« ist sie unfehlbar.

- Eine besonders im Pietismus beheimatete Lesart der Bibel möchte diese in dem Sinn als »Gottes Wort« verstanden wissen, dass aus jedem Satz, aus jedem Kapitel der Bibel ganz unmittelbar und ungebrochen Gott zu uns spricht. Zwar wird nur selten davon ausgegangen, dass Gott selbst die biblischen Bücher verfasst hat, aber es wird doch – und zwar ohne dass man das letztlich begründen könnte – behauptet, die Menschen, die die biblischen Schriften verfasst hätten, seien von Gott »inspiriert« gewesen und es könnten ihnen deshalb auch keine Fehler, Irrtümer, Ungereimtheiten oder gar Widersprüche unterlaufen sein. Wer die Bibel so liest, neigt dazu, historisch-kritischer Bibelforschung sehr skeptisch gegenüberzustehen und in ihr eher eine Bedrohung als eine Bereicherung des Glaubenslebens zu sehen.

»Was ich an den Pietisten toll finde, ist, dass sie ihren Glauben ganz ernst nehmen und auch versuchen, im Alltag danach zu handeln ...«
Matthias, 20 Jahre

Die Problematik eines solchen, »fundamentalistisch« genannten Bibelverständnisses, das durch seine existenzielle Ernsthaftigkeit, sein persönliches Engagement und seine große Konsequenz oft sehr beeindruckend sein kann, liegt darin, dass man viele Aussagen der Bibel nur mit Mühe unmittelbar auf unsere heutige Gegenwart übertragen kann. Welcher Christ möchte heute noch die Speisegesetze des Alten Testaments (vgl. z.B. 5. Mose 14,3–21) zum Maßstab seiner Ernährung machen? Wer will Spr 13,24 (»Wer seine Rute schont, der hasst seinen Sohn; wer ihn aber lieb hat, der züchtigt ihn beizeiten.«) ernsthaft zum Grundsatz christlicher Erziehung erheben? Welche Christin kann im Zeitalter der Frauenemanzipation 1. Kor 14,33 f. (»Wie in allen Gemeinden der Heiligen sollen die Frauen schweigen in der Gemeindeversammlung, denn es ist ihnen nicht gestattet zu reden, sondern sie sollen sich unterordnen ...«) einfach so hinnehmen?

Nicht, dass der biblische Glaube nicht auch Zumutungen und Ansprüche enthielte – nur, wäre es gerade um der Sache des christlichen Glaubens willen dann nicht wichtig, zwischen dem wirklichen Kern des christlichen Glaubens, der heute genauso Gültigkeit hat wie vor 2000 Jahren, und seiner zeit- und kulturbedingten Ausprägung und Einkleidung zu unterscheiden? Tatsächlich versuchen auch die allerwenigsten, die die Forderung erheben, die Bibel müsse »wörtlich« ausgelegt werden, diese Forderung auch tatsächlich in Lebenspraxis umzusetzen – von ein paar extremen, sektiererischen Gruppierungen abgesehen. Die meisten Fundamentalisten werden zugestehen, die angeführten Bibelstellen seien *so* doch nicht gemeint und man müsse sie im übertragenen Sinne verstehen. Genau dann interpretiert man jedoch die Bibel bereits von seinem persönlichen Vorverständnis aus, und es erscheint dann – will man nicht ganz persönliche, nicht hinterfragbare Erleuchtungen für sich in Anspruch nehmen – geradezu notwendig, die Kriterien dieser Interpretation nicht der subjektiven Willkür zu überlassen, sondern sie vom kritischen Maßstab wissenschaftlicher Untersuchungsmethoden überprüfen zu lassen. Natürlich hat auch der historisch-kritische Theologe sein Vorverständnis, mit dem er an die Texte herangeht, und sein Vorverständnis beeinflusst zweifellos auch seine Untersuchungsergebnisse. Im Unterschied zu einer naiv-unhistorischen Deutung der Bibel hat er aber den Anspruch, dass seine Argumentationen auch von anderen Menschen anderen Vorverständnisses Schritt für Schritt nachgeprüft und rational nachvollzogen werden können müssen. Historisch-kritische Bibelforschung setzt auf die Kraft des besseren Arguments und wird ihre Untersuchungsergebnisse deshalb gegebenenfalls auch immer wieder revidieren.

»Manchmal habe ich den Eindruck, jeder liest in die Bibel hinein, was er gerade braucht ...«
Sonja, 18 Jahre

Wer an die Bibel aber mit den Augen des Historikers herangeht, wird nicht umhinkönnen, in den biblischen Schriften aufgrund ihrer sehr unterschiedli-

»Also, dass der Gott die Frau aus der Rippe vom Mann gemacht hat, das kann mir keiner erzählen ...«
Lothar, 11 Jahre

chen Abfassungssituationen und Aussageintentionen auch inhaltliche Spannungen und Widersprüche zu erkennen, in »Gottes Wort« also »Menschenwort« wahrzunehmen. Auf die inhaltlichen Unterschiede zwischen priesterschriftlichem und der »jahwistischem« Schöpfungstext wurde schon hingewiesen. Ein anderes, auch von fundamentalistischer Seite wohl kaum zu bestreitendes Dilemma wäre z. B., wie Mose als angeblicher Verfasser der fünf Mosebücher im 5. Mosebuch, Kapitel 34 eigentlich über seinen eigenen Tod berichten kann. (Die historische Erklärung besteht einfach darin, dass Mose nicht der Verfasser der Mosebücher ist und dass die Überschriften der Mosebücher erst aus nachexilischer Zeit stammen.) Im Neuen Testament wäre etwa ein Vergleich der sehr widersprüchlichen Angaben über die Entdeckung des leeren Grabes Jesu ein lohnendes Beispiel, an dem man sich klar machen kann, dass die Evangelien etwas anderes sein wollen als historische Tatsachenprotokolle.

→ S. 47 f.

→ S. 119 ff.

- Eine vierte Art der Bibellektüre, die auch der Verfasser dieses Buches für die richtige hält, sieht die Bibel deshalb als ein Buch, das von fehlbaren Menschen geschrieben wurde, das all die Widersprüche und inhaltlichen Spannungen enthält, die von Menschen verfasste Schriften nun einmal enthalten, und das deshalb auch vorbehaltlos historisch-kritisch analysiert werden darf. Weiter geht diese Art der Bibellektüre allerdings davon aus – und das ist eine bewusste Setzung des Glaubens –, dass die Erfahrungen, die die Verfasser der biblischen Schriften mit ihrem Gott gemacht haben, auch unsere Erfahrungen sein können und dass der Gott, von dessen Wirken die Verfasser der Bibel überzeugt waren, auch heute noch wirkt und auch in unserem Leben wirksam werden will. Die Bibel als »Menschenwort« kann so für den, der glaubt, lebensverändernd und lebensentscheidend und auf diese Weise »Gottes Wort« werden.

– Die Bibel ist von fehlbaren Menschen geschrieben, die ihre Erfahrungen mit Gott weitergeben wollten. Diese Erfahrungen können auch die unseren werden. Dann wird für den, der glaubt, Menschenwort zu »Gottes Wort«.

»Ist doch offenbar geworden, dass ihr ein Brief Christi seid, ... geschrieben nicht mit Tinte, sondern mit dem Geist des lebendigen Gottes, nicht auf steinerne Tafeln, sondern auf

fleischerne Tafeln, nämlich eure Herzen ... Denn der Buchstabe tötet, aber der Geist macht lebendig.«
2. Kor 3,3.6

Zugespitzt formuliert: Christinnen und Christen wollen und sollen an den Gott glauben, der sich in Jesus von Nazareth offenbart hat, nicht aber an eine Sammlung von heiligen Schriften und erst recht nicht an eine bestimmte, angeblich allein selig machende Auslegung dieser Schriften.

Vom Nebeneinander zum Miteinander von Naturwissenschaft und Theologie: Gemeinsame Schritte ethischer Urteilsfindung

»Nun aber sind es viele Glieder, aber der Leib ist einer. *Das Auge kann nicht sagen zu der Hand: Ich brauche dich nicht; oder auch das Haupt zu den Füßen: Ich brauche euch nicht.«*
1. Kor 12,20f.

Naturwissenschaftler und Theologen haben eine gemeinsame Verantwortung und müssen deshalb zusammenarbeiten.

Nachdem deutlich geworden ist, dass es sich bei Naturwissenschaft und Theologie um ganz unterschiedliche Forschungsdisziplinen mit ganz unterschiedlichen Zugriffen zur Wirklichkeit handelt, wäre am Ende dieses Kapitels nun noch abschließend zu überlegen, ob und wie Naturwissenschaft und Theologie sich in ihrer Arbeit auf sinnvolle und unser aller Lebensqualität verbessernde Art und Weise ergänzen können.[38] Denn wissenschaftliche Forschung – naturwissenschaftliche wie geisteswissenschaftliche – darf niemals zum Selbstzweck werden, sondern muss stets den Interessen der Menschen dienen – das ist eine Einsicht, die angesichts von Umweltkatastrophen, vergifteten Nahrungsmitteln und den Möglichkeiten moderner Gentechnik heute wohl kaum mehr jemand bestreitet.
Eine Zusammenarbeit von Naturwissenschaft und Theologie (bzw. auch Philosophie und Ethik) ist vor allem überall dort geboten, wo im Zusammenhang mit naturwissenschaftlichen Forschungen und Entdeckungen ethisch zu verantwortende Entscheidungen anstehen: in der Genetik, bei der friedlichen und militärischen Nutzung von Atomenergie, bei Tierversuchen, in Fragen des Umweltschutzes, beim Problem des Schwangerschaftsabbruchs, auf dem Gebiet der Intensivmedizin, beim Thema Aids ... Sollen ethische Urteile nicht unbedacht und willkür-

lich oder aufgrund von bloßen Machtinteressen gefällt werden, ist es nützlich, verschiedene Schritte ethischer Urteilsfindung zu unterscheiden.[39]

Schritte ethischer Urteilsfindung:

– Problembestimmung

- In einem ersten Schritt, der sowohl bei individuellen als auch bei kollektiven Entscheidungsprozessen oft vernachlässigt wird, ist zunächst einmal präzise zu bestimmen, um welches Problem es eigentlich gehen soll. Geschieht dies nicht, kann es passieren, dass man ständig von einem Thema zum anderen springt, verschiedene Problemstellungen vermischt oder auch nach kurzer Zeit schon gar nicht mehr weiß, welche Frage man eigentlich klären wollte. Außerdem ist zu bedenken, dass die Formulierung eines Problems oft schon ganz bestimmte Vorentscheidungen im Hinblick auf seine Lösung impliziert. So ist es z. B. ein Unterschied, ob ich formuliere »Soll Schwangerschaftsabbruch gesetzlich erlaubt sein?« oder ob ich sage: »Ich bin schwanger und bin unsicher, ob ich eine gute Mutter sein werde. Was kann und soll ich tun?«.

– Situationsanalyse

- In einem zweiten Schritt, der Situationsanalyse, sollten dann alle verfügbaren und in irgendeiner Weise relevanten Sachinformationen, die das zur Diskussion stehende Problem betreffen könnten, zusammengetragen, sachgerecht zueinander in Beziehung gesetzt und ausgewertet werden. Stellt man sich eine Expertenkomission vor, die über die Frage berät, ob weiter Kernkraftwerke gebaut werden sollen oder nicht, so wäre hier vor allem die Kompetenz von Naturwissenschaftlern, aber z. B. auch von Juristen und Politikern gefragt. Der Theologe oder die Theologin werden in dieser Phase der ethischen Urteilsbildung sozusagen als Vertreter der gebildeten Laien vor allem zuhören, um allgemein verständliche Erklärungen bitten und Rückfragen formulieren.

– Sichtung von Handlungsalternativen

- In einem dritten Schritt wären im Hinblick auf das zu entscheidende Problem sodann alle denkbaren Handlungsalternativen zu sichten, und zwar ohne sofort zu bewerten. Oft wird diese Phase der ethischen Urteilsfindung allzu schnell übersprungen, was zur Folge hat, dass mögliche und vielleicht sinnvolle Handlungsmöglichkeiten vorschnell als »unrealistisch«, »undurchführbar«, »unverantwortlich« u. Ä. abqualifiziert werden. So wäre z. B. vor 30 Jahren in einer Diskussion über Energiefragen dem Vorschlag, größere Forschungsmittel für die Nutzung von Sonnen- und Windenergie bereitzustellen, vermutlich überhaupt kein Gehör geschenkt worden.

– Normenprüfung

»Und es trat zu ihm einer von den Schriftgelehrten, der ihnen zugehört hatte, wie sie miteinander stritten. Und als er sah, dass er ihnen gut geantwortet hatte, fragte er ihn: Welches ist das höchste Gebot von allen? Jesus aber antwortete ihm: Das höchste Gebot ist das: ›Höre, Israel, der Herr, unser Gott, ist der Herr allein, und du sollst den Herrn, deinen Gott, lieben von ganzem Herzen, von ganzer Seele, von ganzem Gemüt und von allen deinen Kräften‹ (5. Mose 6,4 f.). Das andre ist dies: ›Du sollst deinen Nächsten lieben wie dich selbst‹ (3. Mose 19,18). Es ist kein anderes Gebot größer als diese.« Mk 12,28–31

● In der nächsten Phase der ethischen Urteilsfindung, der Normenprüfung, muss es nun darum gehen, welche Maßstäbe, Normen und Werte wir eigentlich an das zur Entscheidung stehende Problem anlegen wollen. Dies wäre in einer Expertenkommission nun sicher die Stunde der Theologen und Philosophen, wobei es allerdings sehr kurzschlüssig wäre, zu meinen, Naturwissenschaftler könnten Fragen der Moral und der Ethik einfach an dafür zuständige Fachleute delegieren. Sicherlich werden Naturwissenschaftler in Fragen der Begründung von Normen und Werten zunächst einmal bei den Geisteswissenschaftlern lernen können – ebenso wie Geisteswissenschaftler in Fragen der Sach- und Situationsanalyse von den Naturwissenschaftlern –, entscheiden und ihre Entscheidung verantworten müssen letztlich aber alle an der Entscheidungsfindung Beteiligten. Theologen und Philosophen können sich nicht in den Elfenbeinturm abstrakter theologisch-philosophischer Gedankenakrobatik zurückziehen, und Naturwissenschaftler können sich in Fragen der Ethik nicht einfach für nicht zuständig erklären.

Welche Werte, Normen und Maßstäbe gelten sollen, ist in unserer pluralistischen Demokratie umstrittener denn je. Soll bei der Frage, ob der Arzt einem Todkranken »Sterbehilfe« leisten darf, das fünfte Gebot gelten oder der Grundsatz der Vermeidung von unnötigen Schmerzen oder der Eid des Hippokrates oder das Recht des Einzelnen, über sein Leben selbst zu bestimmen? Oder kann nicht z. B. auch die Kostenfrage (blockiert der Kranke nicht unnötig Bettenkapazitäten?) ein Kriterium sein? Ist der Zustand, in dem sich der Kranke befindet, noch als »Leben« zu bezeichnen? Was ist eigentlich »Leben« – biologisch, philosophisch, theologisch? Soll »Leben« um jeden Preis erhalten und verlängert werden? Wenn nicht, wer ist dann befugt, aufgrund welcher Kriterien zu entscheiden? Diese und viele andere Fragen sind nicht leicht zu beantworten. Aber eine Gesellschaft, die ethische Entscheidungen nicht dem Zufall oder den Gesetzen der Technokratie überlassen will, wird sich an diesem Punkt nicht einfach durch Verdrängung oder Delegation an Experten aus der Verantwortung stehlen dürfen.

– Entscheidung

• Hat sich eine Gruppe von Entscheidungsträgern, die sich je nach Umständen und Gegebenheiten sehr unterschiedlich zusammensetzen kann, auf eine gemeinsame ethische Grundlage verständigt (womit mehr gemeint ist als ein formelhaftes Zitieren einiger Wendungen aus dem Grundgesetz!), dann müssen so oder so Entscheidungen getroffen werden.

Entscheidungen erweisen sich im Nachhinein immer wieder als falsch. Sie müssen deshalb möglichst »reversibel« bleiben.

Da Menschen fehlbar sind und die Folgen von Entscheidungen immer nur bis zu einem gewissen Grad prognostizierbar sind, lässt sich nie ausschließen, dass trotz aller Bemühungen und trotz guten Willens auch Entscheidungen getroffen werden, die sich später als falsch und verhängnisvoll erweisen und die die Entscheidungsträger im Nachhinein bereuen. Ein ganz zentraler Gesichtspunkt im Hinblick auf eine Ethik naturwissenschaftlicher Forschung ist deshalb, dass Entscheidungen »reversibel«, d.h. umkehrbar und revidierbar sein müssen, falls sich im Laufe der Zeit nämlich Erkenntnisse einstellen, die zum Zeitpunkt der Entscheidung niemand vorhersehen und mitbedenken konnte. Genetische Eingriffe in das menschliche Erbgut z.B. sind beim jetzigen Stand der Genetik nicht umkehrbar und werden zumindest von den großen Kirchen schon aus diesem Grund grundsätzlich abgelehnt.

Ethische Urteilsfindung ist ein hermeneutischer Prozess.

→ S. 64 ff.

Anzumerken bleibt schließlich noch, dass es sich bei der ethischen Urteilsbildung wie beim Verstehen um einen hermeneutischen Prozess handelt. Dieser Prozess ist – wie alle hermeneutischen Prozesse – zirkulär, nie endgültig abgeschlossen und von Interessen geleitet. Wer über Werte und Normen nachgedacht hat oder wer gar die Folgen seiner Entscheidung sieht, wird auch das Problem schon wieder anders definieren und bei der Situationsanalyse, da sich inzwischen ja auch die Situation geändert hat, andere und neue Faktoren mit einbeziehen. Und wer an ein Problem mit dem Vorverständnis herangeht, dass er und alle Kreaturen Geschöpfe eines Gottes sind, wird das Problem anders angehen als jemand, der die Welt und das Leben insgesamt nur als einen Reflex physikalischer und biochemischer Vorgänge wahrnimmt, oder als jemand, dessen oberste Maxime es ist, dass seine Partei unbedingt die nächste Landtags- oder Bundestagswahl gewinnen muss.

Kapitel IV

Sind alle Götter gleich?

Gottesglaube im Alten Testament

Warum Christen das Alte Testament lesen

Was in der christlichen Religion mit dem Begriff »Gott« gemeint ist, zeigt sich, so könnte man meinen, im Neuen Testament. Denn in ihm ist von Jesus Christus die Rede, und in Jesus Christus, von dem sich ja der Name des Christentums ableitet, hat der christliche Gott gezeigt, wer er ist. Nun ist es aber unmöglich, das Neue Testament sachgerecht zu verstehen, wenn man es nicht auf dem Hintergrund des alttestamentlichen Gottesglaubens liest. Zentrale Begriffe des Neuen Testaments wie »Messias«, »Reich Gottes«, »Gericht« oder »Auferstehung« sagen uns wenig, wenn wir uns nicht klar machen, was Juden zur Zeit Jesu mit diesen Begriffen verbunden haben und wie diese Begriffe in der Geschichte der alttestamentlichen Überlieferungen verankert sind. Es war deshalb sicherlich eine weise Entscheidung der Kirche der ersten Jahrhunderte, auch das Alte Testament in den Kanon der christlichen Bibel aufzunehmen.

Man kann das Neue Testament nur richtig verstehen, wenn man auch das Alte Testament kennt.

»Er sprach aber zu ihnen: ... Es muss alles erfüllt werden, was von mir geschrieben steht im Gesetz des Mose, in den Propheten und in den Psalmen. Da öffnete er ihnen das Verständnis, sodass sie die Schrift verstanden ...« Lk 24,44f.

Im Folgenden sollen der Inhalt einiger zentraler Texte des Alten Testaments knapp erläutert und insbesondere auch ein paar Verbindungslinien zwischen alttestamentlichem und neutestamentlichem Gottesglauben aufgezeigt werden.[40]

»Jahwe« – ein Name als Programm

Wichtige Aspekte des alttestamentlichen Glaubens lassen sich bereits an dem besonderen Namen, den der Gott Israels trägt, festmachen. Der Gott Israels trägt neben Namen, die auch für andere altorientalische Gottheiten verwendet wurden (z.B. Elohim oder El), den nur ihm vorbehaltenen Eigennamen »Jahwe« (Aussprache: Jachwäh; in der Lutherbibel übersetzt mit: »der HERR«; aufgrund falscher Vokalisation im Mittelalter verballhornt zu »Jehova«), der in seiner Kurzform auch in vielen anderen hebräischen Eigennamen enthalten ist (z.B. Jesa-ja = Heil Jahwes; Jeremi-ja = Jahwe verwirft; Jo-hannes = Jahwe ist gnädig).

Der Gott Israels hat viele Namen. Der Name »Jahwe« ist jedoch nur ihm vorbehalten.

Der Name »Jahwe« hängt etymologisch mit dem Wortstamm des hebräischen Verbs »sein«/»werden« zusammen und wird deshalb in 2. Mose 3,14 sprachwissenschaftlich korrekt aufgelöst als »Ich bin, der ich bin« bzw. – wahrscheinlich noch besser futurisch übersetzt als – »Ich werde sein, der ich sein werde« oder auch als »Ich werde bei euch sein als der, als der ich bei euch sein werde«. Diese Selbstvorstellung Jahwes gegenüber Mose, der in 2. Mose 3 von Jahwe aus dem brennenden Dornbusch heraus dazu berufen wird, das Volk Israel in seinem Namen aus der ägyptischen Knechtschaft herauszuführen, impliziert eine ganze Theologie:

Der »Ich bin, der ich bin« ist unverfügbar.

- Als der »Ich bin, der ich bin« bzw. der »Ich werde sein, der ich sein werde« lässt sich Jahwe nicht auf einen bestimmten Inhalt, auf bestimmte Eigenschaften, auf ein bestimmtes Bild von ihm festlegen. Wer er ist bzw. sein wird, bestimmt nur er selbst. Insofern handelt es sich bei 2. Mose 3,14 um eine Entsprechung zum schon erwähnten Bilderverbot des Alten Testaments (2. Mose 20,4) und damit auch um eine klare Abgrenzung gegenüber der im Alten Orient weit verbreiteten Identifizierung von Gottheiten und Götterbild (vgl. dazu z.B. 2. Mose 32 die Erzählung

→ S. 28f.

vom »Goldenen Kalb«, 1. Kön 12,26–33 oder Hos 8,4–6) sowie gegenüber allen Versuchen, Jahwe durch Magie oder Zauberei verfügbar und berechenbar zu machen (vgl. dazu z. B. 2. Mose 22,17; 3. Mose 19,26 b; 3. Mose 20,27; 5. Mose 18,9–11). Um die Unverfügbarkeit und Heiligkeit Jahwes zu unterstreichen und jeden Ansatz zur Namensmagie (Rumpelstilzchenmotiv: Die Kenntnis des Namens gibt Macht über die betreffende Person!) von vornherein auszuschließen, sprachen und sprechen Juden in späteren Zeiten und bis zum heutigen Tag den Jahwenamen auch gar nicht mehr aus, sondern lasen und lesen stattdessen überall da, wo im Alten Testament »Jahwe« steht, konsequent *adonai* (hebr. = »Herr«).

»Heilig, heilig, heilig ist der HERR Zebaoth, alle Lande sind seiner Ehre voll!«
Jes 6,3

● Als der »Ich werde sein, der ich sein werde« erweist sich Jahwe außerdem als ein Gott der Geschichte, der Bewegung und der Dynamik, als ein Gott, der die Denkdimension der Zukunft eröffnet. Jahwe ist ein Nomadengott, ein Gott, der an keinen festen Wohnsitz gebunden ist, der schon von Abraham verlangt: »Geh aus deinem Vaterland und von deiner Verwandtschaft und aus deines Vaters Haus in ein Land, das ich dir zeigen will!« (1. Mose 12,1), und von dessen Anhängern es noch im Hebräerbrief heißen wird: ». . . wir haben hier keine bleibende Stadt, sondern die zukünftige suchen wir« (Hebr 13,14). Die Bedeutung dieses Aspekts lässt sich nur ermessen, wenn man sich vor Augen führt, dass die Nachbarreligionen Israels – ähnlich wie heute noch die Anhänger von so genannten Naturreligionen – zyklisch dachten und dass die Götter für sie Garanten der bestehenden und grundsätzlich unveränderlichen Weltordnung waren. Der Gedanke, dass man die Wirklichkeit geschichtlich sehen kann, als einen linearen, nicht umkehrbaren Prozess mit einem Anfang und einem Ende, entsteht erst mit der Jahwereligion und leitet eine kulturgeschichtliche Wende ein, die in ihrer Bedeutung gar nicht überbewertet werden kann. Erst in einer geschichtlich gedachten Welt

Der »Ich werde sein, der ich sein werde« ist ein Gott der Geschichte.

»Ich bin das A und das O, spricht Gott der Herr, der da ist und der da war und der da kommt, der Allmächtige.«
Offb 1,8

gibt es Sinn, sich zu überlegen, ob man die Welt vielleicht verändern könnte, ob man sie so oder so gestalten soll. Erst jetzt, als die Fesseln mythischer Ängste und Abhängigkeiten gesprengt sind, ist der folgenschwere Satz »Macht euch die Erde untertan!« (1. Mose 1,28) überhaupt formulierbar. Erst jetzt können Begriffe wie »Fortschritt«, »Revolution« oder »Mission«, ohne die die Geschichte des Abendlandes und der Welt anders verlaufen wäre, überhaupt gedacht werden.

→ S. 89ff.

Der »Ich werde bei euch sein als der, als der ich bei euch sein werde« ist ein Gott des Zuspruchs und der Verheißung.

- Drittens enthält der Jahwename in der Bedeutung »Ich werde bei euch sein als der, als der ich bei euch sein werde« aber eine Verheißung, ein Moment des Zuspruchs und des Trosts, das zeigt, dass dieser Gott es gut meint mit seinem Volk und dass er ihm beistehen wird, und zwar ganz kategorisch, egal, was kommen wird – in den Auseinandersetzungen mit dem ägyptischen Pharao ebenso wie in all den anderen Krisen und Leiden, die diesem Volk noch bevorstehen. Schon hier, in 2. Mose 3,14, ist der biblische Gottesglaube also »Evangelium«, frohe Botschaft, zu einer Zeit, als dieses griechische Wort noch gar nicht existiert und von einem Mann namens Jesus aus Nazareth noch niemand etwas weiß.

»Der HERR ist mit mir, darum fürchte ich mich nicht; was können mir Menschen tun?«
Ps 118,6

Die Zehn Gebote – ein Dokument der Befreiung

Der wahrscheinlich zugleich bekannteste und unbekannteste Text des Alten Testaments sind die *»10 Gebote«*, in der theologischen Fachsprache auch »Dekalog« (von griech. *déka* = »zehn« und *lógoi* = »Worte«) genannt.[41] Wer diese 10 Gebote, die Mose auf Jahwes Geheiß in Steintafeln eingraviert haben soll, einmal in 2. Mose 20 nachliest, wird zunächst mit einiger Verblüffung feststellen, dass der dort abgedruckte Text von der z. B. aus dem Konfirmandenunterricht geläufigen Fassung sehr stark abweicht und noch nicht einmal die uns vertraute Nummerie-

Die uns geläufige Fassung der 10 Gebote steht so nicht im Alten Testament.

rung aufweist. Wer 2. Mose 20 mit 5. Mose 5,6ff. vergleicht, wird außerdem bemerken, dass der Wortlaut des Dekalogs auch schon in alttestamentlichen Zeiten unterschiedlich weitergegeben und der jeweiligen Situation entsprechend »interpretiert« wurde.

An der uns geläufigen Katechismusfassung des Dekalogs ist nun allerdings weder die Tatsache besonders problematisch, dass der umständlichere Text des Alten Testaments auf leichter zu merkende Kernsätze reduziert wurde, noch sollte man sich allzu lange daran aufhalten, dass Luther und die römisch-katholische Kirche anders zählen als die jüdische Tradition und die reformierten Kirchen. (Erstere fassen das Fremdgötter- und Bilderverbot in einem Gebot zusammen, zerlegen aber dafür das Gebot zur Begehrlichkeit in zwei Gebote!) Viel gravierender ist es, dass in unseren Katechismen die Einleitung zum Dekalog verstümmelt wurde. Der Dekalog beginnt in 2. Mose 20,2 nämlich nicht mit den Worten »Ich bin der Herr, dein Gott. Du sollst nicht andere Götter haben neben mir«, sondern mit dem Satz »Ich bin der Herr, dein Gott, der ich dich aus Ägyptenland, aus der Knechtschaft, geführt habe«. In 2. Mose 20,2 (und nur leicht im Wortlaut variiert in 5. Mose 5,6) steht am Anfang des Dekalogs die Mut machende Erinnerung daran, dass Jahwe ein befreiender, ein aus der Knechtschaft herausführender Gott ist, während die Katechismusfassung oft als mahnender Auftakt zu einer moralisierenden, einschüchternden Lesart des Dekalogs wahrgenommen und interpretiert wurde.

Nicht um moralisierende Einschüchterung, sondern um Befreiung geht es.

Der biblische Dekalog wurde als Urkunde des Bundes, den der Befreiergott Jahwe mit seinem Volk Israel geschlossen hat, vermutlich regelmäßig im Gottesdienst oder bei Festen verlesen.

Im Aufbau lassen sich die 10 Gebote gut mit altorientalischen Bundesurkunden vergleichen.

Dabei ist es bemerkenswert und insbesondere auch für das Verständnis des Begriffs »Bund« (= lat. *testamentum*) sehr erhellend, dass die Bundesurkunde des Dekalogs ähnlich aufgebaut ist wie uns überlieferte

»Ihr seid meine Zeugen, spricht der HERR, und mein Knecht, den ich erwählt habe, damit ihr wisst und mir glaubt und erkennt, dass ich's bin. Vor mir ist kein Gott gemacht, so wird auch nach mir keiner sein. Ich, ich bin der HERR, und außer mir ist kein Heiland.«
Jes 43,10f.

zeitgenössische Bundesurkunden zwischen einem Großkönig und seinen Vasallen. Hethitische Urkunden aus dem 2. Jahrtausend v. Chr. enthalten:

a) die Selbstvorstellung des Großkönigs – vergleichbar 2. Mose 20,2a;
b) den geschichtlichen Anlass des Bündnisses – vergleichbar 2. Mose 20,2b;
c) eine Grundsatzerklärung – vergleichbar der so genannten »ersten Tafel« des Dekalogs (2. Mose 20,3–7), in der das grundsätzliche Verhältnis zwischen Jahwe und seinem Volk definiert wird;
d) Einzelbestimmungen – vergleichbar der so genannten »zweiten Tafel« des Dekalogs (2. Mose 20,8–17), in der uns auch aus anderen Kulturkreisen bekannte, dem gesunden Menschenverstand weitgehend unmittelbar einleuchtende Grundsätze des menschlichen Zusammenlebens festgehalten werden.

Zwei wichtige theologische Einsichten:

– Jahwe und sein Volk sind keine ebenbürtigen Partner.

Theologisch lassen sich an dieser Analogie vor allem zwei wichtige Beobachtungen machen:

• Zum einen zeigt sich, dass Jahwe dem Volk Israel unendlich überlegen ist, dass der Bund ein freier Entschluss seines Willens ist und es sich nicht etwa um einen Bund zwischen zwei auch nur annähernd ebenbürtigen Partnern handelt. Dem entspricht der Absolutheitsanspruch Jahwes (2. Mose 20,3). Dem entspricht das Bilderverbot (2. Mose 20,4). Und dem entspricht auch das Verbot, den Namen Jahwes zu missbrauchen (2. Mose 20,7), das ursprünglich vermutlich insbesondere die Abwehr von Namensmagie, also des Versuchs, sich Jahwe durch magische Verwendung seines Namens gefügig zu machen, zum Ziel hatte.

→ S. 76f.

– Die rechte Moral ergibt sich aus dem rechten Gottesglauben – und nicht umgekehrt.

• Zum andern wird aber ganz deutlich, dass die »Gebote«, die das menschliche Zusammenleben regeln und die in ihren Aussagen auch nichts spezifisch Biblisches enthalten, sozusagen nur die Ausführungsbestimmungen der theologischen Grundsatzerklärung der »ersten Tafel« sind. Theologisch gesehen stehen nicht die Verbote des Stehlens, Mordens oder Ehebrechens im Vordergrund, sondern die Aufforderung, an den Befreiergott Jahwe »sein Herz zu hängen« und sich ihm bedingungslos anzuvertrauen, die Welt und alle Wirklichkeit also ausschließlich als die Welt und Wirklichkeit dieses Nomadengottes zu sehen. Wenn aber dieses Wirklichkeits- und Gottesverständnis stimmt, ergibt sich das rechte Verhalten zum Mitmenschen und zur Gemeinschaft von selbst. Man hat deshalb auch zu Recht darauf hingewiesen, dass man den Dekalog weniger als mit dem erhobenen Zeigefinger vorgetragene »Gebote« oder »Gesetze«, sondern vielmehr als »Verheißungen« oder »Freiheiten« sehen sollte: Wo Jahwe regiert, wird der Mensch nicht, wie z.B. in der ägyptischen Knechtschaft, nur als Arbeitstier gesehen; er hat – damals eine kulturgeschichtliche Revolution – Anrecht auf einen Sabbat. Wo Jahwe regiert, müssen alte Menschen nicht fürchten, nur weil sie nicht mehr arbeiten können, allein gelassen und unversorgt zu bleiben – das ist der Sinn des ursprünglich ja nicht an Kinder oder Konfirmanden, sondern an Erwachsene gerichteten »4. Gebots«, bei dem es sich also eher um eine sozial- und familienpolitische Forderung als um eine pädagogische Ermahnung handelt. Wo Jahwe regiert, steht das Leben des Einzelnen, seine Ehe, seine Familie, sein Eigentum unter göttlichem Schutz. Wer sich daran vergreift, stellt sich gegen Jahwe, den mächtigen Gott, der selbst die militärische Großmacht der Ägypter geschlagen hat – das ist wiederum das Evangelium, das auch dieser Text des Alten Testaments bereits enthält.

»Kann man denn Trauben lesen von den Dornen oder Feigen von den Disteln? So bringt jeder gute Baum gute Früchte; aber ein fauler Baum bringt schlechte Früchte. Ein guter Baum kann nicht schlechte Früchte bringen und ein fauler Baum kann nicht gute Früchte bringen.«
Mt 7,16–18

Auch so kann man die 10 Gebote lesen ...

»Doch ist ja seine Hilfe nahe denen, die ihn fürchten, dass in unserem Lande Ehre wohne; dass Güte und Treue einander begegnen, Gerechtigkeit und Friede sich küssen ...«
Ps 85,10f.

»Auge um Auge, Zahn um Zahn«?

»Alttestamentarische Gesetzesstrenge«?

Gelegentlich sprechen wir auch heute noch in unserer Umgangssprache von »alttestamentarischer Gesetzesstrenge« und spielen dabei auf alttestamentliche Gesetzesformulierungen an, die uns in ihrer Härte aus heutiger Sicht barbarisch erscheinen: »Wer Vater oder Mutter schlägt, der soll des Todes sterben« (2. Mose 21,15). »Wenn jemand dabei ergriffen wird, dass er einer Frau beiwohnt, die einen Ehemann hat, so sollen sie beide sterben, der Mann und die Frau, der er beigewohnt hat ...« (5. Mose 22,22). »Entsteht ein dauernder Schaden, so sollst du geben Leben um Leben, Auge um Auge, Zahn um Zahn, Hand um Hand, Fuß um Fuß, Brandmal um Brandmal, Beule um Beule, Wunde um Wunde« (2. Mose 21,23–25).

Im Vergleich zu seinen altorientalischen Nachbarn hat Israel eine ausgesprochen humane Gesetzgebung.

Nun sieht man diese *kasuistische Gesetzgebung* (kasuistisch = auf den Einzelfall bezogen; im Unterschied zu den »apodiktischen«, d. h. unbedingten, ohne »Wenn« und »Aber« geltenden Geboten des Dekalogs) allerdings in einem anderen Licht, wenn man sie mit der Rechtssprechung der damaligen Nachbarvölker Israels vergleicht. Es zeigt sich dann nämlich, dass das von Jahwe aus der ägyptischen Gefangenschaft befreite Volk Israel seine ihm geschenkte Freiheit in eine für damalige Verhältnisse sehr freiheitliche und menschenfreundliche Gesetzgebung umsetzt: So fehlen im Alten Testament bis auf eine einzige Ausnahme (5. Mose 25,11 f.) verstümmelnde Strafen, die im Alten Orient sonst gang und gäbe waren. In Ägypten etwa wurde Tempeldiebstahl oder Ausrauben eines Grabes mit dem Abschneiden der Nase geahndet; und aus Assyrien kennen wir einen Gesetzestext, der für unsere Augen vergleichsweise geringe Verfehlungen mit äußerst grausamen und entehrenden Strafen belegt:

»Eine Dirne darf sich nicht verhüllen, ihr Kopf bleibt entblößt. Wer eine verhüllte Dirne erblickt, soll sie festnehmen ... Ihren Schmuck darf man nicht nehmen, aber derjenige, der sie festgenommen hat, bekommt ihre Kleidung. Man soll ihr fünfzig Stockschläge versetzen und Asphalt auf ihren Kopf gießen.

Wenn dagegen ein Bürger eine verhüllte Dirne erblickt und sie gehen lässt ..., so soll man diesem Bürger fünfzig Stockschläge versetzen. Sein Anzeiger bekommt seine Kleidung. Seine Ohren soll man durchbohren, mit einer Schnur zusammenziehen und auf seinem Hinterkopf zusammenbinden. Einen vollen Monat soll er für den König Fronarbeit leisten.«[42]

Gesetze aus einer längst vergangenen Zeit?

Andererseits finden sich im Alten Testament jedoch Gesetze, die selbst uns heute noch ausgesprochen aktuell und fortschrittlich vorkommen mögen: So sollen die Israeliten die »Fremdlinge« – heute würde man vielleicht sagen: »Ausländer« oder »Asylanten« – »nicht bedrängen und bedrücken; denn ihr seid auch Fremdlinge in Ägyptenland gewesen« (2. Mose 22,20). Das so genannte »Sabbatjahr« hat sowohl einen ökologischen als auch einen sozialen Sinn: »Sechs Jahre sollst du dein Land besäen und seine Früchte einsammeln. Aber im siebenten Jahr sollst du es ruhen und liegen lassen, dass die Armen unter deinem Volk davon essen; und was übrig bleibt, mag das Wild auf dem Felde fressen. Ebenso sollst du es halten mit deinem Weinberg und deinen Ölbäumen« (2. Mose 23,10 f.). Eine Freistellung vom Wehrdienst aus persönlichen Gründen (5. Mose 20,5–8) gibt es in Israel ebenso wie einen Tierschutz (5. Mose 22,6 f.) oder einen Pfändungsschutz (5. Mose 24,10–13). Und auch das sprichwörtlich gewordene »Auge um Auge, Zahn um Zahn« ist eigentlich ein humanitärer Fortschritt, wenn man bedenkt, dass es im Zusammenhang mit Blutrachevorstellungen eine Überbestrafung vermeiden will und im Alten Testament – im Unterschied zum sonstigen Alten Orient – auch nicht unbedingt wörtlich gemeint ist, sondern nur eine allgemeine Bemessensgrundlage bieten soll (vgl. 2. Mose 21,30!).

»Da trat Petrus zu ihm und fragte: Herr, wie oft muss ich denn meinem Bruder, der an mir sündigt, vergeben? Genügt es siebenmal? Jesus sprach zu ihm: Ich sage dir: nicht siebenmal, sondern siebzigmal siebenmal.«
Mt 18,21 f.

Macht man sich diese lebensfördernde und lebensbewahrende Gesamtintention des alttestamentlichen Gesetzes bewusst, dann kann es auch nicht mehr verwundern, dass Jesus in der Bergpredigt sagt: »Ihr sollt nicht meinen, dass ich gekommen bin, das Gesetz oder die Propheten aufzulösen; ich bin nicht gekommen aufzulösen, sondern zu erfüllen« (Mt 5,17).

Jahwe oder Baal?

Einer der zentralen Texte des Alten Testaments ist nach Ansicht heutiger Exegeten das so genannte *»kleine geschichtliche Credo«* (lat. = »ich glaube«; Glaubensbekenntnis) in 5. Mose 26,5–9. Dieser Bekenntnistext, der seinen »Sitz im Leben« im Rahmen eines Erntedankfestes hatte (vgl. 5. Mose 26,1–4), rekapituliert, wie Jahwe Israel aus der ägyptischen Knechtschaft befreit und in das »Land, in dem Milch und Honig fließt«, geführt hat.

Mit dem »kleinen geschichtlichen Credo« (5. Mose 26,5–9) grenzt sich Israel von der Baalsreligion ab.

»Da trat Elia zu allem Volk und sprach: Wie lange hinket ihr auf beiden Seiten? Ist der HERR Gott, so wandelt ihm nach, ist's aber Baal, so wandelt ihm nach.« 1. Kön 18,21

Dass das kleine geschichtliche Credo im Zusammenhang mit einem Erntedankfest vorgetragen wurde, ist nun kein Zufall, sondern hat damit zu tun, dass Israel sich sowohl zur Zeit seiner Einwanderung nach Kanaan als auch später (vgl. 1. Kön 16,29–33; 1. Kön 18; Jer 7,9) immer wieder von der kanaanäischen Baalsreligion abgrenzen musste. Baal war im Unterschied zu Jahwe ein Vegetationsgott, von dem man glaubte, er bringe den Regen und damit die Fruchtbarkeit des Landes, und den man – ähnlich wie heute noch in manchen Stammesreligionen üblich – durch Opfer und Rituale gnädig zu stimmen versuchte. Ein uns auf Tontafeln überlieferter Mythos aus dem 14./13. Jahrhundert v. Chr. erzählt, wie Baal in der Trockenzeit vom Gott der Unterwelt und des Todes, Mot, gefangen und getötet wird, bis die Göttin Anat, unterstützt von den Opfern der Menschen, zu Beginn der Regenzeit wiederum Mot tötet, Baal wiederbelebt und ihn aus der Unterwelt befreit.
Derartige Mythen haben in ihrer Naivität etwas Bestechendes, zumal der Kreislauf der Jahreszeiten ihre Richtigkeit Jahr für Jahr zu bestätigen scheint. Für

Kleinviehnomaden, die aus der Wüste kamen und von der Fruchtbarkeit, dem Ackerbau, den Städten und Tempeln der Kanaanäer beeindruckt sein mussten, war deshalb die Versuchung groß, Baal gegenüber Jahwe den Vorzug zu geben. Das Erntedankfest war nun aber sicher genau der Zeitpunkt, an dem diese Gefahr angesichts der scheinbaren Erfolge Baals am größten war, weshalb es nahe lag, gerade an diesem Fest dem zyklischen Wirklichkeitsverständnis des Baalglaubens die Erinnerung an die geschichtlichen Taten Jahwes gegenüberzustellen.

Unterschiede zwischen Jahwe und Baal

Doch Jahwe unterschied sich von Baal nicht nur in diesem Punkt:

– Von Baal sind uns bildliche Darstellungen und Statuen erhalten, für Jahwe gilt das absolute Bilderverbot.

– Baal gehörte zu einer ganzen Familie von Göttern, war also eine polytheistische Gottheit (Polytheismus = Vielgötterglaube; von griech. *polýs* = »viel« und *theós* = »Gott«) – für Jahwe gilt der bedingungslose Monotheismus (vgl. 2. Mose 20,3; Monotheismus = Eingottglaube; von griech. *mónos* = »allein, einzig« und *theós* = »Gott«).

»Das Schwein, das zwar durchgespaltene Klauen hat, aber nicht wiederkäut, soll euch darum unrein sein. Ihr Fleisch sollt ihr nicht essen, und ihr Aas sollt ihr nicht anrühren.«
5. Mose 14,8

– Baal war an eine bestimmte Region, an die bäuerliche Lebenswelt Kanaans, gebunden – Jahwe hingegen ist ein Nomadengott, der in Ägypten genauso wirkt wie in der Wüste, in Kanaan oder später auch im babylonischen Exil oder irgendwo anders auf der Welt.

– Baal konnte man durch Magie und Opfer beeinflussen – Jahwe ist »der, der er sein wird«, und verbietet deshalb auch strengstens jegliche Form von Zauberei und Magie.

→ S. 76 f.

– Das Wildschwein war ein dem Baal heiliges Tier – in der Jahwereligion wird es für »unrein« erklärt und sein Genuss verboten.

Prophetischer Protest: z. B. Amos aus Thekoa

Eine große und besonders bemerkenswerte Gruppe von Schriften bilden im Alten Testament die prophetischen Bücher.[43]

Die meisten Propheten des Alten Testaments waren keine Schriftsteller.

• Um das Phänomen des Prophetentums in Israel richtig einzuschätzen, muss man sich zunächst klar machen, dass die meisten Propheten ihre Worte – und zwar eher im Umfang einiger Bibelverse als ganzer Kapitel – in ganz konkrete Situationen hineingesprochen (vgl. z. B. 2. Sam 12,1–15) und sie nicht selbst aufgeschrieben haben. Von den älteren Propheten wie Nathan oder Elia gibt es deshalb auch gar keine eigenen Bücher. Bei den uns vorliegenden Prophetenbüchern handelt es sich um Sammlungen und Zusammenstellungen von Prophetenworten, die auf Schüler oder Hörer der jeweiligen Propheten zurückgehen. Es kann insofern auch nicht verwundern, dass sie sich – ähnlich wie z. B. Lyrikbändchen – nur mit großer Mühe fortlaufend lesen lassen.

Die Propheten des Alten Testaments waren Boten Jahwes. Sie sprachen *für* Jahwe *vor* dem Volk Israel.

• Zweitens ist es wichtig zu erwähnen, dass »Propheten« im Alten Testament zunächst einmal nichts anderes sein wollen als Boten Jahwes. Wörtlich meint das griechische Wort »Pro-phet« so viel wie »einer, der *für* einen anderen (nämlich Jahwe) spricht« und gleichzeitig auch »einer, der *vor* anderen (nämlich dem Volk Israel) spricht«. Es handelt sich also keinesfalls, wie es unser heutiger Sprachgebrauch oft nahe legt (»Bin ich denn ein Prophet?«), um Hellseher, Wahrsager oder Zukunftsdeuter (obwohl auch diese Aspekte gelegentlich mitschwingen mögen!), sondern um Menschen, die Botschaften verschiedensten Inhalts zu überbringen haben. Typisch für die prophetische Rede ist der »Botenspruch« (»So spricht Jahwe...«, »Spruch Jahwes...«), mit dem in einem Zeitalter ohne technische Nachrichtenübermittlung auch weltliche Boten ihre Rede einzuleiten und zu legitimieren pflegten (also z. B. mit »So spricht der König: ...« oder »Worte des Königs...«).

• Drittens ist es aber interessant, sich zu verdeutlichen, dass das Auftreten von Propheten in Israel aufs engste mit der ja von Anfang an umstrittenen Institution des Königtums (vgl. dazu 1. Sam 8) verknüpft war, und zwar so, dass die Propheten den Verantwortlichen im Staat Jahwes Willen mitgeteilt und in Erinnerung gerufen haben. Die zumindest für damalige Zeiten ganz ungewöhnliche Härte und Deutlichkeit, mit der die Propheten dabei die Herrschenden kritisierten (vgl. z. B. 2. Sam 12,1–15 oder 1. Kön 21), erklärt sich daraus, dass die großen Propheten des Alten Testaments nicht beamtete Priester oder Hofpropheten waren (das gab es auch: vgl. z. B. die in 1. Kön 18,19 erwähnten »450 Propheten Baals, ... die vom Tisch Isebels essen«), sondern Menschen mit ganz unterschiedlichem Hintergrund, die sich eines Tages ganz plötzlich berufen fühlten, im Namen Jahwes zu sprechen.

Die Propheten des Alten Testaments kritisierten auch die Könige schonungslos.

Als Beispiel sei *Amos*, ein Viehhirt und Feigenzüchter aus Thekoa bei Jerusalem (vgl. Am 1,1; 7,14), genannt, der im 8. Jahrhundert v. Chr. im benachbarten Nordreich Israel als Prophet auftrat.[44] Das Nordreich befand sich damals unter der Regierung Jerobeams II. (787–747 v. Chr.), also einige Jahrzehnte vor seiner Zerstörung durch die Assyrer (722 v. Chr.), in einem Zustand relativer außenpolitischer Stabilität und erfreute sich eines beträchtlichen wirtschaftlichen Wohlstands. Von prunkvollen Häusern (vgl. Am 3,15; 5,11; 6,8) und ausschweifendem Leben (vgl. Am 6,1–6) ist die Rede. Dieser Wohlstand war allerdings – wie auch heute noch so oft – nicht gerecht verteilt, sondern zeichnete sich dadurch aus, dass die Reichen immer reicher und die Armen immer ärmer wurden (vgl. z. B. Am 2,7; 4,1; 8,4).

In diese Situation hinein spricht Amos eine drastische Sprache: Er beschimpft die Frauen der Reichen als »fette Kühe« (Am 4,1), wirft der Oberschicht

Amos aus Thekoa tritt im 8. Jahrhundert v. Chr. im Nordreich auf: Er entlarvt die Schattenseiten der damaligen Wohlstandsgesellschaft.

»Jesus aber sprach zu seinen Jüngern: Wahrlich, ich sage euch: Ein Reicher wird schwer ins Himmelreich kommen. Und weiter sage ich euch: Es ist leichter, dass ein Kamel durch ein Nadelöhr gehe, als dass ein Reicher ins Reich Gottes komme.«
Mt 19,23 f.

rücksichtslose Ausbeutung, Korruption und Rechtsbeugung (vgl. z. B. Am 5,7.12), Kornwucher (vgl. Am 8,4–6) und Schlemmerei vor und kündigt als Strafe das Gericht Jahwes an (vgl. insbesondere die großen Schreckensvisionen in den Kapiteln 7–9!). Amos macht mit seiner Botschaft auch nicht vor dem Staatsheiligtum in Bethel halt und wird schließlich vom königlichen Hofpriester Amazja außer Landes gewiesen (vgl. Am 7,10–13).

Sozialkritik und Theologie des Amos gehören untrennbar zusammen.

Nun würde man Amos allerdings völlig missverstehen, sähe man in ihm nur und vor allem den Sozialkritiker und Bürgerschreck. Der Ansatz dieses Propheten ist theologisch, und die sozialen Missstände und Ungerechtigkeiten sind für ihn nur Symptome einer gestörten Beziehung zu Jahwe. »Suchet mich, so werdet ihr leben« (Am 5,4) heißt deshalb auch der einzige Ausweg, den Amos im Namen Jahwes zu zeigen vermag. Neben der Sozialkritik steht bei Amos die Kritik an der religiösen Heuchelei Israels, über die auch aufwändige Gottesdienste und Kultfeiern nicht hinwegtäuschen können: »Ich bin euren Feiertagen gram und verachte sie und mag eure Versammlungen nicht riechen. Und wenn ihr mir auch Brandopfer und Speiseopfer opfert, so habe ich kein Gefallen daran und mag auch eure fetten Dankopfer nicht ansehen. Tu weg von mir das Geplärr deiner Lieder; denn ich mag dein Harfenspiel nicht hören!« (Am 5,21–23) Ein Gottesdienst, der sich nicht auch im Alltag und im sozialen Leben der Gemeinschaft auswirkt, gefällt Jahwe nicht. Seine Forderung lautet: »Es ströme aber das Recht wie Wasser und die Gerechtigkeit wie ein nie versiegender Bach« (Am 5,24).

»Es werden nicht alle, die zu mir sagen: Herr, Herr!, in das Himmelreich kommen, sondern die den Willen tun meines Vaters im Himmel.«
Mt 7,21

Auch wenn seine Worte revolutionär klingen: Amos war ein konservativer Prophet.

Amos ist kein Neuerer oder Sozialrevolutionär, sondern im Grunde ein sehr konservativer Prophet. Er will nichts anderes, als dass Israel sich seiner Verantwortung als von Jahwe erwähltes Volk wieder bewusst wird und dass es die Traditionen des alten Jahwerechts wieder ernst nimmt. Wer die Anklagen des Amos mit der kasuistischen Gesetzgebung der Mosebücher vergleicht, wird deshalb bis in den Wortlaut hinein Entsprechungen finden (vgl. z.B. Am 8,4–6 mit 2. Mose 22,20–26).

»Macht euch die Erde untertan!«

Auf den im babylonischen Exil (587–538 v.Chr.) abgefassten priesterschriftlichen Schöpfungstext (1. Mose 1,1–2,4a) wurde bereits im letzten Kapitel eingegangen. Besonders hervorgehoben werden soll in einer Reihe zentraler Texte des Alten Testaments allerdings noch einmal 1. Mose 1,26ff., wo es heißt, Gott habe den Menschen »zu seinem Bilde« erschaffen und ihm den Auftrag erteilt, »sich die Erde untertan zu machen«. Beide Formulierungen sind einerseits theologisch und geistesgeschichtlich von größter Bedeutung, können andererseits aber ohne entsprechendes Hintergrundwissen auch völlig falsch aufgefasst werden.[45]

→ S. 47ff.

Noch einmal 1. Mose 1

• Dass der Mensch von Gott zu seinem Ebenbild geschaffen sei, meint in 1. Mose 1 nicht etwa, dass Gott und Mensch ein ähnliches Aussehen hätten oder dass etwa die Seele oder der Geist des Menschen göttlich seien (alles völlig unbiblische Vorstellungen!), sondern findet seine Erklärung in der altorientalischen Königsideologie. Sowohl in Ägypten als auch in Mesopotamien wurden nämlich die Könige mit dem Titel »Ebenbild Gottes« angeredet, wobei dieser Titel gleichbedeutend mit »Stellvertreter/Sachwalter Gottes auf Erden« war. Die Pointe des alttestamentlichen Textes liegt nun darin, dass nicht nur der König, sondern alle Menschen, ohne Unterschied, Gottes Ebenbilder sein sollen. Alle, Mann wie Frau, sind damit König und Königin! Wir haben es hier mehr als 2000 Jahre vor der Französischen Revolution mit einer Art demokratischem und die unveräußerliche Menschenwürde des Individuums be-

Die Vorstellung von der Gottebenbildlichkeit des Menschen hat ihren Ursprung in der altorientalischen Königsideologie: Für 1. Mose 1 sind alle Menschen Könige, und das heißt: Sachwalter Gottes auf Erden.

gründendem Manifest zu tun, das im damaligen Lebenskontext völlig ungeheuerlich klingen musste und das auch in unserer heutigen Welt in vielerlei Hinsicht noch uneingelöst ist.

Mit dem Satz »Macht euch die Erde untertan!« wird die Welt entgöttert und entmythologisiert. Der Mensch darf die Welt erforschen und gestalten.

• Mit der Gottebenbildlichkeit des Menschen eng verknüpft ist der Auftrag, sich die Erde – nicht aber andere Menschen, die ja genauso Ebenbilder Gottes sind! – »untertan zu machen«. Erst aufgrund dieser Ermächtigung, die die Welt entgöttert und entmythologisiert, kann der Mensch sich frei fühlen, die Welt zu erforschen und zu gestalten, und muss nicht mehr hinter jedem Baum und jedem Stein Götter und Dämonen vermuten, die er nicht missgünstig stimmen darf. Erst auf diesem Hintergrund ist naturwissenschaftliche Forschung und Neugier im neuzeitlichen Sinn überhaupt denkbar, weshalb es umso absurder erscheinen muss, einen Gegensatz zwischen dem priesterschriftlichen Schöpfungstext und naturwissenschaftlichen Weltentstehungstheorien zu konstruieren.

→ S. 42ff.

Dies ist jedoch kein Freibrief für eine rücksichtslose Ausbeutung der Umwelt!

Völlig missverstanden wird 1. Mose 1,26ff. jedoch, wenn diese Bibelstelle, wie oft genug geschehen, als Freibrief für die rücksichtslose Ausbeutung der Umwelt verstanden wird. Zwar bekommt der Mensch in 1. Mose 1,26ff. im Unterschied zu den zyklisch-mythischen Weltbildern des sonstigen Alten Orients in der Tat das Recht und die Freiheit, die Welt zu gestalten, aber nicht im Sinne eines »Mach' mit der Welt, was du willst!«, sondern als Sachwalter Gottes auf Erden. Wie ein weiser und guter König soll der Mensch behutsam und pfleglich mit der Welt umgehen und für ein gesundes, lebenserhaltendes Gleichgewicht in der Natur sorgen. Er soll sie, wie die »jahwistische« Schöpfungserzählung es sagt, »bebauen und bewahren« (1. Mose 2,15). Wenn Gott ein gütiger Gott ist, der es gut meint mit seiner Schöpfung, dann hat auch sein Stellvertreter und Sachwalter auf Erden die Verpflichtung, mit der ihm anvertrauten Schöpfung und seinen Mitgeschöpfen

»Weh euch Hirten, die ihr die Herde meiner Weide umkommen lasst und zerstreut!, spricht der HERR.« Jer 23,1

nicht wie ein Despot oder Ausbeuter zu verfahren. Denn diese Schöpfung gehört ja trotz aller Verfügungsgewalt auch nicht ihm, sondern Gott.

Exkurs: Gottes Ebenbild und die moderne Biotechnologie

»Prüft aber alles, und das Gute behaltet.« 1. Thess 5,21

In jüngster Zeit wird 1. Mose 1,26 ff. immer wieder mit zum Teil großem Pathos bemüht, um vor »den« Gefahren der modernen Biotechnologie zu warnen. Sieht man einmal davon ab, dass dabei nicht immer sehr sachkundig argumentiert wird und die »Schritte ethischer Urteilsfindung« keineswegs immer eingehalten werden, so ist unter anderem auf folgende Differenzierungen zu achten:[46]

→ S. 70 ff.

Der Mensch darf die Welt erforschen und gestalten.

1. Mose 1,26 ff. ermutigt den Menschen gerade, die Welt zu erforschen und zu gestalten, allerdings verantwortlich und im Bewusstsein, dass er selbst nur Geschöpf Gottes ist. Ein pauschales Verbot genetischer Forschung lässt sich aus den Genesistexten wohl kaum begründen. Darüber hinaus erlaubt 1. Mose 1,26 ff. dem Menschen ausdrücklich die Herrschaft über die nicht-menschliche Schöpfung. Genetische Veränderungen an Pflanzen und Tieren können von hier aus also schlecht generell abgelehnt werden, was natürlich keineswegs heißt, dass Forscher nicht Nutzen, Nebenwirkungen und möglichen Schaden abzuwägen hätten oder dass einfach alles erlaubt sei.

»Natürliche Ordnungen«?

Oft wird auch auch das Argument vorgebracht, der Mensch habe die »natürliche Ordnung« und damit z. B. auch die in 1. Mose 1 erwähnten »Arten« zu bewahren. Abgesehen davon, dass dann eigentlich alle kulturellen Leistungen des Menschen Eingriffe in »die Natur« wären und dass dann z. B. auch das traditionelle Züchten und Kreuzen von Tieren und Pflanzen verboten sein müsste, übersieht dieses Argument, dass 1. Mose 1 und 2 im biblischen Kontext den Zustand vor dem Sündenfall beschreiben und dass dabei 1. Mose 1,29 (im Unterschied zu 1. Mose 9,3) z. B. auch eine vegetarische Ernährung des Menschen voraussetzt.

Eingriffe in das menschliche Genom?

Selbst Eingriffe in das menschliche Genom wird man von 1. Mose 1 aus nicht von vornherein ausschließen können. So spräche aus biblischer Sicht zunächst einmal nichts gegen Eingriffe in das menschliche Genom, wenn dadurch Krankheiten verhindert werden könnten und der Lebensqualität der Menschen gedient wäre. Alles andere käme einer naiven Technik- und Fortschritts- und letztlich Lebensfeindlichkeit der Theologie gleich, der sie schon oft erlegen ist, etwa, als sie jahrhundertelang das für die medizinische Forschung unerlässliche Sezieren von Leichen verhinderte. Und, um die Argumentation zuzuspitzen: Selbst ein in der Retorte erzeugter Mensch, auch ein Klon, dessen Persönlichkeit ja nicht ausschließlich durch seine Gene bestimmt ist, wäre aus biblischer Sicht noch ein »Ebenbild Gottes«.

Ethische Urteilsfindung

www.genethik.de
www.bioethik.de
www.ekd.de/bioethik

Was können die Genesistexte dann überhaupt zur ethischen Urteilsfindung beitragen? Sie können zunächst ermutigen, die dem Menschen anvertraute Schöpfung »zu bebauen und zu bewahren«, d. h. die anstehenden Entscheidungen nüchtern und kritisch zu diskutieren, Pro und Contra abzuwägen, die Handlungsoptionen am Maßstab des Sach- und Menschengerechten zu messen und einer oft nur finanziell motivierten Forschungseuphorie, die die Risiken und Nebenwirkungen der modernen Biotechnologie verschweigt, ebenso entgegenzuwirken wie einer gut gemeinten, aber oft auch naiv-romantischen Technikfeindlichkeit.

Grenzen

In einem Punkt setzen die biblischen Texte dann allerdings eine klare Norm: Jeder Mensch ist aus ihrer Perspektive ein Ebenbild Gottes, hat dadurch seine eigene, unveräußerliche Würde und darf deshalb von anderen Menschen nicht funktionalisiert werden, denn alle Menschen sollen als Ebenbilder

Gottes zwar über Tiere und Pflanzen, nicht aber über andere Menschen herrschen. Wer diese Norm bejaht, wird z.B. nicht zustimmen können, wenn menschliche Embryonen als für biotechnologische Forschungsinteressen frei verwendbare Biomasse betrachtet werden.[47] Und er wird es auch nicht akzeptieren können, wenn Eltern sich beim Fortpflanzungsmediziner ein »Wunschkind« bestellen wollen oder wenn Krankenversicherungen und Arbeitgeber genetische Reihenuntersuchungen zum Aufnahme- bzw. Einstellungskriterium machen.

»Was heißt hier ›Würde des Menschen‹? Ich finde schon, dass man da auch unterscheiden muss: Eine vor zwei Tagen befruchtete Eizelle im Reagenzglas ist vielleicht doch nicht dasselbe wie ein Fötus von vier Monaten im Bauch der Mutter.« Christine, 19 Jahre

Das Tun-Ergehens-Prinzip: »Wer eine Grube macht, der wird hineinfallen ...«

Das Alte Testament ist eine Sammlung von Schriften, die innerhalb eines Zeitraums von rund 1000 Jahren abgefasst wurden. Es empfiehlt sich deshalb, jeden Text immer wieder genauestens auf seinem ganz speziellen historischen Hintergrund zu lesen. Andererseits müssen wir aber, um uns nicht in historischen Detailfragen zu verlieren, auch größere Entwicklungslinien und Zusammenhänge sehen. Einen möglichen roten Faden, an dem sich gerade die Zusammengehörigkeit von Altem und Neuem Testament sehr gut aufzeigen lässt, stellt das so genannte Tun-Ergehens-Denken dar.[48]

Grundlage altorientalischen Denkens ist das Tun-Ergehens-Prinzip: Wer Gutes tut, dem widerfährt Gutes; wer Böses tut, dem widerfährt Böses.

Es lässt sich belegen, dass altorientalisches Denken, ähnlich wie heute noch das Denken von vielen Stammesreligionen, auf dem Grundsatz beruhte, dass dem, der Gutes tut, Gutes widerfährt und dass dem, der Böses tut, Böses widerfährt – und zwar nicht erst in einem Jenseits, sondern schon hier und jetzt in dieser Welt. Dieses Tun-Ergehens-Prinzip hält die Weltordnung zusammen, und sein Garant ist Gott. Im Alten Testament findet sich eine Fülle von Beispielen für dieses Denken, etwa in den Sprüchen Salomos, einer Sammlung von altbewährten Lebensweisheiten und Sprichwörtern: »Des Gerechten Mund ist ein Brunnen des Lebens; aber auf die Gottlosen wird ihr Frevel fallen« (Spr 10,11). »Die Gerechtigkeit des Frommen macht seinen Weg eben; aber der Gottlose wird fallen durch seine Gottlosigkeit« (Spr 11,5). »Ein barmherziger Mann nützt auch sich selber; aber ein herzloser schneidet sich ins eigene Fleisch« (Spr 11,17). »Wer eine Grube macht, der wird hineinfallen; und wer einen Stein wälzt, auf den wird er zurückkommen« (Spr 26,27).

Man darf die Erklärungskraft dieses naiven Denkens nicht unterschätzen.

Man darf die Erklärungskraft dieses Tun-Ergehens-Denkens nicht unterschätzen. Es erklärt zahlreiche Beobachtungen und Erfahrungen des Alltags, bietet aber auch ein einleuchtendes Erklärungsmuster für politische und soziale Entwicklungen. So kann man sich mit Hilfe des Tun-Ergehens-Prinzips z.B. gut klar machen, warum es Israel zur Zeit der gottgefälligen Könige David und Salomo so gut ging und warum diese kurze Blütezeit des israelitischen Staats in der Folgezeit, in der Volk und Könige allzu oft gegen Gottes Gebote verstießen, ein schnelles und verheerendes Ende nahm. Wenn Israel von Krisen und Katastrophen geschlagen ist, dann ist das eine Folge seiner Missetaten – so lautet in vielen Schriften des Alten Testaments die logische Schlussfolgerung (vgl. dazu z.B. 1.Kön 9,1–9 oder Am 3,9–15).

»Und Jesus ging vorüber und sah einen Menschen, der blind geboren war. Und seine Jünger fragten ihn und sprachen: Meister, wer hat gesündigt, dieser oder seine Eltern, dass er blind geboren ist? Jesus antwortete: Es hat weder dieser gesündigt noch seine Eltern, sondern es sollen die Werke Gottes offenbar werden an ihm.« Joh 9,1–3

Krise und Eschatologisierung des Tun-Ergehens-Prinzips

Der Logik des Tun-Ergehens-Denkens hätte es nun aber entsprochen, wenn Jahwe spätestens mit dem Untergang des Südreiches und der Deportation der israelitischen Oberschicht ins babylonische Exil die Missetaten von Volk und Königen als gesühnt betrachtet hätte. Würde jetzt, nachdem das babylonische Reich zusammengebrochen war und der Perserkönig Kyros die Rückkehr aus dem Exil und den

Wiederaufbau des Tempels erlaubt hatte, der alte Glanz des davidisch-salomonischen Großreiches wiederkehren?

Der zweite Teil des Jesajabuches (Jes 40–55), genannt Deuterojesaja (= Zweiter Jesaja), wurde am Ende des babylonischen Exils geschrieben und spricht von solchen Hoffnungen: »Tröstet, tröstet mein Volk!, spricht euer Gott. Redet mit Jerusalem freundlich und predigt ihr, dass ihre Knechtschaft ein Ende hat, dass ihre Schuld vergeben ist; denn sie hat doppelte Strafe empfangen von der Hand des HERRN für alle ihre Sünden. Es ruft eine Stimme: In der Wüste bereitet dem HERRN den Weg, macht in der Steppe eine ebene Bahn unserm Gott. Alle Täler sollen erhöht werden, und alle Berge und Hügel sollen erniedrigt werden, und was uneben ist, soll gerade, und was hügelig ist, soll eben werden…« (Jes 40,1–4). »Gedenkt nicht an das Frühere und achtet nicht auf das Vorige! Denn siehe, ich will ein Neues schaffen, jetzt wächst es auf, erkennt ihr's denn nicht? Ich mache mir einen Weg in der Wüste und Wasserströme in der Einöde … das Volk, das ich mir bereitet habe, soll meinen Ruhm verkündigen« (Jes 43,18–21).

Noch Deuterojesaja hält an der Gültigkeit des Tun-Ergehens-Prinzips fest.

Zu einer Renaissance des davidisch-salomonischen Großreiches kam es bekanntlich jedoch nicht. Die Oberschicht durfte zwar aus dem Exil zurückkehren und machte sich an den Wiederaufbau von Tempel und Staat, aber Israel blieb auch in den folgenden Jahrhunderten unter dem Joch wechselnder Fremdherrschaft. So wie die Babylonier durch die Perser abgelöst worden waren, folgten auf die Perser die Griechen und auf die Griechen die Römer. Damit musste es jedoch zu einer schweren Krise des Tun-Ergehens-Denkens kommen. Sowohl die Erfahrung des Einzelnen als auch des Volkes war es oft genug, dass es gerade den Guten schlecht und den Bösen gut ging. Bekanntester Ausdruck dieser Erfahrung ist das Buch Hiob.

Nach dem babylonischen Exil geriet das Tun-Ergehens-Denken in Israel endgültig in eine Krise.

»HERR, wenn ich auch mit dir rechten wollte, so behältst du doch Recht; dennoch muss ich vom Recht mit dir reden. Warum geht's doch den Gottlosen so gut, und die Abtrünnigen haben alles in Fülle?«
Jer 12,1

In nachexilischer Zeit kommt es deshalb zu einer Eschatologisierung des Tun-Ergehens-Denkens: Israel erwartet den Anbruch der Endzeit.

»Da werden die Wölfe bei den Lämmern wohnen und die Panther bei den Böcken lagern. Ein kleiner Junge wird Kälber und junge Löwen und Mastvieh miteinander treiben. Kühe und Bären werden zusammen weiden, dass ihre Jungen beieinander liegen, und Löwen werden Stroh fressen wie die Rinder. Und ein Säugling wird spielen am Loch der Otter, und ein entwöhntes Kind wird seine Hand stecken in die Höhle der Natter.«
Jes 11,6–8

In dieser nachexilischen Krisensituation kam es in Israel nun immer stärker zu einer vor allem auch in den apokryphen Schriften[49] (4. Buch Esra, Henochapokalypse, Himmelfahrt Mose, Baruchapokalypse) dokumentierten Eschatologisierung des Tun-Ergehens-Denkens (Eschatologie = Lehre von den letzten Dingen; sprich: Es-chatologie: von griech. *éschata* = »die letzten Dinge«; Eschatologisierung = Überführung/Ausweitung in endzeitliche Dimensionen). Die Hoffnung auf einen für Israel günstigen Wandel der politischen Verhältnisse weitete sich bei vielen Juden immer stärker aus zu einer innerhalb des Alten Testaments vor allem schon bei Jesaja (vgl. besonders Jes 2,2–4; Jes 9,1–6; Jes 11,1–16; Jes 25,6–8) angelegten Hoffnung auf eine endzeitliche Lösung des Problems. Ein Gesandter Jahwes, ein neuer David, der Messias sollte kommen; mit ihm sollte das Ende aller Tage und damit das Reich Gottes, ein alle Völker und alle Welt umfassendes Reich des Friedens und der Gerechtigkeit anbrechen. Und um auch die im Leben zu kurz gekommenen Toten an diesem Gottesreich teilhaben zu lassen und um die in ihrer Gerechtigkeit so sehr gestörte Ordnung dieser Welt wieder herzustellen, entwickelte sich der Gedanke eines Endgerichts, zu dem auch die Toten aus ihren Gräbern auferstehen sollten (vgl. neben zahlreichen apokryphen Belegen im Alten Testament Dan 12,1 f.). In diesem Endgericht sollten die guten, gottgefälligen Taten der Menschen dann endlich belohnt, die bösen aber bestraft werden.

Wendezeit?

Die Jahrzehnte vor und nach der Geburt Jesu waren Jahrzehnte einer intensiven Endzeiterwartung.

Die Jahrzehnte vor und nach der Geburt Jesu waren Jahrzehnte einer intensiven Endzeiterwartung. Mit den Begriffen »Messias«, »Reich Gottes«, »Auferstehung der Toten« und »Endgericht« verband die Mehrzahl der Juden dieser Zeit emotional stark aufgeladene, gedanklich aber keineswegs immer eindeutig geklärte Hoffnungen auf eine große Zeitenwende, auf eine ganz andere, eine ganz neue Zeit, deren Anbruch alles anders und besser werden lässt. Man darf sich das Judentum zur Zeit Jesu dabei allerdings nicht zu einheitlich vorstellen; es bestand aus einer Vielzahl von Untergruppen mit sehr unterschiedlichen Profilen und sehr unterschiedlichen Vorstellungen von der bevorstehenden Wendezeit.[50]

Das Judentum zur Zeit Jesu war keine einheitliche Größe, sondern gliederte sich in zahlreiche Untergruppen:

Die Zeloten

● So suchten die Zeloten (= griech. »Eiferer«) ihren Weg in der Anfachung eines gewaltsamen Aufstandes gegen die römische Besatzungsmacht. Sie überfielen römische Militärtransporte, verübten Attentate, riefen zum Steuerboykott auf und warteten dementsprechend auf einen politisch-militärischen Messias, der sich an die Spitze des unterdrückten Volkes stellen und die Römer mit Waffengewalt aus dem Land treiben sollte.

Die Sekte von Qumran

● Während die Zeloten eine möglichst breite und starke Basis im Volk anstrebten, zog sich die Sekte von Qumran in ein streng geregeltes, asketisches Klosterleben am Rande des Toten Meeres zurück. Ihre Mitglieder bemühten sich als »Söhne des Lichts« um ein besonders frommes und gottgefälliges Leben und vermieden jeden Kontakt zu den »Söhnen der Finsternis«, die anders lebten und dachten als sie selbst. Für die Sekte von Qumran lag es auf der Hand, dass im unmittelbar bevorstehenden Endgericht nur die »Söhne des Lichts« Gottes Zuwendung erwarten durften, alle »Söhne der Finsternis« aber einer strengen und erbarmungslosen Bestrafung entgegensahen.

Die Pharisäer

→ S. 134 f.

● Die Pharisäer, eine oft zu Unrecht karikierte Laienbewegung von Händlern, Bauern und Handwerkern, wiederum versuchten, Gottes Gebote nicht durch Rückzug in ein Kloster, sondern durch ein besonders frommes Leben im Alltag zu verwirklichen. Politisch eher desinteressiert, entwickelte sich unter ihnen der Gedanke, Israel müsse nur einen einzigen Sabbat lang alle Vorschriften des Gesetzes halten, dann nehme das Reich Gottes seinen Anfang. Dementsprechend zeichneten die Pharisäer sich – ähnlich unseren heutigen Pietisten – durch eine sehr engagierte, auch zu großen persönlichen Opfern bereite Frömmigkeit (vgl. Lk 18,11 f.) aus.

Die Sadduzäer

• Die Sadduzäer stammten meist aus der Oberschicht, aus ihren Kreisen rekrutierte sich weitgehend die Jerusalemer Priesterschaft. Sie waren politisch konservativ eingestellt, zu einer Zusammenarbeit mit den Römern bereit und bei den breiten Bevölkerungsschichten dementsprechend unbeliebt. Anders als die bisher genannten Gruppen lehnten die Sadduzäer endzeitliche Spekulationen ab und wiesen deshalb z. B. auch den Gedanken einer Auferstehung der Toten zurück (vgl. Mk 12,18).

Die Samaritaner

• Erwähnt seien schließlich auch noch die Samaritaner oder Samariter, die im Gebiet der Stadt Samaria lebten. Sie bildeten ein Mischvolk aus jüdischen Bewohnern des Nordreiches und aus von den Assyrern 722 v. Chr. zwangsangesiedelten Nichtjuden. Von den übrigen Juden wurden sie als Mischlinge und Unreine gemieden. Die Samaritaner hatten auf dem Garizim ihr eigenes Heiligtum, akzeptierten nur die fünf Bücher Mose, nicht aber die anderen Schriften des Alten Testaments als Autorität und entwickelten eine ganz eigene, von den übrigen Juden als ketzerisch angesehene Glaubenspraxis. Ähnlich wie die Sadduzäer wollten auch sie von der allgemeinen Endzeiterwartung um sie herum nichts wissen.

»Als aber Johannes im Gefängnis von den Werken Christi hörte, sandte er seine Jünger und ließ ihn fragen: Bist du es, der da kommen soll, oder sollen wir auf einen andern warten?«
Mt 11,2f.

Auf diesem religionsgeschichtlichen Hintergrund tritt nun der Mann auf, den Christinnen und Christen als den Gründer und darüber hinaus als den Inhalt ihrer Religion betrachten: Jesus von Nazareth, genannt »der Christus«.

Kapitel V

Ein Hingerichteter als Retter der Welt?

Jesus von Nazareth, der Christus

Zur Quellenlage

Wer war dieser Jesus von Nazareth? Was hat er gesagt? Was hat er getan? Warum wurde er gekreuzigt? Was ist gemeint, wenn Christen behaupten, er sei »von den Toten auferstanden«?

Ehe wir versuchen, diese Fragen zu beantworten, werfen wir zunächst einen Blick auf die Art der Quellen, die uns für die Erforschung des Lebens Jesu zur Verfügung stehen:[51]

Zunächst ist festzustellen, dass das Neue Testament die einzige für den Historiker interessante Quelle über das Leben Jesu darstellt. Außerhalb der Bibel, bei Tacitus, Plinius, Sueton oder Flavius Josephus, finden sich nur einige wenige, eher beiläufig geäußerte Sätze über den Mann aus Nazareth, die allenfalls belegen, dass es sich bei Jesus um eine historische Gestalt handelt, die tatsächlich gelebt hat. Offensichtlich war die neu gegründete Sekte der Christen sowohl für die Römer als auch für die Juden zunächst nicht der Rede wert.

Die einzige für den Historiker interessante Quelle über das Leben Jesu ist das Neue Testament.

Innerhalb des Neuen Testaments ist es aber auffällig, dass auch die Paulusbriefe als die ältesten Schriften zwar auf jeder Seite von der großen und einmaligen Bedeutung, die Jesus und insbesondere sein Tod und seine Auferstehung für uns haben, sprechen, wir aber über das Leben des irdischen Jesus kaum etwas erfahren. Die Erklärung hierfür dürfte darin zu suchen sein, dass Paulus und die ersten Christen täglich und stündlich mit der Wiederkunft Jesu und dem Ende

Paulus rechnete jeden Tag mit der Wiederkunft Christi. Er hielt deshalb das Schreiben einer Biografie Jesu für überflüssig.

aller Zeiten rechneten (vgl. z.B. 1.Thess 4,15ff.; 1.Kor 15,51ff.; Phil 4,5) und das Schreiben einer Biografie Jesu deshalb für überflüssig erachteten.

Erst als sich die Naherwartung als falsch erwiesen hatte, kam es 40 Jahre nach dem Tod Jesu zur Entstehung des ersten Evangeliums.

Erst als viele von denen, die den irdischen Jesus persönlich gekannt hatten, gestorben waren und die so genannte Naherwartung immer noch nicht in Erfüllung gegangen war, kam ab etwa 70 n. Chr., also rund 40 Jahre nach Jesu Tod, das Bedürfnis auf, den Lebenslauf Jesu schriftlich zu fixieren. Man wollte das Wissen der ersten Christengeneration festhalten, und so entstand um etwa 70 n. Chr. das Evangelium nach Markus, etwa 10–20 Jahre später die Evangelien nach Matthäus und Lukas, etwa 20–25 Jahre später das Evangelium nach Johannes. Alle vier Evangelien (Evangelium = griech. »frohe Botschaft«) erzählen die Lebensgeschichte Jesu von der Geburt bis zu Tod und Auferstehung, wobei nach Ansicht heutiger Bibelforschung vermutlich keiner der vier Evangelisten den irdischen Jesus persönlich gekannt hat und die Verfasser bzw. Redaktoren der Evangelien sich also auf ihnen vorliegende mündliche und schriftliche Quellen stützen mussten.

Die Zwei-Quellen-Theorie erklärt bisher am plausibelsten, in welcher Beziehung die drei synoptischen Evangelien zueinander stehen.

Besonders auffällig ist dabei die Ähnlichkeit zwischen den drei ältesten Evangelien, die so weit geht, dass man sie oft in einer »Synopse« (= griech. »Zusammenschau«) nebeneinander abdruckt, was wiederum dazu geführt hat, dass man das Matthäus-, das Markus- und das Lukasevangelium heute allgemein als die »synoptischen Evangelien« und ihre Verfasser bzw. Redaktoren als »Synoptiker« bezeichnet. Erklären lässt sich die weitgehende Ähnlichkeit zwischen den synoptischen Evangelien am besten durch die »Zwei-Quellen-Theorie«, die davon ausgeht, dass das Markusevangelium Matthäus und Lukas als gemeinsame Quelle vorgelegen hat, dass Matthäus und Lukas sich beide aber außerdem einer uns nicht überlieferten Quelle von Jesusworten, genannt Logienquelle Q (von griech. *lógion* = »überlieferter Ausspruch«), bedient haben.

Sind also die neutestamentlichen Evangelien im Grunde die einzig relevanten Quellen, die uns für die Rekonstruktion des Lebens Jesu zur Verfügung stehen, so muss man sich weiter bewusst machen, dass sie von ihrer Gattung her nicht etwa protokollarische Tatsachenberichte oder Reportagen, sondern eben »frohe Botschaft« und damit vor allem verkündigende und glaubensfördernde Schriften sein wollen. Es kam den Evangelisten bei ihrer Redaktionsarbeit nicht wie heutigen Historikern darauf an, möglichst genau zwischen historischem Kern und ausschmückender und übertreibender Legendenbildung zu unterscheiden. Ihr Ziel war nicht Geschichtsschreibung, die es in unserem heutigen Sinn überhaupt erst seit dem 18. Jahrhundert gibt, sondern Predigt, und diese Predigt fiel je nach Gewährsquellen, persönlichem Hintergrund und Adressatenkreis bei jedem Evangelisten etwas anders aus, setzte jeweils andere Akzente und Prioritäten.

Die Evangelien wollen keine Tatsachenberichte oder Reportagen sein, sondern Glaubenszeugnisse. Ihr Ziel war nicht Geschichtsschreibung, sondern Predigt.

Ein Beispiel: Die Evangelisten Markus und Matthäus berichten, Jesus sei am Kreuz mit einem lauten Schrei gestorben (Mk 15,37; Mt 27,50), nachdem er zuvor den Anfang von Psalm 22 – »Mein Gott, mein Gott, warum hast du mich verlassen?« – gebetet habe (Mk 15,34; Mt 27,46). Während diese beiden Evangelisten also die ganze Qual, Verlassenheit und Verzweiflung der Todesstunde Jesu plastisch hervorheben, lässt Lukas Jesus mit einem Psalmspruch, den Juden zur Zeit Jesu als Abendgebet sprachen – »Vater, in deine Hände befehle ich meinen Geist« (Ps 31,6) –, sterben (Lk 23,46). Und nach Johannes war Jesu letzter Satz sogar die überlegen-souveräne Feststellung »Es ist vollbracht!« (Joh 19,30). Unverkennbar zeichnen Lukas und Johannes den sterbenden Jesus also schon von der Auferstehung her, und zwar offensichtlich ohne einen Widerspruch zu anderen Überlieferungen zu sehen. (Zumindest Lukas müsste nach der Zwei-Quellen-Theorie ja das Markusevangelium gekannt haben!)

Dabei setzte jeder Evangelist seine eigenen Akzente. Zum Beispiel: Jesu letzte Worte

Der »historische Jesus« ist uns nicht unmittelbar zugänglich, sondern muss erst aus den Glaubensaussagen herausgefiltert werden.

»Wie kann man denn das nach so langer Zeit überhaupt noch auseinander halten, was Erfindung und Ausschmückung ist und was wirklich passiert ist?«
Cornelia, 17 Jahre

Kriterien für Historizität:

Will man die sich widersprechenden Aussagen der Evangelisten nicht angleichen und harmonisieren (etwa in dem Sinne, dass Jesus in seiner Todesstunde hintereinander insgesamt sieben letzte Worte gesprochen habe!), stellt sich für den heutigen, in historischem Denken geschulten Leser natürlich die Frage, was Jesus in seiner Todesstunde tatsächlich gesagt hat. (Für wahrscheinlicher halten die meisten Exegeten die Darstellungen von Markus und Matthäus.) Es bedarf also eines Schrittes hinter die vom Glauben an den auferstandenen Christus geprägten Aussagen der Evangelien zurück, hin zum so genannten »historischen Jesus«, der uns unmittelbar nicht zugänglich ist, sondern stets nur aus den Glaubensaussagen der Evangelisten herausgefiltert werden kann. Ist die Möglichkeit eines solchen Schritts gelegentlich auch generell bestritten worden, so sind Historiker, die bei der Rekonstruktion des Lebens Buddhas, Mohammeds oder Luthers ja vor ganz ähnlichen Problemen stehen, heute in der Regel nicht ganz so skeptisch. Zwar wird es bei der gegebenen Quellenlage nie möglich sein, eine vollständige und abgerundete Biografie Jesu zu schreiben (das wurde in der so genannten Leben-Jesu-Forschung des 18. und 19. Jahrhunderts versucht, wobei Albert Schweitzer in seiner »Geschichte der Leben-Jesu-Forschung« [1913] aufgezeigt hat, dass jeder Jesusbiograf dann doch nur den historischen Jesus sah, den er sehen wollte!); mit Hilfe historisch-kritischer Forschung lassen sich jedoch durchaus klar umrissene und unverwechselbare Konturen der Lehre und des Lebens Jesu erkennen. Im Detail wird wohl stets vieles umstritten bleiben; insgesamt können christliche wie nicht-christliche Historiker sich jedoch auf die große Wahrscheinlichkeit einer ganzen Reihe von Fakten einigen. Für die Historizität einer in den Evangelien gemachten Aussage werden dabei Gesichtspunkte wie die Folgenden herangezogen:

– Wenn ein Text in möglichst vielen, voneinander unabhängigen und möglichst alten Quellen vorkommt (also z. B. die Einsetzung des Abendmahls bei allen drei Synoptikern und zusätzlich noch bei Paulus in 1. Kor 11,23–26), dann ist seine Historizität wahrscheinlicher als z. B. die Historizität des nur im Johannesevangelium überlieferten Weinwunders bei der Hochzeit zu Kana (Joh 2,1–12), bei dem es sich u. a. wahrscheinlich um die Übertragung eines vom griechischen Gott Dionysos berichteten Wunders auf Jesus handelt.

– Quantität und Qualität der Quellen

→ S. 111 ff.

– Wenn sich zeigen lässt, dass der griechische Urtext eine aramäische Vorlage hatte oder wenn gar aramäische Worte – wie etwa Mk 14,36 oder Mk 15,34 – im griechischen Text als Fremdwörter auftauchen, ist dies ein Hinweis auf eine alte Traditionsschicht.

– Hinweise auf einen aramäischen Urtext

– Wenn eine relativ feste Sprachform, wie etwa die des Gleichnisses, es erschwerte, die Überlieferung umzuformen, ist anzunehmen, dass sie alte, zuverlässige Traditionen widerspiegelt. Sollte das Gleichnis in seiner Aussageintention nicht zerstört werden, so mussten sich spätere Redaktoren bei einer Umdeutung oder Ausschmückung zwangsläufig darauf beschränken, an das Gleichnis Deuteworte anzuhängen (vgl. z. B. Mt 20,16 oder Lk 15,7!). Diese lassen sich als solche aber leicht erkennen. Die in den Evangelien überlieferten Gleichnisse Jesu gelten deshalb auch als der wichtigste Zugang zur Botschaft des historischen Jesus.

– Feste Sprachformen

– Da die Evangelien den Glauben an den auferstandenen Jesus verbreiten und stützen wollten, ist es außerdem unwahrscheinlich, dass sie nachteilige Aussagen über Jesus erfunden haben: so etwa, wenn Jesus vorgeworfen wird, er sei ein Fresser und Säufer (Mt 11,19), oder wenn geäußert wird, er sei von Sinnen (Mk 3,21) und treibe mit Hilfe des Oberteufels Dämonen aus (Mk 3,22).

– Nachteilige Aussagen über Jesus

– Unabhängigkeit von jüdischem und nachösterlichem Denken

– Weiter wird als Kriterium für Historizität angeführt, dass eine Aussage dann mit einiger Sicherheit auf den historischen Jesus zurückzuführen ist, wenn sie weder aus jüdischem Denken noch aus der Interessenlage der nachösterlichen Gemeinde hergeleitet werden kann, z. B. also bei der Behauptung, dass keine Speise den Menschen verunreinigen könne (Mt 7,15). Dieser Satz widersprach den strengen jüdischen Speisegesetzen, und es ist auch nicht erkennbar, welches spezielle Interesse die nachösterliche Gemeinde an ihm gehabt haben könnte.

→ S. 61 f.

Keines der genannten Kriterien darf – ähnlich wie bei der Textkritik – isoliert oder schematisch angewandt werden. Es handelt sich bei der Rekonstruktion des historischen Jesus um einen hermeneutischen Vorgang, der – wie alle hermeneutischen Vorgänge – nie endgültig und eindeutig abschließbar ist. Was im Einzelnen auf den historischen Jesus zurückgeht, lässt sich nicht mit absoluter Sicherheit beweisen, aber es lassen sich unter vernünftigen Menschen Argumente austauschen, Indizien pro und contra abwägen und auf diesem Hintergrund begründete Wahrscheinlichkeiten angeben.

Diese Kriterien dürfen nicht schematisch angewandt werden.

Historisch gesicherte Fakten

Die ersten drei Jahrzehnte des Lebens Jesu: Viel wissen wir nicht.

Als historisch gesichert – soweit in der Geschichtswissenschaft etwas gesichert sein kann – dürfen im Hinblick auf das Leben Jesu folgende biografische Eckdaten gelten: Jesus (hebr. *Jehoschua* = »Jahwe hilft«) wurde vermutlich in den Jahren 8–4 vor unserer Zeitrechnung (unsere heutige Zeiteinteilung »vor« bzw. »nach Christus« stammt erst aus dem 6. Jahrhundert!) in Palästina geboren. Der genaue Geburtstag ist unbekannt; das heutige Weihnachtsfest wurde erst im 4. Jahrhundert eingeführt, als das Christentum im Römischen Reich Staatsreligion

»Vielleicht hat der Jesus ja überhaupt nicht gelebt, und das ist alles eine Erfindung ...«
Michaela, 13 Jahre

wurde und man durch die Wahl dieses Termins ausdrücken wollte, dass der römische Sonnengott, der an diesem Tag der Wintersonnenwende seinen Feiertag hatte, durch Christus entthront ist. Jesu Geburtsort war höchstwahrscheinlich Nazareth in Galiläa (vgl. z. B. Mk 1,9; Lk 4,16; Joh 1,45 f., überhaupt die allgemeine Bezeichnung »Jesus von Nazareth« sowie die Kreuzesinschrift INRI; der nur bei Matthäus und Lukas überlieferte Geburtsort Bethlehem, aus dem auch David stammt, will vermutlich unterstreichen, dass Jesus der in Mi 5,1ff. prophezeite neue David und Messias ist). Jesu Eltern hießen Josef und Maria. Seine Muttersprache war Aramäisch, ein Dialekt des Hebräischen, das damals nur noch als Kultsprache gebräuchlich war. Ob Jesus auch das damals in Verwaltung und Handel übliche Griechisch verstand, lässt sich nur vermuten. Aus Mk 6,3 geht außerdem hervor, dass Jesus auch Schwestern und Brüder hatte und von seinem Vater das Zimmermannshandwerk erlernt hat.

→ S. 113 f./128 ff.

Die entscheidenden Jahre: von der Taufe bis zur Kreuzigung

Ansonsten wissen wir über die ersten drei Jahrzehnte des Lebens Jesu kaum etwas. Diese Quellenlage ändert sich erst von dem Zeitpunkt an, als Jesus im Alter von etwa 30 Jahren (vgl. Lk 3,23) von Johannes dem Täufer, der im Jahre 27/28 n. Chr. aufgetreten ist (vgl. dazu Lk 3,1 f.!), im Jordan getauft wurde. Von hier ab zog Jesus als Wanderprediger durch Galiläa und sammelte Jünger und Jüngerinnen (Lk 8,1–3!) um sich. Er zog von Ort zu Ort, erzählte den Menschen vom Reich Gottes und wirkte »Wunder« – worauf sogleich noch näher einzugehen sein wird. Bemerkenswert sind weiter Jesu Hinwendung zu Aussätzigen, Kranken, Sünderinnen und Sündern, Zöllnern und anderen verachteten Randgruppen der damaligen Gesellschaft, sein Anspruch, im Namen Gottes zu sprechen und Sünden vergeben zu können, sowie sein souveräner und für fromme Juden ketzerisch wirkender Umgang mit dem jüdischen Gesetz (vgl. z. B. Mk 2,27 oder das »Ich aber sage euch« der

»Und Jesus zog umher in ganz Galiläa, lehrte in ihren Synagogen und predigte das Evangelium von dem Reich und heilte alle Krankheiten und alle Gebrechen im Volk ... Und es folgte ihm eine große Menge aus Galiläa, aus den Zehn Städten, aus Jerusalem, aus Judäa und von jenseits des Jordans.«
Mt 4,23.25

Bergpredigt). Dieses Verhalten brachte Jesus in Konflikt mit Pharisäern, Schriftgelehrten und Hohenpriestern, was letztendlich der Anlass für seine Hinrichtung am Kreuz gewesen sein mag. Zu dieser Hinrichtung kam es um das Jahr 30 n. Chr. an einem Freitag vor einem Passahfest unter dem römischen Statthalter Pontius Pilatus in Jerusalem, wohin Jesus kurz vor seinem Tod gezogen war.

»Siehe, das Reich Gottes ist mitten unter euch«

Zentraler Begriff der Verkündigung Jesu ist der Ausdruck »Reich Gottes«.

→ S. 96 ff.

Zentraler Begriff der Verkündigung Jesu ist der Ausdruck »Reich Gottes« (bzw. bei Matthäus »Reich der Himmel«). In diesem Ausdruck bündeln sich die Hoffnungen der damaligen Juden auf die große Zeitenwende, auf den Anbruch der Endzeit, auf die Herbeiführung eines paradiesischen Zustands der Gerechtigkeit, des Friedens und der Freiheit, in dem alle Unzulänglichkeiten und Leiden des bisherigen Lebens endlich überwunden sind. Man könnte also sagen: Der Ausdruck »Reich Gottes« ist eine Metapher für die positiven, bisher unverwirklichten Möglichkeiten des Lebens.

Der Ausdruck »Reich Gottes« ist eine Metapher. Jesus sprach vom Reich Gottes deshalb vor allem auch in Gleichnissen.

Da die Rede vom »Reich Gottes« metaphorischen Charakter hat, kann es nicht verwundern, dass Jesus vom Reich Gottes vor allem auch in Gleichnissen sprach, die er häufig mit der Wendung »Das Reich Gottes/Himmelreich ist wie ...« einleitete. Gleichnisse sind bildhafte Geschichten, die einen schwierigen, begrifflich nicht so leicht zu fassenden Inhalt anschaulich und treffend ausdrücken. Im Unterschied zu Parabeln sind sie nicht am Schreibtisch entstanden, sondern sind in konkreten Alltagssituationen verankert. Bei der sachgerechten Interpretation von Gleichnissen kommt alles darauf an, den »springenden Punkt«, die Pointe des Gleichnisses zu erkennen und die Gleichnisse nicht etwa, wie z. T. schon im Neuen Testament geschehen, Einzelzug für

Einzelzug als Allegorie auszudeuten. So liegt die Pointe des an die Pharisäer und Schriftgelehrten gerichteten Gleichnisses vom verlorenen Schaf (Lk 15,4–6) z.B. darin, dass Gott, anders als diese denken, ein gütiger, verzeihender Gott ist und sich so, wie ein Hirte sich um ein entlaufenes Schaf kümmert, gerade auch den Zöllnern und Sündern zuwendet. Diese Pointe wurde von den Zuhörern Jesu in der konkreten Situation sicherlich auch ohne Schwierigkeiten verstanden. Eine allegorische Fehlinterpretation wäre es nun aber z.B., sich zu überlegen, ob es nicht ungerecht war, die 99 anderen Schafe zurückzulassen, oder ob bei dem in Vers 6 angedeuteten Fest vielleicht ein Schaf geschlachtet wurde und welches der Hirte dann wohl zum Schlachten ausgewählt hat. Dass die Gleichnisse Jesu nicht selten schon im Neuen Testament uminterpretiert wurden, zeigt der an das ursprüngliche Gleichnis von Lukas angefügte Vers 7, der es auf die nachösterliche Gemeindesituation bezieht und die ursprüngliche Aussageintention insofern missversteht, als in den Versen 4–6 mit keinem Wort die Rede davon ist, dass das verloren gegangene Schaf Buße getan hätte.

Ein Gleichnis ist keine Allegorie.

Was Jesus nun in seiner Verkündigung über das von den Juden so sehnsüchtig erwartete Gottesreich sagt, weicht in zentralen Punkten von den Reich-Gottes-Erwartungen seiner jüdischen Umwelt ab:

Jesu Reich-Gottes-Verkündigung unterschied sich in wichtigen Punkten von der Reich-Gottes-Erwartung seiner Umwelt:

– Auffälligster Aspekt ist zunächst, dass Jesus das Reich Gottes nicht mehr nur als etwas Zukünftiges, noch Ausstehendes, sondern als schon angebrochen beschreibt: »Die Zeit ist erfüllt, und das Reich Gottes ist herbeigekommen« (Mk 1,15). »Denn siehe, das Reich Gottes ist mitten unter euch« (Lk 17,21). In merkwürdiger, zu Jesu Lebzeiten sicherlich oft auch als Anmaßung empfundener Weise ist dieser Anbruch des Gottesreiches eng an die Person Jesu selbst gebunden: »Wenn ich aber die bösen Geister durch den Geist Gottes austreibe, so ist ja das Reich Gottes zu euch gekommen« (Mt 12,28).

– Das Reich Gottes beginnt hier und jetzt.

– Das Reich Gottes beginnt unscheinbar und wächst allmählich.

– Der Anbruch des Gottesreiches geschieht jedoch nicht, wie von zahlreichen Juden erwartet, mit dem plötzlich einsetzenden Paukenschlag des Endgerichts, sondern mit einem allmählichen Wachsen und Reifen im Verborgenen: »Das Himmelreich gleicht einem Senfkorn, das ein Mensch nahm und auf seinen Acker säte; das ist das kleinste unter allen Samenkörnern; wenn es aber gewachsen ist, so ist es größer als alle Kräuter und wird ein Baum, sodass die Vögel unter dem Himmel kommen und wohnen in seinen Zweigen« (Mt 13,31f. par). »Das Himmelreich gleicht einem Sauerteig, den eine Frau nahm und unter einen halben Zentner Mehl mengte, bis es ganz durchsäuert war« (Mt 13,33).

– Gott ist kein strenger Richter, sondern ein liebender, verzeihender Gott.

– Anders auch, als von vielen Juden zur Zeit Jesu erwartet, zeigt sich Gott in seinem anbrechenden Reich nicht als der strenge Richter über Gut und Böse, als einer, der die Frommen und Sünder säuberlich trennt (vgl. dazu z.B. die Bußpredigt Johannes des Täufers, Mt 3,1–12 par), sondern als ein liebender, verzeihender Gott, dessen Zuneigung gerade auch den Sündern und Versagern gehört (vgl. z.B. die Gleichnisse vom verlorenen Schaf, vom verlorenen Groschen und vom verlorenen Sohn in Lk 15).

– Das Reich Gottes lässt sich nicht durch fromme Werke erarbeiten.

– Das Gottesreich ist für Jesus eindeutig *Gottes* Reich, und das heißt auch, dass Gott sich nicht auf menschliche Maßstäbe und Kriterien festlegen lässt (vgl. z.B. das Gleichnis von den Arbeitern im Weinberg, Mt 20,1–16). Gerade die, die nach der Logik üblicher Frömmigkeit gar nichts oder nur wenig an guten Werken vorzuweisen haben, dürfen sich, wenn sie sich auf Gott einlassen, freuen (vgl. z.B. das Gleichnis vom Pharisäer und vom Zöllner, Lk 18,9–14).

– Reden und Tun müssen übereinstimmen.

– Typisch für Jesu Reich-Gottes-Verkündigung ist weiter, dass er nicht nur vom Reich Gottes spricht, sondern dass er das, was er sagt, auch durch sein Tun einlöst. So bricht für die Kranken, die Jesus heilt, oder für den Oberzöllner Zachäus, bei dem Jesus einkehrt und dessen Leben er vollständig verändert (vgl. Lk 19,1–10), das Reich Gottes hier und jetzt schon ganz konkret an. Die Ehebrecherin, die Jesus von ihren Sünden freispricht (Joh 8,1–11), oder die Kinder, die er nicht zurückweist (Mk 10,13–16 par), oder die Frauen, die als damals stark diskriminierte Menschen mit ihm ziehen dürfen (Lk 8,1–3), erfahren hier und jetzt schon, dass Gott es gut meint mit den Menschen und dass er sich nicht an menschliche Maßstäbe von Gut und Böse binden lässt. Theorie und Praxis, Reden und Tun, gehen so für Jesus Hand in Hand.

Dialektisches Denken: Das Reich Gottes ist »schon« angebrochen, aber »noch nicht« ungebrochene Wirklichkeit.

Die Metapher »Reich Gottes« enthält viele unterschiedliche Aspekte, die untereinander zum Teil auch in einem polaren Spannungsverhältnis stehen. So muss, wenn vom Anbruch des Gottesreiches gesprochen wird, gleichzeitig immer auch gesehen werden, dass die volle Entfaltung des Gottesreiches für Jesus noch aussteht. Weil es immer noch Leid, Unrecht und Elend auf Erden gibt, tritt neben den »Schon«-Aspekt des Reiches Gottes gleichberechtigt der »Noch nicht«-Aspekt, der Jesus z. B. im Vaterunser beten lässt: »Dein Reich komme!« (Mt 6,10) Das Reich Gottes ist schon Gegenwart und zugleich zukünftige Größe, es ist verborgen und doch schon anfanghaft da.
Es ist von ganz entscheidender Bedeutung für das Verständnis der Botschaft Jesu, diese Spannung von »schon« und »noch nicht« bei der Auslegung der neutestamentlichen Texte aufrechtzuerhalten und sie als eine notwendige und dialektische zu sehen. Keiner der beiden Aspekte darf einseitig hervorgehoben, keiner zugunsten des anderen vernachlässigt werden.

»Mein Reich ist nicht von dieser Welt.« Joh 18,36

Von einer Fehldeutung der Reich-Gottes-Verkündigung Jesu wird man deshalb sprechen müssen, wenn zelotische Juden in seinen Worten nur das »schon« hörten, den Durchbruch der Gottesherrschaft mit Gewalt erzwingen wollten und von Jesus die Führung eines politisch-militärischen Aufstandes gegen Rom erwarteten: Denn mit »dem Reich Gottes ist es so, wie wenn ein Mensch Samen aufs Land wirft ... und der Same geht auf und wächst – er weiß nicht wie. Denn von selbst bringt die Erde Frucht, zuerst den Halm, dann die Ähre, danach den vollen Weizen in der Ähre« (Mk 4,26–28). Umgekehrt darf aber auch das »Schon« des Gottesreiches nicht vernachlässigt werden, sonst gerät das Reich Gottes – wie in der Geschichte des Christentums allzu oft geschehen – zu einem jenseitigen Wolkenkuckucksheim, zu einem Himmel über den Wolken, der mit unserer jetzigen Welt und unserem diesseitigen Leben nichts zu tun hat und den man dann zu Recht »Opium des Volks« nennen kann.

Das Reich Gottes ist doch von dieser Welt.

→ S. 29ff.

Noch einmal: Das Reich Gottes kann nicht durch fromme Leistungen erworben werden.

Eine weitere, sich mit der Dialektik von »schon« und »noch nicht« überlagernde Polarität des jesuanischen Reich-Gottes-Begriffs liegt darin, dass Jesus einerseits immer wieder betont, dass das Reich Gottes nicht durch fromme Leistungen und Anstrengungen erworben werden kann, sondern ein Geschenk des souveränen Gottes ist, dass dies andererseits aber auch nicht bedeutet, dass dem Menschen jegliches Risiko und Engagement abgenommen wäre. Jesus fordert die Menschen vielmehr zur rückhaltlosen Mitarbeit am angebrochenen Gottesreich auf, und diese Nachfolge kennt kein Wenn und Aber: »Lass die Toten ihre Toten begraben; du aber geh hin und verkündige das Reich Gottes! ... Wer seine Hand an den Pflug legt und sieht zurück, der ist nicht geschickt für das Reich Gottes!« (Lk 9,60.62)

Aber...

Wir sind dennoch zur tatkräftigen Mitarbeit am Reich Gottes aufgerufen.

So deutlich, wie Jesus das fromme Leistungsdenken der Pharisäer zurückweist (Lk 18,9–14), so klar verlangt er andererseits auch vom Zöllner Levi, alles stehen und liegen zu lassen und ihm nachzufolgen (Mk 2,13–14 par), oder vom reichen Jüngling, sich von seinem Reichtum zu trennen und ihn den Armen zu geben (Mk 10,17–27 par). So gewiss es ist, dass die vollständige Verwirklichung des Gottesreiches nicht von uns Menschen abhängt und wir uns deshalb auch nicht krampfhaft Sorgen um die Zukunft machen, sondern uns getrost Gott überlassen sollen (vgl. Mt 6,25–34), so offenkundig ist für Jesus auch, dass nicht alle, die »Herr! Herr!« sagen, in das Himmelreich kommen, sondern nur die, die den Willen des himmlischen Vaters auch wirklich tun (Mt 7,21).

Müssen Christen an Wunder glauben?

In allen Evangelien wird berichtet, Jesus habe Wunder gewirkt. Für die Evangelisten stehen die von ihnen überlieferten Wunder Jesu in einem engen Zusammenhang mit seiner Reich-Gottes-Botschaft. Dass das Reich Gottes anbricht, wird – wie schon erwähnt – von Jesus nicht nur behauptet, sondern wird auch physisch und sinnlich erfahrbar. Jesu Wunder sind insofern greifbare Zeichen des anbrechenden Gottesreiches (vgl. dazu Mt 11,2–5).

Jesu Wunder sind für die Evangelisten greifbare Zeichen des anbrechenden Gottesreiches.

Die Krankenheilungen zeigen, dass es im Reich Gottes keine Krankheiten mehr gibt. Die Speisung der 4000 oder 5000 (Mk 8,1–9 par; Mk 6,30–44 par) zeigt, dass es im Reich Gottes keinen Hunger mehr gibt. Die Stillung des Sturmes (Mk 4,35–41) zeigt, dass es im Reich Gottes keinen Grund zur Angst mehr gibt. All dies fängt hier mit Jesus »schon« an, aber es ist, weil es immer noch Krankheit, Hunger und Angst auf Erden gibt, »noch nicht« ungebrochene Realität.

Doch haben sich diese Wunder auch wirklich ereignet? Haben sie sich wirklich auch *so* ereignet? Oder noch allgemeiner gefragt: Gibt es überhaupt Wunder?

Gibt es überhaupt Wunder?

Zunächst einmal wird man sich klar machen müssen, dass Wunder etwas sehr Subjektives sind: Wenn einem ein ungewöhnliches, die Kategorien der Alltagswahrnehmung sprengendes Ereignis widerfährt, und zwar in der Regel ein als positiv erlebtes

Wunder sind ungewöhnliche, in der Regel als positiv erlebte Ereignisse, die die Kategorien der Alltagswahrnehmung sprengen.

»Ich finde, ehe man über ›Wunder‹ redet, muss man erst einmal sagen, was man damit meint ...« Martin, 13 Jahre

Ereignis, dann kann einem das als »Wunder« erscheinen – unabhängig davon, ob andere das Ereignis vielleicht »ganz rational« erklären können. Das subjektive Erleben geht nie ganz in den Erklärungsmustern auf. Wenn z. B. Mose in der Wüste mit einem Stab an einen Stein klopft, aus dem dann Wasser fließt (vgl. 2. Mose 17,1–7), dann war das für das dürstende Volk Israel zweifellos ein Wunder, auch wenn wir heute wissen, dass es in der Wüste gar nicht selten mit Sand verkrustete Felsen gibt, aus denen, wenn man den Sand abklopft, Wasser rinnt, das Ganze für uns also gar kein so unerklärlicher Vorgang ist.

Auch falsche Propheten und Dämonen konnten in biblischer Zeit Wunder wirken.

Bemerkenswert ist weiter, dass »Wunder« nach biblischer Sicht auch von falschen Propheten und Dämonen bewirkt werden können (vgl. z. B. Mt 24,24; 2. Thess 2,9). Der Begriff war in biblischen, sozusagen vorwissenschaftlichen Zeiten also eine gängige Erklärungsweise für ungewöhnliche Ereignisse und Erfahrungen schlechthin, wobei noch keineswegs ausgemacht war, ob diese Ereignisse und Erfahrungen auch Ausdruck göttlichen Willens sind.

Wunder stellen unser alltägliches Wirklichkeitsverständnis in Frage. Insofern müssen Christen an die Möglichkeit von Wundern glauben.

Meint der Begriff »Wunder« also eine Relativierung und Infragestellung unseres »normalen« Wirklichkeitsverständnisses, dann müssen Christen in der Tat an die Möglichkeit von Wundern glauben, denn ein Kerngedanke des biblischen Gottesglaubens ist, dass der Gott der Bibel nicht an unsere Denk- und Wahrnehmungskategorien gebunden ist, sondern sie immer wieder in Frage stellt (vgl. dazu z. B. 2. Mose 3,14 oder 1. Kor 1,18ff.). Letztlich geht es bei der Frage nach der Möglichkeit von Wundern um die Frage, ob wir mit einem geschlossenen, in gewisser Weise bornierten Wirklichkeitsverständnis leben oder ob wir mit einem offenen Wirklichkeitsverständnis, das auch mit grundsätzlich neuen und unerwarteten Phänomenen rechnet, an die Welt und unsere Mitmenschen herangehen wollen.

Dabei ist es allerdings eine unglückliche Redeweise zu sagen, dass Gott bei Wundern »die Naturgesetze außer Kraft setze«. So genannte Naturgesetze sind ihrem eigenen Anspruch nach nur mehr oder weniger erhärtete Hypothesen, die gegebenenfalls auch wieder zurückgenommen oder modifiziert werden müssen. Es gibt im Bereich der Parapsychologie oder der psychosomatischen Medizin z.B. bis heute Phänomene, die man sich mit den gängigen Denkmodellen der Naturwissenschaften überhaupt nicht erklären kann.

Werden durch Wunder Naturgesetze außer Kraft gesetzt?

→ S. 51 ff.

Fragt man nun zu den in den Evangelien überlieferten Wundertaten Jesu, ob sie tatsächlich geschehen sind oder nicht, dann darf man nicht vergessen, dass selbst das älteste Evangelium, das Markusevangelium, nach Ansicht der meisten Historiker erst etwa 40 Jahre nach Jesu Tod von einem Mann redigiert wurde, der den irdischen Jesus vermutlich gar nicht persönlich gekannt hat. Es ist deshalb damit zu rechnen, dass im Laufe von 40 oder mehr Jahren mündlicher Überlieferung zumindest die eine oder andere Wundergeschichte – etwa das nur in Joh 2,1–12 überlieferte Weinwunder zu Kana – im Sinne einer Legendenbildung den tatsächlich geschehenen Tatsachen hinzugefügt oder aber ausgeschmückt und übertrieben wurde. Dies geschah nun allerdings nicht in der Absicht, irgendjemanden zu täuschen oder zu betrügen (das ist ein Gedanke, der unterstellt, die Evangelisten wollten Historiker oder Reporter sein!), sondern aus dem Bedürfnis heraus zu unterstreichen, dass Jesus mehr als ein normaler Mensch, dass er der Messias und Gottes Sohn ist.

Hat Jesus Wunder gewirkt?

Manche Wundergeschichten haben legendären Charakter. Sie wollen die Bedeutung Jesu hervorheben.

→ S. 128 ff.

In diesen Zusammenhang gehört auch das nur bei Matthäus und Lukas überlieferte »Wunder« der Jungfrauengeburt Jesu. Markus und Paulus kennen es nicht, und der Gedanke einer leiblichen Vaterschaft Jahwes grenzte für einen frommen Juden eigentlich an Gotteslästerung. Historiker sehen in der Überlieferung von der Jungfrauengeburt Jesu deshalb eine hellenistische Legende, die hervorheben soll, dass Jesus

Zum Beispiel: »von einer Jungfrau geboren«

nicht hinter Perseus, Romulus, Kyros oder Alexander dem Großen (von allen werden Jungfrauengeburten berichtet!) zurücksteht. Die der Geschichte von der Jungfrauengeburt Jesu zugrunde liegende Frage ist also nicht, ob Jesus von einer Jungfrau geboren wurde, sondern welchen Stellenwert man Jesus im persönlichen Leben und in der Weltgeschichte beimisst. Sieht man die Geschichten von der Jungfrauengeburt Jesu in diesem Sinn als Legenden, dann heißt das natürlich nicht, dass der Gott der Bibel nicht in der Lage wäre, auch Jungfrauengeburten zu bewirken – nur muss er es auch nicht, nur weil manche Menschen es vielleicht gerne so hätten.

Viele der von Jesus gewirkten Wunder könnte man heute vielleicht wissenschaftlich erklären. Dies ändert allerdings nichts daran, dass die Menschen damals Jesu Taten als Wunder erlebten.

Lässt man die aus historisch-kritischer Sicht als Legendenbildungen zu betrachtenden Wundergeschichten beiseite (wobei im Einzelfall genaue philologische Untersuchungen notwendig wären!), dann bleibt noch eine beträchtliche Anzahl von Wundern, die auch Historiker unmittelbar mit Jesus von Nazareth in Verbindung bringen. Unter diesen Wundern gibt es nun sicherlich viele, die man damals als Wunder empfand, die wir heute aber vielleicht naturwissenschaftlich erklären könnten. Man denke etwa an Heilungswunder oder an Wiederbelebungen von Scheintoten, bei denen heutige Medizin und Psychologie durchaus Erklärungen anzubieten hätten. Dies ändert allerdings, wie schon ausgeführt, nichts daran, dass die Menschen damals diese Ereignisse vermutlich als Wunder erlebt haben.

»Im Grunde ist mir das eigentlich ziemlich egal, ob und wie Jesus jetzt genau diesen Blinden geheilt hat ... Das bringt mir doch nichts für mein Leben und meinen Glauben heute ...«
Sandra, 16 Jahre

Dass Jesus dabei auch Wunder getan hat, die auch der hartgesottenste Rationalist, wenn er sie selbst erlebt hätte, heute noch als Wunder bezeichnen würde, kann niemand beweisen, aber auch niemand widerlegen. Wer sich auf diese Frage versteift, sollte sich überlegen, was sie eigentlich für den Kern des christlichen Glaubens und die Gestaltung heutigen Lebens austrägt.

Äußerst aufschlussreich ist es schließlich, die von Jesus überlieferten Wundertaten mit denen anderer großer Wundertäter seiner Zeit zu vergleichen. Wir haben eine Fülle solcher außerbiblischen Wundergeschichten, und als Erstes fällt auf, dass die außerbiblischen Wundergeschichten oft ähnlich aufgebaut sind wie die neutestamentlichen (Schilderung der Not/Ruf um Hilfe, gerichtet an den Wundertäter/Rettung-Heilung/Reaktion der Geretteten), und dass auch viele Motive (z. B. Brotwunder, Sturmstillung, Krankenheilungen, Totenerweckungen) nicht nur im Neuen Testament vorkommen.

Jesu Wundertaten unterscheiden sich in wesentlichen Punkten von den uns zahlreich überlieferten Wundertaten anderer Wundertäter der damaligen Zeit.

Andererseits zeichnen sich aber auch unverkennbare und keineswegs belanglose Besonderheiten ab:
– Jesus lehnt die damals weit verbreiteten Schau- und Strafwunder ab (vgl. z. B. Mk 1,32–35; Mk 1,44; Mk 8,11 ff.; Joh 2,23 ff.; Joh 20,29). Es geht ihm nicht um seine Person, nicht um Zauberkunststücke und Jahrmarktssensationen, nicht um die Erzeugung von Publizität. Wo Menschen Zeichen fordern, um auf diesen »Beweis« hin zu glauben, bewirkt Jesus keine Wunder. Er will den Menschen das Wagnis des Glaubens nicht abnehmen.
– Die meisten Wunder, gerade auch die historisch gesichertsten, sind Heilungswunder. Es ging Jesus also um Hilfe für Menschen in Not.
– Die Wunder Jesu bilden nicht den Hauptbestand der Evangelien wie in den Lebensbeschreibungen anderer großer Männer und Wundertäter der damaligen Zeit.
– Jesus heilte meist nur durch sein Wort, ohne umständliche Handlungen und Beschwörungen.

Christinnen und Christen glauben an Jesus Christus und nicht an Textsorten.

Zusammenfassend lässt sich sagen, dass der Glaube, den das Neue Testament fordert, nicht darin besteht, die Wundergeschichten der Evangelien – weitgehend entgegen ihrer Aussageintention – für historische Tatsachenberichte zu halten. Nicht daran sollen wir »unser Herz hängen« und uns darauf verlassen, sondern an und auf Jesus Christus. Der Glaube, den das Neue Testament fordert, vertraut darauf, dass Jesus Christus Grund, Mitte und Ziel aller Wirklichkeiten ist und dass mit ihm die alles umfassende, liebende

Wirklichkeit Gottes endgültig in die Welt gekommen ist. Diese neue, endgültige Wirklichkeit ist angebrochen, und wir sind eingeladen, uns als Mitarbeiter in ihren Dienst nehmen zu lassen. Dieser Dienst darf nicht nur in Worten und Programmen bestehen, sondern erfordert konkretes, greifbares Handeln für Menschen in Not – nicht zuletzt daran erinnern uns immer wieder die Wundergeschichten des Neuen Testaments.

Jesu Hinrichtung

Die Kreuzigung war eine römische Hinrichtungsart für rebellische Sklaven und politische Aufrührer.

Jesus von Nazareth wurde, wie schon erwähnt, um das Jahr 30 n. Chr. an einem Freitag vor einem Passahfest unter dem römischen Statthalter Pontius Pilatus durch Kreuzigung hingerichtet. Die Kreuzigung, eine der grausamsten und qualvollsten Hinrichtungsarten der Weltgeschichte, war eine spezifisch römische Strafe, die vorzugsweise auf rebellische Sklaven und politische Aufrührer angewandt wurde. Sie sollte abschrecken, und so ließ z. B. Licinius Crassus im Jahr 71 v. Chr. nach dem Spartakusaufstand entlang der Via Appia zwischen Rom und Capua 6000 Sklaven ans Kreuz schlagen.

Die jüdischen Behörden arbeiteten mit den Römern zusammen.

Lag die formale Verantwortung für die Hinrichtung Jesu also bei den römischen Behörden (die jüdische Hinrichtungsart wäre die Steinigung gewesen!), so stimmen doch alle Evangelien dahingehend überein, dass auch der Hohe Rat, das höchste jüdische Verwaltungsgremium, an der Verurteilung Jesu beteiligt war. Jüdische und römische Behörden leisteten sich auf eine für uns heute im Einzelnen nur noch schwer rekonstruierbare Art und Weise Amtshilfe, so dass man von einer gemeinsamen Schuld an der Tötung Jesu sprechen muss.

Jesus hatte sich durch sein Reden und Tun bei vielen Juden und Römern unbeliebt gemacht.

Überlegt man, aus welchen Gründen Jesu Hinrichtung betrieben wurde, so waren für die jüdische Seite Jesu ständige Auseinandersetzungen mit den Pharisäern und Schriftgelehrten, sein auf viele anmaßend wirkender Umgang mit dem jüdischen Gesetz, sein ketzerisch erscheinender Anspruch, im Namen Gottes zu sprechen, sowie der von ihm im Jerusalemer Tempel angefachte Tumult (Mk 11,15–19 par) zweifellos Gründe genug, um auf seine Liquidierung zu drängen. Standen für die jüdischen Behörden vermutlich nicht zuletzt religiöse Motive im Vordergrund, so war den römischen Behörden wohl vor allem an der frühzeitigen Beseitigung eines potenziellen Unruhestifters und Aufrührers gelegen.

Jesu Botschaft konnte zelotisch missverstanden werden. Jesus war aber kein Zelot. Seine Hinrichtung war ein Justizirrtum.

Dass Jesus durch seine Worte und Taten in weiten Kreisen der jüdischen Bevölkerung Unruhe stiftete, dass diese Unruhe im Zusammenhang mit dem bevorstehenden Passahfest, das ja an die Befreiung aus der ägyptischen Knechtschaft erinnern soll, eine besondere Brisanz bekam und dass vor allem auch Jesu Predigt vom anbrechenden Reich Gottes politisch-zelotisch missverstanden werden konnte (vgl. dazu die Verhaftungsszene in Gethsemane, Mt 26,51–56 par, oder die nach Joh 19,19f. am Kreuz in lateinischer Sprache angebrachte Urteilsbegründung INRI = IESUS NAZARENUS REX IUDAEORUM = »Jesus von Nazareth [der behauptet hat, er sei der] König der Juden«), kann nicht bestritten werden. Dennoch wird man bei Jesu Hinrichtung sicherlich von einem Justizirrtum sprechen müssen, denn Jesus wollte weder einen politischen Aufstand gegen die Römer entfachen noch das jüdische Gesetz und den jüdischen Glauben verächtlich machen oder verhöhnen.

Auf Jesu Jünger musste seine Hinrichtung wie ein Scheitern wirken: War Jesus ein Spinner und Fantast gewesen?

Auf Jesu Jüngerinnen und Jünger musste die unverschuldete und grausame Hinrichtung ihres Meisters wie eine Katastrophe wirken. Sie hatten Jesu Botschaft vom Anbruch des Gottesreichs Glauben geschenkt, hatten Beruf und Familie hinter sich gelassen, um ihm nachzufolgen, und mussten nun feststellen, dass ihr Meister sich geirrt oder sie sogar belogen und getäuscht hatte. Wie viele Spinner und

»Denn das Wort vom Kreuz ist eine Torheit denen, die verloren werden; uns aber, die wir selig werden, ist's eine Gotteskraft. Denn es steht geschrieben: ›Ich will zunichte machen die Weisheit der Weisen, und den Verstand der Verständigen will ich verwerfen!‹ Wo sind die Klugen? Wo sind die Schriftgelehrten? Wo sind die Weisen dieser Welt? Hat nicht Gott die Weisheit der Welt zur Torheit gemacht?«
1. Kor 1,18–20

Fantasten vor ihm hatte Jesus von einer besseren Welt geträumt, war ein netter und interessanter Mensch gewesen, hatte jedoch den Mund zu voll genommen und war nun mit seinen exzentrischen Ideen schmählich gescheitert. Und zu guter Letzt standen die Jünger jetzt auch noch als seine Komplizen da und mussten selbst um ihr Leben fürchten (vgl. Mk 14,66–72 par). Nichts lag näher, als sich auf und davon zu machen, zurück in die galiläische Heimat zu fliehen und den tragischen Lebensirrtum möglichst schnell hinter sich zu lassen und zu vergessen.

Man muss versuchen, das ganze Ausmaß der Enttäuschung und des Scheiterns, das die Jüngerinnen und Jünger empfinden mussten, nachzuvollziehen, um dann erst richtig verstehen zu können, was es heißt, wenn Menschen plötzlich behaupten: Jesus von Nazareth, der am Kreuz Hingerichtete, ist auferstanden! Gott hat ihn von den Toten auferweckt! Er lebt! Sein Tod war nicht das Ende!

Was es mit der Auferstehung im Einzelnen auf sich hat, wird gleich im nächsten Abschnitt näher zu untersuchen sein. Doch eins wird jetzt schon deutlich:

Erst von Ostern her erschien dann alles in einem ganz anderen Licht.

– Wenn Jesus wirklich auferstanden ist, wenn der Tod nicht das letzte Wort hat, dann erscheint plötzlich alles noch einmal in einem ganz anderen Licht!
– Wenn Gott diesen Menschen auferweckt hat, dann hat Gott sich auch zu ihm bekannt. Dann war seine Botschaft doch kein Unsinn, keine Illusion. Und dann ist es Aufgabe der Jüngerinnen und Jünger, diese Botschaft weiterzuerzählen und weiter mitzuarbeiten am anbrechenden Gottesreich (vgl. z.B. 1.Kor 3,5 ff.; 2.Kor 5,20).

»Also, das andere kann ich alles ganz gut verstehen, aber unter ›Auferstehung‹ kann ich mir überhaupt nichts vorstellen ...«
Karin, 13 Jahre

– Wenn Jesus auferstanden ist, dann war vor allem auch sein Tod kein Scheitern, kein Versagen, sondern gottgewollt, ein Heilsgeschehen, ein Sühnetod, unschuldig gestorben »für uns«, für die Sünden der Menschheit. Um dieses »für uns« auszudrücken, wählt das Neue Testament die unterschiedlichsten Bilder: Jesus hat mit seinem Blut die Menschheit losgekauft, wie man in der Antike Sklaven loskaufte (Mk 10,45; Offb 5,9; 1.Petr 1,18f.; Kol 2,14). Jesus hat mit seinem Blut wie der in 3.Mose 16 beschriebene Sündenbock die Schuld der Menschen abgewaschen (Hebr 9,1–10,18). Jesus ist – wie in 1.Mose 22 beinahe auch Isaak – der vom Vater dahingegebene Sohn (Röm 8,32; Joh 3,16). Jesus ist das neue, wahre Passahlamm (1.Kor 5,7; Joh 1,29; Offb 5,6.9).

– Wenn Jesus auferstanden ist, dann bestätigt sich – so musste ein Jude zur Zeit Jesu schließlich denken – die Annahme, dass das Ende aller Zeiten unmittelbar bevorsteht. Der erste Mensch ist auferstanden, dann kann auch die allgemeine Auferstehung aller Toten, dann kann das Endgericht und damit das Ende dieser Welt nicht mehr fern sein (vgl. dazu z.B. Röm 8,29ff.; 1.Kor 15,20).

Können Tote auferstehen?

An der Auferstehung Jesu entscheidet sich der christliche Glaube.

An der Auferstehung Jesu hängt letztlich der christliche Glaube überhaupt. An ihr entscheidet sich, ob Jesus von Nazareth ein gescheiterter Spinner und Fantast gewesen ist oder mehr. An ihr entscheidet es sich, ob es sinnvoll ist, Christ zu sein, oder nicht. Paulus formuliert es so: »Ist aber Christus nicht auferstanden, so ist unsere Predigt vergeblich, so ist auch euer Glaube vergeblich ... Ist Christus aber nicht auferstanden, so ist euer Glaube nichtig ... Hoffen wir allein in diesem Leben auf Christus, so sind wir die elendesten unter allen Menschen« (1.Kor 15,14–19).

Was meinen nun aber die Begriffe »Auferstehung« bzw. »Auferweckung«? Zunächst einmal beziehen sich beide Begriffe bzw. die ihnen zugrunde liegenden griechischen Wörter auf ein und dasselbe Phänomen, wobei mit »Auferweckung« die von außen wirkende göttliche Macht hervorgehoben wird, die den Menschen Jesus vom Tode erweckt hat, und »Auferstehung« darauf abhebt, dass Jesus, der nach christlichem Glauben ja selbst Gott ist, aus eigener göttlicher Macht auferstanden ist. Die griechischen Begriffe meinen beide Male den Vorgang des Aufweckens bzw. Auferstehens vom Schlaf und haben im Zusammenhang mit der Auferweckung bzw. Auferstehung Jesu eindeutig eine metaphorische Bedeutung. Gemeint ist offensichtlich der Übergang in eine qualitativ ganz andere, von allen Unvollkommenheiten unserer jetzigen Existenz freie, erfüllte Form des Lebens, in der die Entfernung zu Gott aufgehoben ist und von der – da niemand außer Jesus bisher auferstanden ist – nur in Bildern gesprochen werden kann (vgl. 1. Kor 15,35–49). Zwar lassen sich die Funktionen angeben, die die Auferstehung Jesu für den christlichen Glauben hat (z. B. Bestätigung von Jesu Reich-Gottes-Botschaft durch Gott, Offenbarung des Heilscharakters der Kreuzigung, Sieg über die Macht des Todes), der Kern des Geschehens bleibt jedoch ein analogieloses Geheimnis.

»Auferstehung« bzw. »Auferweckung« sind Metaphern für eine qualitativ ganz andere, vollkommene Form des Lebens.

Die Funktion der Auferstehung Jesu für den christlichen Glauben lässt sich benennen. Der Kern des Auferstehungsgeschehens entzieht sich jedoch dem rationalen Denken.

Als sprachlichen Missgriff muss man es deshalb bezeichnen, wenn in manchen Bibeln von der »Auferweckung des Jünglings von Nain« (Lk 7,11–17) oder von der »Auferweckung des Lazarus« (Joh 11,1–45) gesprochen wird. In beiden Erzählungen handelt es sich um die Wiederbelebung von Leichnamen, die 10, 20 oder 50 Jahre später dann doch wieder sterben mussten. Im Falle der Auferweckung Jesu bedeutet Auferweckung jedoch den Beginn einer anderen, uns nicht bekannten Daseinsweise, die, da in ihr der Tod endgültig überwunden ist, oft auch »ewiges Leben« genannt wird.

Die Auferweckung Jesu darf nicht mit der Wiederbelebung eines Leichnams verwechselt werden.

Kann man die Auferstehung Jesu historisch beweisen?

Wenn an der Auferstehung Jesu der gesamte christliche Glaube hängt, dann drängt sich zumindest für heutige Zeitgenossen wieder die Frage auf, ob die Auferstehung Jesu denn auch beweisbar und historisch verifizierbar ist. Genau das ist aber nicht möglich, und zwar, erstens, aufgrund der Quellenlage und, zweitens, aus ganz grundsätzlichen Erwägungen.[52]

- Das Neue Testament kommt an fünf Stellen ausführlicher auf die Auferstehung Jesu zu sprechen, nämlich in 1. Kor 15,3 ff., wo Paulus nur etwa 25 Jahre nach Jesu Tod bereits eine vorgeprägte Bekenntnisformel aus der Jerusalemer Urgemeinde zitiert, und – in wesentlich jüngeren Texten – am Ende der Evangelien. Vergleicht man die fünf Texte miteinander, so sieht man sogleich, dass sie in zahlreichen Punkten voneinander abweichen. Hier nur einige Beispiele:

Die Auferstehungstexte des Neuen Testaments weichen in zahlreichen Punkten voneinander ab.

Während Markus nur von Erscheinungen des Auferstandenen in Galiläa berichtet, fanden diese Erscheinungen nach Lukas und Johannes ausschließlich in Judäa statt. Matthäus berichtet wiederum von mehreren Erscheinungen in Galiläa vor den Jüngern und von einer Erscheinung vor Frauen in Judäa. Paulus, der älteste Zeuge, macht überhaupt keine Ortsangaben.

Markus kennt nur die elf Jünger als Auferstehungszeugen, in den anderen Texten werden noch weitere Personen erwähnt. Bei Matthäus und Johannes begegnet der Auferstandene auch Frauen; Markus, Lukas und Paulus erwähnen die Frauen mit keinem Wort (möglicherweise, weil das Zeugnis von Frauen in Israel vor Gericht damals keinerlei Beweiskraft hatte!).

Bei den Evangelisten erscheint der Auferstandene in Menschengestalt. Bei Lukas kann er mit einem Wanderer, bei Johannes mit einem Gärtner verwechselt werden. Bei Johannes kann er auch betastet werden, und nach Lukas nimmt er sogar Speisen zu sich. Was Paulus hingegen in seinen Briefen über seine Begegnung mit dem Auferstandenen schreibt, scheint die von Lukas in Apg 9 überlieferte Schilderung von einer überwältigenden Lichterscheinung vor Damaskus zu bestätigen.

Vollends verwirrend werden die Quellen im Hinblick auf die Vorgänge am leeren Grab. Während Paulus das leere Grab mit keinem Wort erwähnt, sind die Angaben der Evangelisten äußerst widersprüchlich: Bei Markus gehen drei, bei Matthäus nur zwei Frauen zum Grab. Bei Lukas sind es wieder drei, aber statt Salome wird nun eine Johanna erwähnt. Bei Markus und Lukas fanden die Frauen den Stein vor dem Grab schon weggewälzt, bei Matthäus erleben sie ein Erdbeben und sehen, wie ein Engel vom Himmel steigt und den Stein beseitigt. Matthäus und Markus erwähnen nur einen Engel, Lukas zwei. Bei Markus fliehen die Frauen entsetzt vom Grab und bewahren Stillschweigen. Bei Matthäus und Lukas melden sie alles den Jüngern, bei Matthäus sogar mit großer Freude.

»Saget mir vor Gott, Leser, die ihr Gewissen und Ehrlichkeit habt, könnet ihr dies Zeugnis in einer so wichtigen Sache für einstimmig und aufrichtig halten, das sich in Personen, Zeit, Ort, Weise, Absicht, Reden, Geschichten so mannigfaltig und offen widerspricht?« So fragte vor über 200 Jahren der Orientalist und Lessing-Freund Reimarus, der als erster schonungslos die Widersprüche der Auferstehungstexte aufgedeckt und daraus die Nicht-Historizität der Auferstehung Jesu gefolgert hat.[53]

Die Auferstehungstexte sind keine historischen Protokolle, sondern Glaubenszeugnisse.

Diese Folgerung ist nun allerdings keineswegs schlüssig, denn die neutestamentlichen Texte wollen, wie schon mehrfach betont, gar keine historischen Protokolle sein, sondern Glaubenszeugnisse.

»Auch an den Ostertexten wird deutlich – was von allen Partien der Evangelien gilt –, dass sie keine historischen Protokolle sind, sondern Glaubenszeugnisse ... Natürlich enthalten diese Zeugnisse auch zuverlässige geschichtliche Erinnerungen, aber sie gehen darin nicht auf. Die Evangelien bieten gewissermaßen nicht eine fotografische Ablichtung Jesu, sondern ein gestaltetes Porträt.
Wie man den wirklichen Wert und die Aussagekraft eines gemalten Porträts gar nicht in den Blick bekommt, wenn man es nur nach dem Maßstab der fotografischen Wiedergabe beurteilt, so verfehlt man den Sinn, die Tiefe und Größe der Evangelienerzählungen, wenn man sie nur unter dem Gesichtspunkt des historischen Berichts befragt. So wie ein guter Porträtmaler manche Details weglässt, an anderen Stellen die Konturen verstärkt, sogar die Proportionen verkürzt oder streckt und an gewissen Partien zusätzliche Farbtöne aufsetzt, so lassen die Evangelien manche Zusammenhänge im Dunkeln, werden manche Züge des Auferstandenen überdeutlich, fast krass ausgeführt ...

Wie ein gemaltes Porträt wahrer sein kann als ein bloßes Passbild, so vermitteln die Evangelien trotz oder gerade wegen ihrer nicht nur historischen Darstellungsweise einen treffenderen Eindruck von der Wirklichkeit des Auferstandenen als eine pure historische Dokumentation.«[54]

Ein gemaltes Porträt kann wahrer sein als ein Passbild.

Außerdem fühlt der Historiker sich, wenn mehrere Quellen von einem Ereignis der Vergangenheit in abweichender Weise berichten, keineswegs berechtigt, das Ereignis bereits als ungeschehen zu betrachten. Er wird vielmehr versuchen, hinter den Widersprüchen und Ungereimtheiten der Quellen einen gemeinsamen Kern zu finden. Und der ist bei den Ostertexten durchaus vorhanden:

Der Historiker kann aus der unterschiedlichen Beschreibung eines Vorgangs nicht auf das Nicht-Geschehensein dieses Vorgangs schließen. Er muss vielmehr nach dem gemeinsamen Kern der sich widersprechenden Quellen fragen.

Was allen Ostertexten des Neuen Testaments gemeinsam ist

– *Dass* Jesus von Nazareth von den Toten auferstanden ist, wird im gesamten Neuen Testament mit großer Gewissheit und voller Einmütigkeit bezeugt.
– Keiner der Ostertexte schildert den Vorgang der Auferstehung Jesu selbst. Die Jünger sind alle nicht Augenzeugen der Auferstehung, sondern des Auferstandenen. (Theologisch könnte man das so interpretieren, dass Gottes Handeln sich unserer unmittelbaren, ungebrochenen Wahrnehmung »noch« entzieht und dass die Auferstehungswirklichkeit nicht zufällig nur in ganz persönlichen, jeweils einzigartigen Erfahrungen von einzelnen Menschen offenbar wird.)
– In keiner neutestamentlichen Schrift wird bestritten, dass das Grab Jesu Ostern leer war.
– Der auferstandene Jesus gehört nach übereinstimmender Aussage aller neutestamentlichen Texte einer ganz anderen Seinsweise an, unterscheidet sich auch da, wo er in menschlicher Gestalt erscheint, grundlegend von anderen Menschen: Er ist nicht kontinuierlich in Raum und Zeit wahrnehmbar, sondern nur dort, wo er sich von sich aus wahrnehmbar macht. Er ist also in keiner Weise mehr verfügbar, sondern ist nur da, wo und wann er sich zeigen will.
– Alle neutestamentlichen Texte gehen schließlich davon aus, dass der auferstandene Jesus seine Jünger

in die Welt sendet, um die Botschaft von Kreuz und Auferstehung an andere Menschen weiterzugeben.

Aufgrund der Quellenlage lässt sich weder die Historizität noch die Nicht-Historizität der Auferstehung Jesu beweisen.

Man kann aus dieser Quellenlage als Historiker also keineswegs zwingend schließen, dass die Auferstehung Jesu sich nicht ereignet hat. Genauso wenig kann man die uns vorliegenden Quellen aber als Beweis für die Historizität der Auferstehung Jesu betrachten. Beides, Historizität wie Nicht-Historizität der Auferstehung Jesu, ist für den Historiker angesichts der Quellenlage grundsätzlich möglich.

Die Auferstehung Jesu lässt sich aber auch aus einem ganz anderen Grund nicht historisch beweisen: Sie ist ohne Analogie, und analogielose Ereignisse entziehen sich dem Zugriff historisch-kritischer Analyse.

»Wem wollt ihr mich gleichstellen, und mit wem vergleicht ihr mich? An wem messt ihr mich, dass ich ihm gleich sein soll?«
Jes 46,5

- Dass Jesus von Nazareth von den Toten auferstanden ist, lässt sich allerdings, zweitens, noch aus ganz anderen Gründen niemals beweisen. Historisch-kritische Bibelforschung ist zwar ein sehr nützliches Verfahren, auf das christliche Theologie heute keinesfalls mehr verzichten kann, sie hat aber auch ihre Grenzen. Historisch-kritisches Denken beruht nämlich auf dem Prinzip der Analogie, d.h. es geht von dem Grundsatz aus, dass Ereignisse und Erfahrungen der Vergangenheit in wesentlichen Punkten mit Ereignissen und Erfahrungen unserer Gegenwart übereinstimmen und nur aufgrund dieser Gleichartigkeit überhaupt miteinander verglichen werden können. Als wirklich geschehen kommt somit für historisch-kritisches Denken überhaupt nur das in Betracht, wozu es eine Analogie in unserem Erfahrungsbereich gibt. Nachrichten von analogielosen Ereignissen scheiden damit von vornherein als unhistorisch aus. Der Gesichtspunkt der Analogie wirkt wie ein Sieb, mit dessen Hilfe das Überlieferungsgut in historisch möglich bzw. historisch unmöglich geschieden wird.

Nun soll die Auferstehung Jesu nach dem Anspruch der neutestamentlichen Texte aber gerade ein völlig einzigartiges, nie da gewesenes, mit nichts vergleichbares, analogieloses Ereignis sein. Versucht man die Auferstehung Jesu auf die Kategorien unserer alltäglichen Welterfahrung zu reduzieren, dann kommt man zwangsläufig zu nicht beweisbaren Vermutungen wie etwa, die Jünger hätten den Leichnam Jesu beiseite geschafft, sie hätten die Behauptung von der Auferstehung ihres Meisters gezielt erfunden oder – psychologisch gut nachvollziehbar – halluziniert, um mit der Frustration des Kreuzes fertig zu werden. Die alles entscheidende Frage ist nun, ob man solchen, auf unserer bisherigen Wirklichkeitserfahrung beruhenden Vermutungen Glauben schenken will oder den Osterzeugnissen der Jüngerinnen und Jünger. Die Entscheidung, die hier gefällt werden muss, ist eine reine Glaubensentscheidung, die nur jede und jeder für sich selbst treffen kann und die kein Wissenschaftler abnehmen kann. Entweder ich »hänge mein Herz« an die Behauptung, dass auf dieser Welt nichts wirklich und grundsätzlich Neues geschehen kann, dass der Tod immer und überall das endgültige Ende des menschlichen Lebens ist. Oder ich vertraue darauf, dass es Wirklichkeiten gibt oder doch zumindest geben kann, die den Horizont bisherigen menschlichen Denkens und Erlebens übersteigen und die deshalb auch eine Auferstehung von Toten möglich machen. Beide Annahmen sind nicht beweisbar. Beide Annahmen kann man nur ausprobieren, wobei allerdings mehr auf dem Spiel steht als nur eine theologisch-philosophische Spitzfindigkeit, nämlich unsere ganze Haltung zur Wirklichkeit, zu uns selbst, zu unseren Mitmenschen und zur Welt, in der wir leben.

Bei der Auferstehung Jesu geht es um eine reine Glaubensentscheidung: Entweder ich glaube daran, dass es auf dieser Welt nichts grundsätzlich Neues geben kann. Oder ich glaube daran, dass es Wirklichkeiten gibt oder doch zumindest geben kann, die den Horizont menschlichen Denkens sprengen.

Ehrentitel: Christus – Sohn Gottes – »von einer Jungfrau geboren«

Aus der Gewissheit heraus, dass Jesus von Nazareth, der Gekreuzigte, von den Toten auferstanden ist, gaben ihm die ersten Christinnen und Christen eine ganze Palette von Ehrenbezeichnungen und Titeln, die man in der theologischen Fachsprache als *christologische Hoheitstitel* bezeichnet. Die Urgemeinde nannte den auferstandenen Jesus »Herr«, »Davids-

Erst nach Ostern gab die Urgemeinde Jesus über 50 verschiedene Ehren- und Hoheitstitel.

sohn«, »neuer Adam«, »Lamm Gottes«, »Heiland«, »Menschensohn«, »Gottesknecht«, »Sohn Gottes« oder »Messias«. Insgesamt werden Jesus im Neuen Testament über 50 verschiedene Ehrennamen gegeben, die in unterschiedlichen Bildern und Metaphern alle ausdrücken wollen, dass dieser Mensch mehr war und ist als ein normaler Mensch, dass sich in ihm Gott offenbart hat. Ein Titel reichte offensichtlich nicht aus. Wer dieser Jesus von Nazareth war, sprengte für die Jünger den Bedeutungsgehalt jedes einzelnen Titels.

Außer vielleicht dem Menschensohntitel hat Jesus keinen der Hoheitstitel auf sich selbst angewandt.

Dabei geht die überwiegende Mehrzahl der Exegeten heute davon aus, dass der irdische Jesus keinen einzigen dieser Hoheitstitel – außer vielleicht dem »Menschensohntitel« (vgl. dazu Dan 7,13f.) – auf sich selbst angewandt hat. Man könnte sagen, dass Jesus allein durch seine Predigt und sein Tun so sehr überzeugte, dass er auf Titel gut verzichten konnte. Wo die Evangelien Jesus dennoch Titel in den Mund zu legen scheinen (vgl. z.B. Mt 11,27; Mk 8,27–33), ist wiederum zu bedenken, dass alle Evangelien erst von der Erfahrung der Auferstehung her geschrieben wurden, dass sie Glaubenszeugnisse und nicht protokollarische Berichte sein wollen und dass sie dementsprechend nicht nur den irdischen, sondern immer bereits auch den auferstandenen Jesus zeichnen.

Im Folgenden soll nun auf die Bedeutung und den Hintergrund von zwei besonders wichtigen Hoheitstiteln näher eingegangen werden:

Wo der Hoheitstitel »Christus« herkommt

- Der bekannteste Titel, den Jesus bekam, sodass dieser Titel schon im Neuen Testament oft geradezu mit seinem Namen verschmolz und schließlich der von Jesus ausgehenden Religion ihren Namen gab, ist der Titel *»Christus«*. Wenn wir von »Jesus Christus« sprechen, müssten wir also eigentlich sagen »Jesus, der Christus«, denn die beiden Worte stehen zueinander ja nicht in demselben Verhältnis wie z.B. »Friedrich« zu »Schiller« oder »Karl« zu »Marx«.

»Christus« ist die lateinische und ins Deutsche als Fremdwort eingegangene Form des griechischen Wortes »Christós«, das wiederum eine Übersetzung des hebräischen Wortes *maschiach*, eingedeutscht »Messias«, ist; »maschiach«/»Messias« aber bedeutet »der Gesalbte«.

Mit kostbaren Ölen gesalbt wurden in Israel wie auch anderswo Priester und Könige, vor allem im Zusammenhang mit ihrem Amtsantritt. Die Juden zur Zeit Jesu bezeichneten mit dem Titel »Messias« den erwarteten gerechten König aus dem Geschlecht Davids, der Israel von aller Ungerechtigkeit und Unterdrückung befreien und das Reich Gottes herbeibringen sollte (vgl. dazu z.B. Jes 9,5–6; Sach 9,9).

»Da nahm Samuel sein Ölhorn und salbte ihn mitten unter seinen Brüdern. Und der Geist des HERRN geriet über David von dem Tag an und weiterhin.«
1. Sam 16,13

Wenn die Urgemeinde Jesus nun den Christus nennt, will sie damit ausdrücken, dass Jesus der so lange und sehnsüchtig erwartete Bringer des Gottesreichs ist, dass auf ihm als dem von Jahwe »Gesalbten« Jahwes Gnade, Stärke und Macht ruhen.

Wie der Titel »Christus« im Christentum umgedeutet wurde

Allerdings gewinnt der Messiastitel im christlichen Bekenntnis ganz neue Konturen: Der Christus ist für die Urgemeinde kein politisch-zelotischer Messias, der das Reich Gottes mit einem Schlag und mit Gewalt herbeiführt, sondern ein gewaltloser Christus, der nicht auf einem Schlachtross, sondern auf einem Esel in Jerusalem einreitet, der Feindesliebe predigt und vom allmählichen, verborgenen Reifen des Gottesreichs spricht. Er ist keine triumphierende Heldengestalt, sondern ein leidender, von seinem Volk im Stich gelassener und verratener, ein am Kreuz schändlich hingerichteter Christus. Er ist auch kein Christus nur für Auserwählte (sei es für das jüdische Volk oder sogar nur für einen Teil Israels wie für die Sekte von Qumran), sondern ein Christus für alle Welt und alle Menschen: »Hier ist nicht Jude noch Grieche, hier ist nicht Sklave noch Freier, hier ist nicht Mann noch Frau; denn ihr seid allesamt einer in Christus Jesus« (Gal 3,28).

»Philippus findet Nathanael und spricht zu ihm: Wir haben den gefunden, von dem Mose im Gesetz und die Propheten geschrieben haben, Jesus, Josefs Sohn, aus Nazareth. Und Nathanael sprach zu ihm: Was kann aus Nazareth Gutes kommen!«
Joh 1,45 f.

Der Hoheitstitel »Sohn Gottes« stammt aus zwei verschiedenen religionsgeschichtlichen Traditionen: aus einer jüdisch-hebräischen und aus einer hellenistischen.

• Unbedingt erklärungsbedürftig ist, zweitens, auch der Titel *»Sohn Gottes«*. Dieser Titel hat nämlich zwei ganz unterschiedliche Vorgeschichten, eine jüdisch-hebräische und eine hellenistische, die sich im Neuen Testament treffen und überlagern.

Im Alten Testament wurden die Könige als »Gottessöhne« bezeichnet, wobei man jedoch niemals an eine geschlechtliche Zeugung des Königs durch Jahwe dachte. Ein solcher Gedanke wäre für Juden, die den Namen Jahwes nicht einmal laut aussprachen, völlig unerhört gewesen und hätte die Unverfügbarkeit und völlige Andersartigkeit Jahwes in Frage gestellt. »Sohn Gottes« und damit Jahwes Auserwählter wurde der – in der Regel erwachsene – König vielmehr durch einen Adoptionsakt bei der Thronbesteigung, bei der ein Priester im Namen Jahwes zum König sagte: »Du bist mein Sohn, heute habe ich dich gezeugt« (Ps 2,7). Derselbe Satz konnte im weltlichen Bereich auch bei der Adoption eines Kindes gesprochen werden und bedeutete, dass zwischen dem Adoptierenden und dem Adoptierten ab sofort ein besonders enges, persönliches Verhältnis bestand.

Juden dachten bei dem Titel »Sohn Gottes« an einen Adoptionsakt.

Andere Völker wie die Ägypter oder Griechen kannten aber durchaus den Gedanken einer physischen Zeugung von Menschen durch Götter. So erzählte man sich außerhalb Israels, im damals hellenistischen Mittelmeerraum, dass Perseus, Romulus, Kyros oder Alexander der Große von Göttern gezeugt worden seien. Man wollte damit die besondere Bedeutung und Einzigartigkeit dieser Menschen hervorheben und verknüpfte die Erzählung von der Zeugung durch einen Gott deshalb auch noch oft mit der Erzählung von einer besonderen Geburt durch eine unberührte Jungfrau. Außergewöhnliche Menschen kamen eben auch auf außergewöhnliche Weise auf die Welt.

Griechen dachten an eine physische Zeugung von Menschen durch Götter.

Die Vorstellung von der Jungfrauengeburt Jesu stammt aus der hellenistischen Tradition.

→ S. 105/113 f.

• Wenn nun Matthäus und Lukas (übrigens genau die beiden, denen an der Davidsstadt Bethlehem als Geburtsort Jesu gelegen ist) davon berichten, dass Jesus vom Heiligen Geist gezeugt und von der Jungfrau Maria geboren sei, greifen sie genau diese hellenistische Vorstellung auf und wollen damit ausdrücken, dass für sie Jesus nicht hinter anderen Größen der Weltgeschichte zurücksteht. Weil das christliche Evangelium nicht nur für Juden bestimmt ist, konnte die Bedeutung Jesu als »Sohn Gottes« somit auch nichtjüdischen, hellenistisch denkenden Kreisen verständlich gemacht werden.

Sehr aufschlussreich ist es in diesem Zusammenhang, sich die verschiedenen Phasen der Rezeption des Gottessohn-Gedankens im Neuen Testament deutlich zu machen:

Paulus geht um 56 n. Chr. im Römerbrief noch davon aus, dass Jesus mit der Auferstehung – gleichsam wie bei einer Thronbesteigung – durch Adoption zum »Sohn Gottes« eingesetzt wird (Röm 1,3 f.). Markus überlegt sich ca. 70 n. Chr., ob Jesus dann nicht auch schon zu Lebzeiten »Sohn Gottes« gewesen ist, und verlegt den Adoptionsakt auf die Taufe durch Johannes den Täufer und somit auf den Beginn des öffentlichen Wirkens Jesu (Mk 1,9–11). Vertreten die ältesten Zeugen, Paulus und Markus, also die jüdisch-hebräische Adoptionsvorstellung, so taucht die hellenistische Vorstellung von der Zeugung Jesu durch den Heiligen Geist und der Jungfrauengeburt durch Maria erst um 80/90 n. Chr. bei Matthäus und Lukas auf (vgl. Mt 1,18–25 und Lk 1,26–38). Diese beiden Evangelisten denken konsequent weiter und folgern: Wenn Jesus wirklich Gottes Sohn war, dann wurde er es doch nicht erst mit der Taufe, sondern war es schon zu Beginn seines Lebens. Wenn Jesus jedoch schon seit seiner Geburt »Gottes Sohn« war, dann liegt um 90/100 n. Chr. auch der Gedanke des Johannesprologs (Joh 1,1–18) nicht mehr fern, dass Jesus schon immer, auch schon vor seinem irdischen Leben, »Sohn Gottes« war (so genannte »Präexistenz« Jesu). Es zeigt sich also, dass der Zeitpunkt, von dem an Jesus als »Gottes Sohn« betrachtet wurde, immer

Eine interessante Beobachtung: Je jünger die neutestamentliche Quelle, desto früher der Zeitpunkt, von dem an Jesus als »Sohn Gottes« betrachtet wird.

weiter nach vorne verlagert wird, sodass es vom Gedanken der Präexistenz Jesu dann auch nur noch ein ganz kleiner Schritt ist zu dem im Neuen Testament in dieser Deutlichkeit nur in 1. Joh 5,20 überlieferten Bekenntnis: »Dieser (Jesus) *ist* der wahrhaftige Gott ...« Die Fragen, die sich nun mit Notwendigkeit ergeben, wie sich nämlich Gott-Vater und Gott-Sohn zueinander verhalten, welche Rolle der Heilige Geist spielt oder wie man sich Jesus gleichzeitig jeweils ohne Abstriche als wahrhaftigen Menschen und Gott zugleich vorstellen kann, münden unmittelbar in die schwierigen Gedankengänge der christlichen Trinitätslehre, die sich im Neuen Testament nur ganz am Rand abzeichnet und die erst die Konzilien der ersten Jahrhunderte bis hin zu Kirchenspaltungen beschäftigen sollte.

Das Nachdenken über den »Sohn Gottes«-Titel mündet in die christliche Trinitätslehre.

→ S. 153 f.

Historischer Jesus – verkündigter Christus

Das Bild, das die Urgemeinde aus der Erfahrung der Auferstehung Jesu heraus von Jesus zeichnete, nennt man auch explizite (= ausdrücklich ausformulierte) Christologie, der man dann begrifflich die implizite (= nicht ausdrücklich ausformulierte) Christologie des historischen Jesus gegenüberstellt. Wenn Jesus nämlich auch die im Neuen Testament überlieferten Würdetitel nicht für sich selbst in Anspruch genommen hat, so trat er – nach allem, was wir wissen – doch mit einer derartigen Souveränität und einem derartigen Vollmachtsanspruch auf, dass sich eine verblüffende und für den Glaubenden natürlich nicht zufällige Kontinuität zwischen der Verkündigung und dem Auftreten des historischen Jesus einerseits und dem nachösterlichen Bekenntnis der Gemeinde andererseits feststellen lässt.

Zwischen der Verkündigung und dem Auftreten des historischen Jesus und dem Bekenntnis der nachösterlichen Gemeinde besteht eine Kontinuität.

Wenn Jesus sich mit dem »Ich aber sage euch ...« der Bergpredigt (vgl. Mt 5,21 ff.) auf eine Stufe mit Mose stellte, wenn er seine Heilungswunder als Zeichen des anbrechenden Gottesreiches deutete (vgl. Mt 12,28), wenn er sich souverän über eine kleinliche Auslegung des jüdischen Gesetzes hinwegsetzte (vgl. z.B. Mk 2,23–28 par; Mk 7,1–13), wenn er den unverfügbaren Gott Israels scheinbar plump-vertraulich *abba* (aram. = »Papa, Vati«) nannte (Mk 14,36), dann war all dies entweder Gotteslästerung oder dieser Mann sprach und handelte wirklich aus göttlicher Vollmacht. Da die Jünger Jesu Auferstehung als göttliche Bestätigung seines Vollmachtsanspruchs erleben mussten, hatte es zweifellos seine Berechtigung, wenn sie Jesus von nun an als »Messias«, »Gottes Sohn«, »Herr« oder gar »Gott« ansahen. Historischer Jesus und kerygmatischer (= verkündigter) Christus, implizite und explizite Christologie oder, wie man auch sagt, Jesulogie und Christologie sind methodische Konstrukte, die erklären helfen, wie der christliche Glaube historisch entstanden ist; für den, der an die Wirklichkeit der Auferstehung glaubt, bilden sie jedoch nicht zwei getrennt existierende Phänomene, sondern eine vom Heiligen Geist gewirkte Einheit.

Der historische Jesus trat mit einem göttlichen Vollmachtsanspruch auf. Dieser Vollmachtsanspruch findet seine explizite Entfaltung in den Hoheitstiteln der nachösterlichen Gemeinde.

Die Entsprechungen zwischen vorösterlicher und nachösterlicher Verkündigung betreffen jedoch nicht nur die Person und die Titel Jesu, sie setzen sich z.B. auch fort, wenn man vergleicht, was für ein Gottesbild Jesus hatte und zu was für einem Gott sich die nachösterliche Gemeinde bekannte:

Entsprechungen zwischen Jesu Gottesbild und dem Gottesbild der nachösterlichen Gemeinde

– So findet Jesu Zuwendung zu Sündern und sein Nicht-Akzeptieren von frommen Leistungen (vgl. z.B. Lk 18,9–14; Lk 19,1–10; Joh 8,1–11) ihre Entsprechung in der paulinischen These von der Rechtfertigung des Gottlosen allein aufgrund des Glaubens und allein aus Gnade (Röm 3,28; 4,5).

– Jesu liebende Zuwendung zu den Randgruppen der Gesellschaft und seine Verkündigung eines liebenden Gottes (vgl. z.B. Lk 15) entspricht der johanneischen Identifizierung von Gott und Liebe (vgl. z.B. Joh 3,16; 1.Joh 4,16).

– Die Spannung von »schon« und »noch nicht« in Jesu Reich-Gottes-Verkündigung ist auch konstitutiv für die paulinischen Briefe, auch wenn Paulus den Begriff »Reich Gottes« nur selten verwendet (vgl. z.B. Lk 17,20f. mit 2.Kor 5,17ff.; Röm 8,38f. oder Mt 6,10 mit 1.Kor 13,9ff.; Röm 8,22).

Ohne den historischen Jesus wird der christliche Glaube zum Mythos oder zur spekulativen Philosophie.

Lägen diese Entsprechungen nicht vor, so müsste man sich fragen, ob Paulus, Johannes und die anderen Mitglieder der Urgemeinde die Botschaft des historischen Jesus nicht verfälscht haben; und eben deshalb ist es wichtig, dass wir auch unsere heutige Verkündigung und Theologie immer wieder an der historischen Gestalt Jesu messen. Andernfalls laufen wir Gefahr, nicht Gottes Wort, sondern nur unser Wort und unsere Gedanken zu verkündigen. Aus dem auf einer konkreten, geschichtlichen Person gründenden Glauben wird dann allzu leicht eine spekulative Philosophie, ein Mythos oder eine auf unsere kurzfristigen Bedürfnisse und Interessen zugeschnittene Ideologie.

Ohne den Christusglauben bleibt der historische Jesus nur eine sympathische Gestalt der Weltgeschichte.

Andererseits müsste nun aber auch deutlich geworden sein, dass christlicher Glaube sich nicht mit der Rekonstruktion des historischen Jesus begnügen kann. Der historische Jesus allein ist allenfalls eine sympathische Gestalt der Weltgeschichte. Erst als der auferstandene Christus des Glaubens erhebt er auch Anspruch auf unser Leben, konfrontiert uns mit der Herausforderung, ihn als »das A und das O, ... de(n) Anfang und das Ende« (Offb 22,13), als den »Weg und die Wahrheit und das Leben« (Joh 14,6) zu sehen und anzunehmen.

Jesus aus nichtchristlicher Sicht: z.B. Schalom Ben-Chorin

War Jesus nur eine bemerkenswerte Gestalt der Weltgeschichte oder

Genau an diesem Punkt liegt nun auch der grundlegende Unterschied zwischen dem Jesus des christlichen Glaubens und außerchristlichen Jesusbildern.

Sieht etwa ein Muslim in Jesus einen Propheten, ein Hindu in ihm einen Erleuchteten, ein Marxist wie Ernst Bloch in ihm einen Rebellen und Revolutionär, reiht ein Philosoph wie Karl Jaspers ihn in die Reihe der großen Religionsstifter ein, so sind sich alle dahingehend einig, dass Jesus von Nazareth eine bemerkenswerte Gestalt der Geschichte war, die vor etwa 2000 Jahren gelebt hat und heute höchstens noch in Gestalt ihrer Ideen weiterwirkt. Wer Jesus von Nazareth als den Christus bekennt, geht jedoch davon aus, dass dieser Jesus mehr war als ein Mensch, dass sich in ihm der Gott Israels endgültig und verbindlich offenbart hat, dass alle Wirklichkeit auf ihn zu läuft und dass dieser Jesus in Gestalt des Heiligen Geistes auch heute noch unter uns ist und wir ihm im Glauben jederzeit und überall begegnen können. Jesus ist für Christen also nicht nur der Überbringer einer Botschaft, er ist die frohe Botschaft, das Evangelium selbst. Er verkündet nicht nur das Heil, er ist das Heil, und das nicht nur damals, sondern auch heute und für alle Zeiten: »Denn in ihm ist alles geschaffen, was im Himmel und auf Erden ist, das Sichtbare und das Unsichtbare, es seien Throne oder Herrschaften oder Mächte oder Gewalten; es ist alles durch ihn und zu ihm geschaffen ... Denn es hat Gott wohlgefallen, dass in ihm alle Fülle wohnen sollte und er durch ihn alles mit sich versöhnte ...« (Kol 1,16.19f.).

hat sich in ihm Gott offenbart? Die Antwort auf diese Frage trennt Christen von Nicht-Christen.

»Für mich ist Jesus ein faszinierender Mensch mit ganz tollen Ideen gewesen, die auch heute noch wichtig sind. Aber, ob er Gottes Sohn gewesen ist ... das glaube ich nicht.«
Patrick, 18 Jahre

Ganz deutlich wird der zentrale Unterschied zwischen christlichem und nicht-christlichem Jesusbild z.B. auch, wenn man sich etwas näher damit beschäftigt, wie Jesus von heutigen Juden gesehen wird. Schalom Ben-Chorin (hebr. = »Sohn der Freiheit«; 1913–1999), als Fritz Rosenthal in München geboren, in den 30er Jahren aus Deutschland emigrierter Jude, Journalist und Schriftsteller in Jerusalem, schreibt in seinen Büchern, er habe Jesus von Jugend auf als »großen Bruder« empfunden, als einen der ganz großen Juden, als einen bewundernswerten

Für Schalom Ben-Chorin war Jesus einer der ganz großen Juden, aber der Messias war er noch nicht.

Rabbi, den er aus seinem Leben nicht mehr wegdenken könne.[55] Jesus habe für ihn faktisch also eine viel größere Bedeutung als für viele nur formal getaufte Christen. Ihn verbinde mit Jesus das Judesein, die gemeinsame jüdische Geschichte, er teile mit ihm die Hoffnung auf das Reich Gottes – aber er könne nicht erkennen, dass mit diesem Jesus aus Nazareth das Reich Gottes auch tatsächlich »schon« angebrochen sei.

Was daraus folgt …

Das Reich Gottes sei für ihn nach wie vor eine rein zukünftige Größe, und dementsprechend könne Jesus für ihn auch nicht der »Messias« oder »Gottes Sohn« sein. Die Ankunft des Messias stehe heute wie damals noch aus. Unter diesen Voraussetzungen könne er das Neue Testament zwar als eine interessante Urkunde der jüdischen Glaubensgeschichte, nicht aber als eine der Tora und den Propheten gleichwertige heilige Schrift lesen. Deshalb könne er auch Jesu Mahl mit den Jüngern am Gründonnerstag zwar mit solidarischem Blick als ein jüdisches Passahmahl sehen, die christliche Gleichsetzung von Brot und Wein mit Jesu Leib und Blut könne er jedoch nicht nachvollziehen. Jesu Folterung und Tod seien für ihn ein beeindruckendes Gleichnis für die Folterung und Ermordung von Millionen unschuldiger Juden, aber es sei für ihn kein Sühneopfer, kein Sterben »für uns«, für alle Völker und alle Menschen. Jesu Auferstehung schließlich sei für ihn ein Gleichnis für das immer wieder neu »aufstehende« Israel, das selbst nach Auschwitz noch die Kraft zu einem Neuanfang und sogar zu einer Staatsgründung fand, aber sie sei eben ein Gleichnis und keine Realität.

»Freunde, dass der Mandelzweig wieder blüht und treibt, ist das nicht ein Fingerzeig, dass die Liebe bleibt?«
Schalom Ben-Chorin nach Jer 1,11

War Jesus ein Pharisäer?

Bemerkenswert ist in diesem Zusammenhang schließlich auch noch, dass Schalom Ben-Chorin als ausgezeichneter Kenner sowohl des Neuen Testaments als auch der jüdischen Literatur zu der Ansicht gelangt, Jesu Botschaft ähnele in zahlreichen Punkten so sehr dem pharisäischen Schrifttum, dass er sich nicht scheue, Jesus als Pharisäer zu bezeichnen. Mag diese

→ S. 97f.

These auch etwas überspitzt klingen, so ist sie doch insofern berechtigt, als außer Ben-Chorin auch zahlreiche andere Historiker mit guten Gründen die Meinung vertreten, Jesus selbst sei gar kein so radikaler Gegner der Pharisäer gewesen, wie es die Evangelien oft darstellen (so hatte er nach Joh 3,1 ff.; Joh 19,39 oder Lk 7,36–50 sogar Freunde unter den Pharisäern), der in den Evangelien ablesbare Gegensatz zwischen Jesus und den Pharisäern spiegele vielmehr weitgehend die nach der Zerstörung des Tempels im Jahr 70 n. Chr. einsetzende Konkurrenz zwischen der frühen christlichen Kirche und der erst nach 70 n. Chr. richtig aufblühenden pharisäischen Bewegung. Bedenkt man außerdem noch, dass auch Paulus Pharisäer war (vgl. Phil 3,5) und dass die Apostelgeschichte von Gemeinsamkeiten zwischen Christen und Pharisäern zu berichten weiß (Apg 5,34–39; 23,6–9), dann tun Christinnen und Christen gut daran, mit dem Begriff »Pharisäer« vorsichtig umzugehen.

Zuspruch und Anspruch: Die Bergpredigt

Ob Jesus der Christus ist oder nicht, ist keine rein theoretische Streitfrage, sondern vor allem auch eine Frage der Praxis, der Lebensgestaltung und des persönlichen Betroffenseins. Als Maßstab für christliche Lebenspraxis und Lebensgestaltung gilt aber seit jeher die »Bergpredigt«, der vielleicht berühmteste Text des Neuen Testaments, auf den am Schluss dieses Kapitels über Jesus, den Christus, noch etwas näher eingegangen werden soll.

Die Bergpredigt steht in den Kapiteln 5–7 des Matthäusevangeliums. Eine Parallele gibt es nur bei Lukas in der so genannten Feldpredigt.

Als Bergpredigt bezeichnet man die bei Matthäus in den Kapiteln 5–7 überlieferte Rede Jesu, die er nach Mt 5,1 von einem galiläischen Berg herab gehalten haben soll. Wie ein Blick in die Evangeliensynopse zeigt, findet sich eine Parallele zur Bergpredigt in Lk 6,20–49, der so genannten Feldpredigt (vgl. Lk 6,17), die einerseits über weite Strecken bis in den Wortlaut hinein mit Formulierungen der Bergpredigt identisch, andererseits aber insgesamt viel kürzer ist und an vielen Stellen auch eine ganz unverkennbar eigene Handschrift trägt. Um nur ein Beispiel zu nennen: Während Lukas, in dessen Evangelium die materiell Armen und sozial Benachteiligten durchgängig eine wichtige Rolle spielen, die »Armen« und »Hungernden« selig preist (Lk 6,20f.), sind es bei Matthäus die »geistlich Armen« (gemeint sind nicht etwa geistig Behinderte, sondern Menschen, die so »arm dran« sind, dass sie ganz auf Gottes Gnade angewiesen sind!) und die »nach Gerechtigkeit hungern und dürsten« (Mt 5,3.6) – es findet also eine ganz offensichtliche Vergeistigung der bei Lukas recht materiell angelegten Aussagen durch Matthäus statt.

→ S. 100

Das Material zur Bergpredigt stammt aus Q. Jesus hat die Bergpredigt so nicht gehalten, die einzelnen Logien gehen aber mit großer Wahrscheinlichkeit auf ihn zurück.

Nach der Zwei-Quellen-Theorie stammt das Material zur Bergpredigt wie das zur Feldpredigt aus der Matthäus und Lukas gemeinsamen Logienquelle Q, und Historiker gehen davon aus, dass die einzelnen Logien in ihrem Grundbestand zwar mit großer Wahrscheinlichkeit auf den historischen Jesus zurückgehen, dass aber sowohl die Bergpredigt als auch die Feldpredigt in ihrer uns heute vorliegenden Form Kompositionen der Redaktoren Matthäus und Lukas sind. Dass der historische Jesus wohl kaum eine mehrseitige Rede wie die Bergpredigt am Stück gehalten haben dürfte, zeigt sich nicht zuletzt auch daran, dass Jesus sonst stets pointiert in konkrete Alltagssituationen hineingesprochen hat, die Bergpredigt als Ganze aber eine so dichte und kompakte Reihung von gewichtigen Aussagen bildet, dass nur ein Redner, der das Auffassungsvermögen seiner Zuhörer um jeden Preis überfordern wollte, sie so hätte vortragen können.

Zum Aufbau der Bergpredigt: Den Ansprüchen der Antithesen geht der Zuspruch der Seligpreisungen voraus.

Versucht man, sich den Aufbau der Bergpredigt klar zu machen, so ist vor allem festzustellen, dass nicht etwa die berühmten und umstrittenen Forderungen der so genannten Antithesen – also z.B.: »Wenn dich jemand auf deine rechte Backe schlägt, dem biete die andere auch dar.« – am Anfang dieser Redekomposition stehen, sondern zunächst einmal ein erleichternder und Mut machender Zuspruch in Form der so genannten Seligpreisungen. Dieser Vorrang des Zuspruchs vor dem Anspruch zieht sich durch das ganze Neue Testament, gilt insbesondere aber auch für die Bergpredigt. Wer sich durch die Forderungen der Bergpredigt überfordert fühlt, lese deshalb als Gegengewicht neben den Seligpreisungen zunächst einmal Stellen wie »Sorgt nicht um euer Leben ...« (Mt 6,25 ff.) oder »Bittet, so wird euch gegeben; suchet, so werdet ihr finden; klopfet an, so wird euch aufgetan« (Mt 7,7). Nur wer diesen Zuspruch gehört hat, muss an den Ansprüchen nicht verzweifeln!

Die sechs »Antithesen« der Bergpredigt tragen diese Bezeichnung, weil sie so aufgebaut sind, dass einem thesenartigen Zitat aus dem Alten Testament eine mit »Ich aber sage euch« eingeleitete Anti-These Jesu gegenübergestellt wird, also in der 1. Antithese (Mt 5,21 ff.) z. B. dem alttestamentlichen Satz »Du sollst nicht töten ...« (vgl. 2. Mose 20,13) die Behauptung Jesu: »Wer mit seinem Bruder zürnt, der ist des Gerichts schuldig; wer aber zu seinem Bruder sagt: Du Nichtsnutz!, der ist des Hohen Rats schuldig; wer aber sagt: Du Narr!, der ist des höllischen Feuers schuldig.«

Nun wäre es zweifellos falsch, die Antithesen so zu deuten, als hebe Jesus durch sie die Gültigkeit des alttestamentlichen Gesetzes auf. Unmittelbar vor den Antithesen heißt es nämlich in Mt 5,17: »Ihr sollt nicht meinen, dass ich gekommen bin, das Gesetz oder die Propheten aufzulösen; ich bin nicht gekommen aufzulösen, sondern zu erfüllen.« Eher kann man von einer Radikalisierung und Zuspitzung des alttestamentlichen Gesetzes durch Jesus sprechen, die zum Ziel hat, den innersten Kern und die eigentliche Absicht, sozusagen den Geist des Gesetzes, aufzuzeigen. Ist nicht schon der, der seinen

Die sechs Antithesen wollen das alttestamentliche Gesetz nicht aufheben, sondern durch Radikalisierung und Zuspitzung seine eigentliche Aussageabsicht aufzeigen.

Mitmenschen beleidigt, dabei, seine Menschenwürde anzutasten und ihn somit im übertragenen Sinn zu »töten«? Beginnt der Ehebruch nicht schon da, wo ich mit dem Gedanken spiele, meinen Ehepartner zu hintergehen? Wäre die ganze Problematik des Meineids nicht hinfällig, wenn Menschen überhaupt darauf verzichten würden, die Unwahrheit zu sagen?

→ S. 81 ff.

Wenn es der Sinn des alttestamentlichen »Auge um Auge, Zahn um Zahn« war, Blutrache einzudämmen und eine Überbestrafung zu verhindern, wäre es dann nicht noch konsequenter, im Falle des Angegriffenseins auch noch die andere Backe hinzuhalten und somit Rache und Zurückschlagen vollends durch Nachgeben und Verzeihen zu ersetzen? Wenn ich meinen Nächsten lieben soll, warum dann eigentlich nicht auch meinen Feind? Aus dieser Radikalisierung und Zuspitzung des alttestamentlichen Gesetzes, dessen Kern für Matthäus offensichtlich die Forderung nach einer bedingungs- und kompromisslosen Liebe zum Mitmenschen ist (vgl. dazu auch Mt 22,34–40!), ergibt sich sofort die Frage nach der Praktikabilität der Antithesen. Es wäre zwar schön, wenn jedermann so handeln würde wie in den Antithesen gefordert, doch: Welcher Mensch hätte noch nie einen Mitmenschen beleidigt, welcher Mann noch nie eine fremde Frau begehrlich angesehen, wer noch nie gelogen? Wer hält im Falle eines Angriffs wirklich die andere Backe hin? Wer ist in der Lage, nicht nur seinen Nächsten, sondern sogar seinen Feind – also jemanden, der einem wirklich Böses will – zu lieben?

Sind die Forderungen der Antithesen praktikabel?

Man hat in der Geschichte des Christentums deshalb auch immer wieder versucht, die Anstößigkeit der Bergpredigt abzumildern. Alle diese Versuche erweisen sich jedoch bei genauerer Überlegung als höchst problematisch:

Versuche, die Anstößigkeit der Bergpredigt abzumildern

- So behauptete etwa die mittelalterliche Kirche, die Forderungen der Bergpredigt seien nur von »Vollkommenen«, von Mönchen und Asketen, erfüllbar, für die Durchschnittschristen seien nur die 10 Gebote verbindlich. Dagegen spricht, dass die Bergpredigt eindeutig nicht nur an Auserwählte gerichtet ist (vgl. Mt 5,1), dass Jesus keinerlei asketische oder mönchische Züge aufwies (vgl. Mt 11,19) und dass überhaupt der Gedanke eines Zweiklassenchristentums kaum Anhalt an der Gestalt des historischen Jesus von Nazareth finden dürfte.

- Albert Schweitzer vertrat um die Jahrhundertwende die Ansicht, es handele sich bei der Bergpredigt um eine »Interimsethik«, d. h. eine Ethik, die nur unter der Annahme galt, dass das Weltende unmittelbar bevorstehe. Unter diesen besonderen Bedingungen konnte es sinnvoll erscheinen, für eine kurze, überschaubare Zeitspanne eine ansonsten kaum realisierbare Lebensweise auszuprobieren. Weil das erwartete Weltende jedoch ausgeblieben und seither fast 2000 Jahre verstrichen seien, habe diese Interimsethik für uns heute keine unmittelbare Bedeutung mehr. – Wer so argumentiert, muss sich fragen lassen, warum das Neue Testament nach Zusammenbruch der Naherwartung uns heute unter ganz anderen Lebensbedingungen überhaupt noch etwas zu sagen haben soll.

»Ich bin doch nicht verrückt und halte auch noch die andere Backe hin. Wahrscheinlich hat Jesus das irgendwie anders gemeint, eher übertragen oder so ...«
Timo, 13 Jahre

- Wieder andere stellten die These auf, Jesus sei es in der Bergpredigt nicht um eine buchstäbliche Befolgung der Antithesen, sondern um die Erzeugung einer moralischen Gesinnung gegangen. – Dagegen steht z. B. unmissverständlich Mt 7,21: »Es werden nicht alle, die zu mir sagen: Herr, Herr!, in das Himmelreich kommen, sondern die den Willen *tun* meines Vaters im Himmel!«
- Oft wird auch behauptet, die Bergpredigt gelte zwar für das Privatleben der Christen, nicht jedoch für den Bereich des öffentlichen Lebens und der Politik. – Ganz abgesehen davon, dass eine solch schizophrene Aufteilung des menschlichen Lebens in zwei getrennte Bereiche praktisch kaum realisierbar sein dürfte, sprechen hiergegen eindeutig all die neutestamentlichen Stellen, die unterstreichen, dass alle

Wirklichkeit ohne Ausnahme der Herrschaft Christi unterworfen ist (vgl. z. B. Kol 1,15 ff.; Röm 8,39 f.).

Versuche, die Bergpredigt umittelbar in Politik und Alltagsleben umzusetzen

Diesem Bemühen, die Aussagen der Bergpredigt abzuschwächen, stehen auf der anderen Seite beeindruckende Versuche gegenüber, die Bergpredigt unmittelbar in Politik und Alltagsleben umzusetzen. So verweigert z. B. die aus der Wiedertäuferbewegung der Reformationszeit entstandene Gruppierung der Mennoniten (genannt nach ihrem 1561 verstorbenen Begründer Menno Simons) bis heute unter Berufung auf die Bergpredigt jeglichen Eid, jeglichen Wehrdienst und jegliche Ausübung von staatlichen Ämtern. Andere Beispiele wären zahlreiche Bettelorden und Ketzerbewegungen des Mittelalters, der radikale Flügel der Reformation um Thomas Müntzer, die Quäker, der Schriftsteller Leo Tolstoi oder große Teile der christlichen Friedensbewegung, die aus der fünften und sechsten Antithese die Notwendigkeit radikaler Abrüstung ableiten.

»Eure Rede aber sei: Ja, ja; nein, nein. Was darüber ist, das ist vom Übel.« Mt 5,37

Auch hier drängen sich trotz allen Respekts, den diese Positionen aufgrund ihrer konsequenten Haltung abnötigen, Einwände auf: Überlässt der Weg in eine sektiererische Sonderwelt nicht den Rest der Menschheit ihrem Schicksal? Lebt der, der auf Wehrdienst und Staatsämter verzichten zu müssen meint, in Wirklichkeit nicht auf Kosten der anderen, die dieses »schmutzige Geschäft« dann für ihn ausüben müssen und dann dafür womöglich noch als die schlechteren Menschen dastehen? Vertreten diejenigen, die für die radikale Verwirklichung der fünften und sechsten Antithese im politischen Bereich kämpfen, die Ethik dieser Antithesen auch in ihrem Privatleben? Nehmen sie die anderen Antithesen genauso ernst? Schafft derjenige, der für sich in Anspruch nimmt, nie zu lügen und nie unkeusche Gedanken zu hegen, es dann auch wirklich, Lügner und Ehebrecher als seine Feinde zu lieben? Besteht schließlich, wenn man, wie z. B. im Täuferreich zu Münster, daran geht, der Welt hier und jetzt sofort das Reich

»Wer kann sagen: Ich habe mein Herz geläutert und bin rein von meiner Sünde?« Spr 20,9

Gottes zu bringen, nicht die Gefahr, dass das Unternehmen deshalb, weil es das »Noch nicht« vergessen hat, die Menschen überfordert und schließlich in einem Blutbad endet?

Verfolgt man diesen letzten Gedanken weiter, dann könnte man zusammenfassend vermuten, dass alle Versuche, die Anstößigkeit der Bergpredigt abzuschwächen, daran leiden, dass sie das »Schon« des angebrochenen Gottesreiches nicht ernst genug nehmen, während alle Versuche, die Forderungen der Bergpredigt unmittelbar und buchstäblich in konkretes Handeln umzusetzen, übersehen, dass »der neue Himmel und die neue Erde« (vgl. 2. Petr 3,13; Offb 21,1) noch ausstehen und dass Menschen aus eigener Kraft die ungebrochene Wirklichkeit der Gottesherrschaft nicht herbeizwingen können.

Die Versuche, die Anstößigkeit der Bergpredigt abzumildern, nehmen das »Schon« des angebrochenen Gottesreiches nicht ernst.
Die Versuche, die Bergpredigt unmittelbar in Politik und Alltagsleben umzusetzen, übersehen den »Noch nicht«-Aspekt des Gottesreiches.

Die Lösung des durch die Antithesen der Bergpredigt aufgeworfenen Dilemmas liegt deshalb wohl darin, die Spannung von »schon« und »noch nicht«, die z. B. auch an den Seligpreisungen (die ja z. T. präsentisch und z. T. futurisch formuliert sind) ganz klar abzulesen ist, als eine notwendige und dialektische zu begreifen – und vor allem auch zu leben! Lebten wir Christen »schon« vollständig im Reich Gottes, wäre die Realisierung des in der Bergpredigt geforderten Handelns für uns überhaupt kein Problem und ergäbe sich von selbst. Da dies jedoch »noch nicht« ungebrochen der Fall ist und wir »noch nicht« vollkommen sind, »wie unser Vater im Himmel vollkommen ist« (vgl. Mt 5,48), können wir uns von der Ethik des anbrechenden Gottesreiches nur immer wieder neu herausfordern lassen. Die Spannung von »schon« und »noch nicht« geht mitten durch uns Christen hindurch, und jeder Einzelne von uns muss sie immer wieder neu aushalten, sich immer wieder neu von ihr in Frage stellen lassen und sie in verantwortlich gelebtes Leben umsetzen. Trotz aller Widerstände und Sackgassen, in die wir dabei geraten, müssen wir an dieser Aufgabe nicht verzweifeln,

Die Spannung von »schon« und »noch nicht« fordert jeden einzelnen Christen immer wieder neu dazu heraus, sein bisheriges Leben in Frage zu stellen und sich zum Mitarbeiter Gottes machen zu lassen.

sondern dürfen uns freuen, denn den an uns gestellten Ansprüchen geht, wie erwähnt, der Zuspruch Gottes voraus. Wir dürfen und sollen am angebrochenen Gottesreich unter ganzem Einsatz unserer Existenz, mit ganzem Herzen und vollem Engagement mitarbeiten – aber es ist Gottes Reich, und deshalb brauchen wir Menschen uns um seine Zukunft nicht zu sorgen.

Kapitel VI

Gott ist Liebe

Der christliche Glaube in einem Satz

Sex – Eros – Agape

■ Nachdem grundsätzliche Einwände gegenüber dem Gottesglauben besprochen sind (vgl. Kapitel II und III) und geklärt ist, von welchem Gott im christlichen Glauben die Rede ist (vgl. Kapitel IV und V), kann nun versucht werden, die eingangs (vgl. Kapitel I) aufgestellte These »Gott ist Liebe« genauer zu erläutern. Es soll gezeigt werden, dass sich in diesem erstmals in 1. Joh 4,8 und 4,16 formulierten Satz zentrale Aussagen des christlichen Glaubens konzentriert zusammenfassen lassen.

Liebe – was ist denn das?

Was jedoch ist eigentlich »Liebe«? Ein Gefühl? Eine Eigenschaft? Eine Verhaltensweise? Ein Prinzip? Ein Trieb?

■ Hilfreich ist zunächst einmal die Unterscheidung zwischen Sex, Eros und Agape.[56] Während der Begriff »Sex« den Tieren wie Menschen gemeinsamen Trieb nach geschlechtlicher Befriedigung meint, stellte diese Form der Liebe schon für die alten Griechen nur die unterste Stufe dessen dar, was sie Eros nannten. Der menschliche Eros strebt über die mit den Tieren gemeinsame Geschlechtlichkeit hinaus, äußert sich in Kunst, Wissenschaft und Erkenntnis, ist ganz allgemein das unermüdliche Streben und Verlangen des Menschen nach Vervollkommnung. Für Platon besteht das Ziel des Eros in der Erkenntnis und Schau des Wesentlichen, im Aufschwung von der der Veränderlichkeit unterworfenen Sinnenwelt zu den unveränderlichen, ewigen

Eros ist mehr als Sex.

Ideen. Wer in diesem Sinn einen anderen Menschen »erotisch« liebt, benutzt ihn keineswegs nur als Sexualobjekt, gibt sich auch nicht nur einem momentanen Gefühl hin – was beim Sex durchaus möglich ist –, sondern sucht in ihm den Widerschein des Göttlichen und Wesentlichen, strebt also durchaus nach einer tiefen, alle Oberflächlichkeit hinter sich lassenden Beziehung.

Im Neuen Testament heißt »Liebe« nicht »Eros«, sondern »Agape«. Eros geht vom Menschen aus, Agape wird ihm zuteil, ist eine von Gott ausgehende Macht, die uns Menschen in ihren Dienst ziehen möchte.

Das Neue Testament verwendet nun jedoch, wenn es von Liebe spricht, bewusst nicht das Wort »Eros«, sondern vielmehr den Begriff »Agape«. Der Hauptunterschied zwischen Eros und Agape liegt dabei darin, dass die Bewegungsrichtung der Agape völlig umgekehrt zu der des Eros verläuft: Nicht von unten nach oben, von der vergänglichen Sinnenwelt zur ewigen Welt der Ideen, sondern von oben nach unten, vom Gott Israels hin zu den Menschen. Agape ist die vom Gott Israels ausgehende, letztlich mit ihm identische Macht, die mit Jesus Christus und dem vom Christusgeschehen ausgehenden Geist in unsere Welt einbricht und die Mächte der Nicht-Liebe, des Hasses und der Zerstörung besiegt bzw. besiegen wird.

Diese Vorstellung von der Agape als einer Macht, die unsere jetzige Wirklichkeit durchdringt und uns Menschen in ihren Dienst ziehen möchte, wird z. B. deutlich, wenn es heißt: »Gott ist Agape; und wer in der Agape bleibt, der bleibt in Gott und Gott in ihr« (1. Joh 4,16).

Agape ist mehr als Sex, schließt Sex aber keinesfalls aus.

■ Agape umfasst also wesentlich mehr als Sex, schließt geschlechtliche Liebe allerdings auch keineswegs aus. Während für bestimmte Strömungen des griechischen Denkens, die sich in der Geschichte des Christentums oft allzu sehr durchgesetzt haben, der Leib nur das Gefängnis der Seele darstellt und dementsprechend eine gewisse Leibfeindlichkeit festzustellen ist, geht insbesondere der hebräische Teil der Bibel von einem ganzheitlichen Menschenbild aus, nach dem Leib, Seele und Geist des Menschen nicht auseinander gerissen werden dürfen. Eindrucksvolls-

»Wie schön und wie lieblich bist du . . .! Dein Wuchs ist hoch wie ein Palmbaum,

tes Dokument dieses Menschenbildes ist das Hohelied Salomos, das man lange Zeit nur im übertragenen Sinn zu verstehen suchte, das nach Ansicht heutiger Exegeten aber zunächst einmal durchaus als Ausdruck geschlechtlich-körperlicher Liebe gelesen werden muss.[57]

deine Brüste gleichen den Weintrauben. Ich sprach: Ich will auf den Palmbaum steigen und seine Zweige ergreifen.«
Hld 7,7–9

Liebe überschreitet Grenzen

■ Zentrales Moment der Liebe im Sinne von Agape ist das Moment der Selbst- und Grenzüberschreitung. Gemeint ist allerdings nicht eine Selbst- und Grenzüberschreitung um jeden Preis – was ja eine Tendenz zur Orientierungslosigkeit und zum Chaos in sich hätte –, sondern eine Selbst- und Grenzüberschreitung mit lebensfördernder und Heil bringender Wirkung.

Ein zentrales Moment der Agape ist das der Selbst- und Grenzüberschreitung.

Der christliche Gott ist in diesem Sinn ein Gott der Grenzüberschreitung, ein Gott, der die Grenzen traditioneller Gottesvorstellungen (Gott als Unantastbarer, Jenseitiger, über alles Erhabener) sprengt, indem er seine Macht gerade dadurch erweist, dass er aus sich selbst herausgeht, dass er Mensch wird und sich bis zur bitteren Konsequenz am Kreuz hin entäußert (vgl. dazu z. B. Joh 3,16; Phil 2,5–11; Gal 2,20; 1. Joh 4,10).

Der christliche Gott ist ein Gott der Grenzüberschreitung. Das zeigt sich gerade auch an Jesu Leben, Tod und Auferstehung.

Diesem Vorgang der liebenden Entäußerung und Grenzüberschreitung entsprach es, wenn der irdische Jesus die Grenzen dogmatischer Gesetzesfrömmigkeit hinter sich ließ (vgl. z. B. Mk 2,23–28 par) und sich dabei gerade auch den Ausgegrenzten und Deklassierten der damaligen Gesellschaft zuwandte (vgl. z. B. Lk 19,1–10; Joh 8,1–11; Mk 5,1–20; Mk 5,25–34 par). Grenzüberschreitung im Sinne von Lebensermöglichung bedeutet aber auch die Auferweckung des Gekreuzigten, wird mit ihr doch der Tod als Grenze des menschlichen Lebens schlechthin überwunden (vgl. z. B. 1. Kor 15,55; Röm 8,38 f.; 2. Tim 1,10).

»Denn es versteht sich von selbst, das ganze Wesen der Götter / Muss sich vollkommnen Friedens erfreun und unsterblichen Lebens, / Weit entfernt und geschieden von unseren Leiden und Sorgen . . .«
Lukrez (1. Jhdt. v. Chr.), De rerum natura, I 44 ff.

Weil der christliche Gott ein Gott der liebenden Grenzüberschreitung ist, soll auch der Mensch den Sinn des Lebens nicht in sich selbst suchen.

■ Weil der christliche Gott ein Gott der Liebe und Grenzüberschreitung ist, soll auch der Mensch als sein Ebenbild den Sinn seines Lebens nicht in und für sich selbst, sondern in der Zuwendung zu anderen Menschen, und zwar gerade auch zu ihm ganz fremden oder sogar feindlich gesonnenen suchen (vgl. Eph 5,1 f.; 1. Joh 4,11; Mt 5,43–48).

Heutige Psychologen würden es vielleicht so formulieren: Nur wer aus sich selbst herausgeht, wer sich öffnet und etwas riskiert, wer sich mit anderen, andersartigen Menschen auseinander setzt, wer sich für etwas engagiert, nur der kann eine gelungene Form der Identität finden. Gelungenes Leben erfährt man nicht durch bloßes Abwarten, gelungenes Leben fällt nicht in den Schoß.

Die Liebe zu Gott, die Liebe zum Nächsten und zum Feind und die Liebe zu sich selbst sind verschiedene Aspekte ein und desselben Vorgangs.

■ Wichtig ist in diesem Zusammenhang, dass Nächsten- oder gar Feindesliebe die Liebe zu sich selbst nicht ausschließt. Es heißt sowohl im Alten wie im Neuen Testament »Du sollst deinen Nächsten lieben wie dich selbst« (3. Mose 19,18; Mk 12,31 par) und nicht: »Du sollst deinen Nächsten lieben und nicht dich selbst.« Weil die Agape eine von Gott ausgehende Macht ist, sind Liebe zu Gott, Liebe zu den Mitmenschen und Liebe zu sich selbst verschiedene Aspekte desselben Vorgangs: Denn nur, indem wir uns Gottes Liebesmacht bedingungslos anvertrauen und sie in uns und durch uns wirken lassen, werden wir fähig zur Nächsten- und Feindesliebe. Und nur, indem wir uns, getragen von der Macht der Agape, entäußern und den anderen zuwenden, finden wir unsere wahre, gottebenbildliche Bestimmung und Identität (vgl. dazu das so genannte »Doppelgebot der Liebe«, Mk 12,28–31 par). Letztlich lieben nicht wir, sondern Gott durch uns: »Wenn wir uns untereinander lieben, so bleibt Gott in uns, und seine Liebe ist in uns vollkommen« (1. Joh 4,12).

Agape zwischen »schon« und »noch nicht«

■ Dass nichts auf der Welt wichtiger ist als die göttliche Agape und welche konkreten Eigenschaften sie hat, ist im Neuen Testament nirgendwo eindrücklicher beschrieben worden als von Paulus im 1. Korintherbrief:

»Wenn ich mit Menschen- und mit Engelzungen redete und hätte die Liebe nicht, so wäre ich ein tönendes Erz oder eine klingende Schelle. Und wenn ich prophetisch reden könnte und wüsste alle Geheimnisse und alle Erkenntnis und hätte allen Glauben, sodass ich Berge versetzen könnte, und hätte die Liebe nicht, so wäre ich nichts. Und wenn ich alle meine Habe den Armen gäbe und ließe meinen Leib verbrennen und hätte die Liebe nicht, so wäre mir's nichts nütze. Die Liebe ist langmütig und freundlich, die Liebe eifert nicht, die Liebe treibt nicht Mutwillen, sie bläht sich nicht auf, sie verhält sich nicht ungehörig, sie sucht nicht das Ihre, sie lässt sich nicht erbittern, sie rechnet das Böse nicht zu, sie freut sich nicht über die Ungerechtigkeit, sie freut sich aber an der Wahrheit; sie verträgt alles, sie glaubt alles, sie hofft alles, sie duldet alles«. (1. Kor 13,1–7)

»Wenn ich mit Menschen- und mit Engelzungen redete ...«

Nun weiß Paulus allerdings sehr wohl, dass Christen keineswegs immer »langmütig und freundlich« sind und auch all die anderen geforderten Eigenschaften der Agape nur in sehr unvollkommener Art und Weise aufzuweisen haben. Er sieht die Spannung von »schon« und »noch nicht« und schreibt deshalb im Schlussteil seines berühmten Textes: »Wir sehen jetzt durch einen Spiegel ein dunkles Bild; dann aber von Angesicht zu Angesicht. Jetzt erkenne ich stückweise; dann aber werde ich erkennen, wie ich erkannt bin« (1. Kor 13,12).

Paulus ist Realist: Er sieht trotz aller Begeisterung den »noch nicht«-Aspekt der Agape.

→ S. 109 ff.

■ Wer in dieser Welt versucht, Agape zu üben, hat es nicht immer leicht – mit sich selbst, mit den anderen und mit den Verhältnissen. Weil die Agape noch im Kampf mit den Mächten des Hasses, des Egoismus und der Gleichgültigkeit liegt, können Rückschläge, Enttäuschungen und Niederlagen nicht ausbleiben. Und dennoch sollen wir uns bemühen zu lieben, und

Wer in dieser Welt versucht, Agape zu üben, hat es nicht leicht. Nach christlichem Glauben kann er jedoch auf die Hilfe des Heiligen Geistes vertrauen.

Paulus versichert uns an anderer Stelle, dass Gott uns dann dabei in Gestalt des Heiligen Geistes – der wiederum nichts anderes sein kann als der Geist der Agape – beistehen und Kraft geben wird (vgl. z.B. Röm 5,3–5; 2. Kor 6,1–10). Ein Paulusschüler macht seinem Leser im 2. Timotheusbrief folgendermaßen Mut: »Lass Gottes Gnadengabe, die in dir ist…, immer neu zur Wirkung kommen! Denn der Geist, den Gott uns gegeben hat, will uns nicht furchtsam machen, sondern mit Kraft, Liebe und Zucht füllen. So schäme dich denn nicht, Zeuge unseres Herrn zu sein …« (2. Tim 1,6–8).[58]

Gott ist Liebe. Aber ist die Liebe auch göttlich?

■ Weil die Macht der Agape, die inhaltlich nichts anderes meint als der Begriff »Reich Gottes«, in dieser Welt erst angebrochen, aber »noch nicht« alleinige und unverhüllte Wirklichkeit ist, darf der Satz »Gott ist Liebe« auch nicht ohne weiteres umgekehrt werden in die Formulierung »Die Liebe ist Gott« oder »Die Liebe ist göttlich«. Was wahre und ungeheuchelte Liebe ist, wird in dieser Welt immer umstritten bleiben, und auch der beste Christ macht sich in Sachen Agape wohl nicht selten etwas vor. Wie oft meinen wir zu lieben und verfolgen doch, bewusst oder unbewusst, nur recht eigennützige Interessen! Was Agape wirklich bedeutet, liegt allein in Gottes Hand; was wir hier und jetzt erfahren und begreifen können, lässt die ganze Fülle und Wahrheit nur erahnen.

Kämpferische Liebe

Agape hat mit falsch verstandener Demut und Leisetreterei nichts zu tun.

■ Agape darf nicht mit Konfliktvermeidung, falsch verstandener Demut und Leisetreterei verwechselt werden. Wer aus der Kraft der Agape lebt, ist keineswegs ein geduldiges, sanftmütiges Schaf, das niemandem wehtun will und zu allem »Ja und Amen« sagt. Agape legt nicht einen frömmelnden Schleier der Erlöstheit über diese schlechte Welt, sondern will gerade auch die Bösartigkeit und Unwahrhaftigkeit dieser Welt aufdecken, um sie zu verändern und zu verwandeln. Es ist kein Zeichen von Agape, den anderen in seinem Irrtum verharren zu lassen und jeden Irrweg zu tolerieren. Ein derartiger Frieden wäre nur ein trügerischer Scheinfrieden, weshalb Jesus auch sagt: »Ihr sollt nicht meinen, dass ich gekommen bin, Frieden zu bringen auf die Erde. Ich bin nicht gekommen, Frieden zu bringen, sondern das Schwert« (Mt 10,34).

Der christliche Glaube führt nicht in eine illusionäre Scheinwelt ohne Konflikte und Auseinandersetzungen. Es kann sein, dass Christen der Obrigkeit widersprechen müssen (vgl. z.B. Apg 5,17–33 oder Offb 13). Und es kann sein, dass Christen sich untereinander heftig streiten müssen wie z.B. auch Paulus und Petrus (vgl. Gal 2,11–14). Und auch Christinnen und Christen haben unter Umständen mit Menschen zu tun, die sie regelrecht als »Feinde« bezeichnen müssen (vgl. Mt 5,43ff.).

Schon die ersten Christen gingen Streit und Konflikten nicht aus dem Weg.

→ S. 193ff.

Selbst diese Feinde sollen wir nach der Bergpredigt allerdings lieben! Es geht im Neuen Testament ganz offensichtlich nicht darum, Streit und Konflikte zu vermeiden oder zu verleugnen. Entscheidend ist vielmehr, wie und mit welchem Ziel wir den Streit und die Konflikte austragen.

Entscheidend ist, wie und mit welchem Ziel die Konflikte ausgetragen werden.

■ Der christliche Glaube will, »dass allen Menschen geholfen werde und sie zur Erkenntnis der Wahrheit kommen« (1.Tim 2,4). Christinnen und Christen werden deshalb dem Streit um die Wahrheit nicht aus dem Weg gehen, ja, sie sind geradezu dazu verpflichtet, ihn zu führen; aber sie werden ihn in Liebe führen, und das heißt u.a., sie werden unermüdlich nach Lösungen suchen, in denen auch die Bedürfnisse und Interessen des anderen Platz haben, denn auch dem anderen und auch dem »Feind« soll ja »geholfen werden«. Und sie werden niemals eine Auslöschung und Vernichtung des Gegners anstreben, sondern stets auch in ihm Gottes Geschöpf

Der Streit um die Wahrheit will den Feind nicht vernichten, sondern ihn zu seinem wahren Menschsein befreien.

sehen, das zu wahrer Menschlichkeit und Gottebenbildlichkeit befreit werden will.

Am Ende wird die Agape »alles in allem« sein.

■ Christen vertrauen darauf, dass am Ende aller Zeiten, wann immer das sein wird, Gottes Agape »alles in allem« (1. Kor 15,28) sein wird. Dies lässt sich mit unserem beschränkten Verstand so verstehen, dass dann alle unnötigen und zwanghaften Unverträglichkeiten und Gegensätze dieser Welt verschwunden sein werden, aber nicht im Sinne eines unverbindlichen Allerlei und auch nicht im Sinne einer großen Einheitslösung von oben, sondern so, dass auch noch die letzte Sackgasse und der verbohrteste Irrtum in Gott zu ihrem Recht kommen. Jeder und jedes bewahrt seine Besonderheit und seine eigene, ganz persönliche Geschichte, und trotzdem kommt alles zusammen – das ist die Verheißung der Agape.

Gott der Liebe – Gott des Gerichts

Wie verträgt sich der Gott der Liebe mit dem Gott des Gerichts?

■ Wenn es wichtig ist, dass der christliche Gott ein Gott der Liebe ist, wird dennoch eine sehr schwierige Frage nicht ausgeklammert werden dürfen, nämlich: Wie lässt sich der Gedanke der Liebe damit vereinbaren, dass selbst das Neue Testament an zahlreichen Stellen davon spricht, dass Gott auch ein richtender und strafender Gott ist (vgl. z. B. Mt 25,31–46; Lk 16,19–31 sowie die Offenbarung des Johannes)?

Schon das Alte Testament kennt den Gott der Liebe und auch das Neue Testament den Gott des Gerichts.

■ Sicherlich wäre es zu einfach zu sagen, dass der alttestamentliche Gott der Rache und des Gerichts im Neuen Testament vom Gott der Liebe abgelöst werde und die Gerichtsstellen des Neuen Testaments nur Relikte einer überholten Vorstellungswelt seien. Gegen diese einfache Sicht der Dinge spricht, dass auch das Alte Testament über weite Strecken dem Gott Israels schon liebende Züge zuerkennt (vgl. z. B. Jes 40–55) und dass die Gerichtsstellen des Neuen Testaments insgesamt gesehen doch eine relativ breite

Basis haben und sich in ihrem Grundbestand wohl auch durchaus auf den historischen Jesus zurückführen lassen.

Andererseits ist es allerdings auch richtig, dass der Akzent der neutestamentlichen Botschaft zweifellos auf der Liebe Gottes liegt und die Aspekte des Gerichts und der Strafe deshalb inhaltlich dem Aspekt der Liebe untergeordnet werden müssen. Dass Gott Menschen danach beurteilt, ob sie ein gottgefälliges Leben führen oder nicht, ist eine in vielen Religionen verbreitete Vorstellung und im Rahmen der Bibel zunächst einmal alttestamentliches Gedankengut. Etwas spezifisch Christliches enthält dieses Denken nicht. Anders ist es hingegen mit der These, dass Gott nicht nach Werken richtet und sogar den Gottlosen allein aus Gnade und allein aufgrund seines Glaubens annimmt (vgl. Röm 3,28; 4,5). Diese Behauptung sucht in der Religionsgeschichte ihresgleichen. Hier liegt das Neue, der unverwechselbare Kern des christlichen Glaubens, dem deshalb alle anderen Gesichtspunkte zugeordnet werden müssen.[59]

Der Akzent der neutestamentlichen Botschaft liegt auf der Liebe Gottes.

■ Eine Teillösung des Problems ist vermutlich darin zu sehen, dass die Botschaft von der Rechtfertigung des Gottlosen allein aus Gnade und allein aufgrund seines Glaubens (oft lateinisch zitiert als *iustificatio impii sola gratia et sola fide*) dazu verführen kann, dass Menschen folgendermaßen denken: Wenn es auf die Werke sowieso nicht ankommt, dann kann ich ja leben, wie ich will. Am Ende werden sowieso alle mit Gott versöhnt sein. Also lasst uns einfach drauflosleben ...

Die Botschaft von der Liebe Gottes kann im Sinne eines »Alles ist erlaubt« missverstanden werden.

Dass diese These des »Alles ist erlaubt« schon in der frühesten Christenheit ernsthaft vertreten wurde, zeigt der 1. Korintherbrief des Paulus (vgl. z.B. 1.Kor 6,12 oder 1.Kor 10,23, wo Paulus Aussagen seiner Gegner zitiert) ebenso wie z.B. die harten Worte in Mt 7,12–29 oder der gesamte Jakobusbrief. Man bezeichnet dieses Missverständnis des Evangeliums, das in der Geschichte des Christentums immer wieder einmal auftauchte und das im Grunde auf einer Ausblendung des »Noch-nicht«-Aspekts beruht, als Enthusiasmus (von griech. *éntheos* = »gotterfüllt, gottbegeistert«) oder Schwärmertum, dem Folgendes entgegengehalten werden muss:

Doch die Agape und ein der Agape entsprechendes Verhalten gehören untrennbar zusammen.

Zwar wird der Mensch im Sinne des Evangeliums von Jesus Christus nicht aufgrund seiner Werke, sondern allein aufgrund seines Glaubens gerechtfertigt. Dieser Glaube äußert sich jedoch, wenn der Mensch sich ganz Gottes Liebesmacht überlässt, ganz von selbst und mit Notwendigkeit in einem der Agape entsprechenden Verhalten: »An ihren Früchten sollt ihr sie erkennen. Kann man denn Trauben lesen von den Dornen oder Feigen von den Disteln? So bringt jeder gute Baum gute Früchte; aber ein fauler Baum bringt schlechte Früchte« (Mt 7,16 f.). Der christliche Glaube ist ein »Glaube, der durch die Liebe tätig ist« (Gal 5,6).

→ S. 175 ff.

■ Kann man also mit einem gewissen Recht sagen, dass die Gerichtstexte des Neuen Testaments ein enthusiastisches Missverständnis des Evangeliums abwehren wollen, so ist damit allerdings noch nicht die eigentliche Pointe der Problematik erfasst. Diese Pointe liegt nämlich vielmehr darin, dass ein Gericht nach Werken geradezu notwendig ist, um dem einzelnen Menschen in seiner Individualität und Besonderheit gerecht zu werden. Der Gott, der sich in Jesus Christus offenbart hat, will Menschen nicht pauschal behandeln, sondern auf jeden Menschen und jede einzelne Tat und Unterlassung dieses Menschen gesondert eingehen. Interessant ist in diesem Zusammenhang, dass Paulus in 1. Kor 3,13–15 die Vorstellung entwickelt, dass die Gott nicht gefälligen Werke des Menschen im höllischen Feuer vernichtet werden, der Mensch selbst aber gerettet wird. Es wird also unterschieden zwischen der Person des Menschen, die nach wie vor Gottes Ebenbild ist, und den Taten eines Menschen, die zu dieser Gotteben-

Das Gericht ist notwendig, um dem einzelnen Menschen in seiner Individualität und Besonderheit gerecht zu werden.

Wird im Endgericht beurteilt, aber nicht verurteilt?

bildlichkeit durchaus im Widerspruch stehen können. Diese paulinische Vorstellung, die auch der katholischen Lehre vom »Fegefeuer« zugrunde liegt und die natürlich nicht naiv-wörtlich verstanden werden darf, lässt sich mit dem Glauben, dass am Ende Gott »alles in allem« (1. Kor 15,28) sein wird, insofern gut vereinbaren, als in Gott selbst natürlich nur Gottgefälliges und Gottgemäßes Platz hat und alles Schlechte und Gottwidrige dieser Welt sich aufgelöst und als nichtig erwiesen haben muss.

■ Man wird sich nun allerdings sehr vorsehen müssen, bei all diesen Überlegungen Gott auf ein bestimmtes Verhalten am Ende der Geschichte festlegen zu wollen. Wie Gott sich am Ende verhalten wird, ob es ein Gericht geben wird, wie dieses Gericht aussehen wird, ob in diesem Gericht vielleicht noch einmal die Chance zu einer Umkehr besteht, ob Christus dann vielleicht unser Anwalt ist, ob es Menschen gibt, die für immer von Gott verworfen werden können (ein Gedanke, der allerdings voraussetzt, dass Gott am Ende doch nicht »alles in allem« sein wird!) – all dies sind Spekulationen, die wir nicht zu weit treiben dürfen.

Es steht uns nicht zu, Gott auf ein bestimmtes Verhalten festlegen zu wollen.

»Wer will verdammen? Christus Jesus ist hier, der gestorben ist, ja vielmehr, der auch auferweckt ist, der zur Rechten Gottes ist und uns vertritt.« Röm 8,34

Christinnen und Christen bleibt als fester Grund und Gewissheit, dass der christliche Gott in seinem Wesen kein anderer ist und sein wird als Jesus von Nazareth, der Christus. Und alles, was wir von diesem Jesus von Nazareth wissen, deutet darauf hin, dass wir unser Leben zwar mit großer Ernsthaftigkeit und Entschiedenheit leben sollen, dass wir aber, wenn wir in unserer Lebensführung versagen, auch stets auf Gottes Erbarmen und Verzeihen hoffen dürfen.

Trinitarische Liebe

Agape ist der innerste Kern dessen, was der christliche Glaube als Trinität oder Dreieinigkeit Gottes bekennt.

■ Agape ist schließlich – und das ist ein Gedanke, der hier nur angedeutet werden kann – der innerste Kern dessen, was der christliche Glaube als Trinität oder Dreieinigkeit Gottes bekennt. Der christliche Gott ist im Unterschied zu fernöstlichen, griechischen oder auch bestimmten philosophischen Gottesvorstellungen kein abstraktes oder statisches Wesen oder Sein, sondern ein Gott der Bewegung, der sich in der Geschichte selbst offenbart und immer wieder neue Aspekte aufweist. Zeigt sich Agape in der Selbstentäußerung und Selbstüberschreitung, so hat der Gott des Alten Testaments gerade dadurch Agape erwiesen, dass er die Attribute des Unantastbaren, Unangreifbaren, Jenseitigen freiwillig abgelegt, sich in das Medium des Nicht-Göttlichen begeben hat und Mensch geworden ist.

Weil Gott Mensch geworden ist, können auch wir zu unserer wahren Menschlichkeit finden.

Doch damit nicht genug: Weil Gott Mensch geworden ist, können und sollen auch wir Menschen zu unserer wahren Menschlichkeit und Bestimmung zurückfinden; und deshalb geht von Gott-Vater und Gott-Sohn der Heilige Geist aus, der durch immer wieder neue, liebende Grenzüberschreitungen immer neue Menschen und einmal gewonnene Menschen immer wieder neu in den Machtbereich der Agape hineinzunehmen bemüht ist. Wir brauchen uns dieser Bewegung des Geistes nur anzuvertrauen, dann sind wir Teil dieses Prozesses der Agape und damit Teil der Versöhnungsgeschichte, die Gott in Jesus Christus mit dieser Welt begonnen hat.

»Gottes Sein ist im Werden.« Und alle Menschen sollen an diesem Prozess teilhaben.

Der dreieinige Gott, ein einziger in drei Erscheinungsweisen, ist ein Gott, der Menschen teilhaben lassen will an seinem Wesen. Und weil diese Teilhabe keine Vereinnahmung, sondern Liebe ist, ist das Wesen Gottes unter anderem auch so lange nicht offenbar, als immer noch neue Menschen mit immer neuen Lebensgeschichten und Besonderheiten in diese Bewegung der Agape hineingenommen werden. »Gottes Sein ist« also, wie der Tübinger Theologe Eberhard Jüngel es formuliert hat, »im Werden«.[60]

Von der Theorie zur Praxis

■ Dass Gott Mitte, Ursprung und Ziel aller Wirklichkeit ist, dass dieser Gott sich in Jesus Christus selbst als Liebe definiert hat – das ist, solange es nur auf dem Papier steht und nicht in Leben umgesetzt wird, nicht mehr als eine Theorie. Eine gute Theorie darf Wirklichkeit jedoch nicht nur registrieren und beschreiben, sondern muss sie auch gestalten und zum Besseren wandeln wollen. Sie hat also die Praxis geradezu zum Ziel.[61]

Eine gute Theorie darf die Wirklichkeit nicht nur beschreiben. Sie will sie auch gestalten und zum Besseren wandeln.

→ S. 175 ff.

■ Andererseits könnte man frei nach Immanuel Kant formulieren: Ist eine Theorie ohne Praxis leer, so ist eine Praxis ohne Theorie blind und orientierungslos. Wenn man unter »Theorie« nicht nur hochwissenschaftliche, akademische Konstrukte versteht, sondern jeden ernsthaften Versuch, Wirklichkeit zu deuten, dann muss man davon ausgehen, dass wir implizit alle schon unsere »Alltagstheorien« haben. Wir hängen unser Herz an eine bestimmte Sicht unserer selbst und der Welt und versäumen es dabei aber sehr oft, uns unsere impliziten Theorien, nach denen wir immer schon leben, auch explizit ins Bewusstsein zu rufen.

Jeder Mensch hat eine Theorie über die Wirklichkeit, auch wenn er sich dessen gar nicht bewusst ist.

→ S. 15 f.

■ Die bisherigen Ausführungen waren der Versuch, eine Theorie der Wirklichkeit, eine christliche Theorie, verständlich und nachvollziehbar zu machen. Ob diese Theorie eine gute Theorie ist, ob sie die Lebensqualität erhöht oder nicht, das ist eine Frage, die jeder Einzelne in seinem eigenen Leben ausprobieren und überprüfen kann. Der Verfasser ist für seine Person der festen Überzeugung, dass die christliche Theorie der Wirklichkeit eine ganz ausgezeichnete Theorie ist, und zwar sowohl aufgrund persönlicher Erfahrungen als auch aufgrund rationaler Erwägungen:

Drei Argumente, die für die Qualität der in diesem Buch vorgestellten Theorie der Wirklichkeit sprechen:

– Ist es für eine Theorie ein gutes Zeichen, wenn sie auf Praxis bezogen ist, dann enthält die christliche Theorie der Wirklichkeit vermutlich nicht zuletzt

– Verankerung in konkreten Lebenserfahrungen

deshalb so viel Wahrheit, weil sie auf einer Jahrhunderte und Jahrtausende alten Tradition beruht, die ihre Lebensmitte nicht am Schreibtisch von Philosophen, sondern in äußerst vielfältigen konkreten Lebenserfahrungen von Menschen unterschiedlichster Herkunft und unterschiedlichsten Bildungsgrads hat.

– Enger Praxisbezug

– Als Theorie der grenzüberschreitenden Agape zielt die christliche Theorie der Wirklichkeit mit Notwendigkeit auf Überschreitung ihrer selbst in das Medium der Praxis. Das christliche Lebensmodell ist im Grunde von seiner Sache her also schon immer ein Theorie-Praxis-Modell.

– Selbstkritischer Vorbehalt

– Weil es ein Kerngedanke der christlichen Theorie der Wirklichkeit ist, dass wir alle im erst angebrochenen Gottesreich leben und »noch nicht« der vollen Wahrheit teilhaftig sind, enthält diese Theorie in ihrer Mitte einen selbstkritischen Vorbehalt, der es möglich macht, sie auch immer wieder mit Hilfe ihrer eigenen Grundaussagen in Frage zu stellen und weiterzuentwickeln. Insofern ist die christliche Theorie der Wirklichkeit eine kritische Theorie, in der die spannungsreiche Vielfalt des Christentums deshalb auch nicht als Defizit, sondern als Bereicherung und Ausdruck von Fülle und Erfahrungsoffenheit erscheint.

Was heißt all das nun ganz konkret?

■ Um die praktischen Auswirkungen der christlichen Theorie der Wirklichkeit plastischer und konkreter werden zu lassen, wird in den folgenden Kapiteln versucht, die These »Gott ist Liebe« auf den Bereich der Anthropologie (Kapitel VII), auf das Verhältnis von Kirche, Staat und Politik (Kapitel VIII) und auf die Frage der sozialen Gerechtigkeit (Kapitel IX) anzuwenden. Diese Anwendung kann im Rahmen eines Buches nicht anders als wiederum theoretisch geschehen, die Leserinnen und Leser sind allerdings aufgefordert und eingeladen, die einzelnen Gedankengänge im Vollzug der jeweils eigenen, persönlichen Lebenspraxis nachzuvollziehen.

Kapitel VII

Wie böse ist der Mensch?

Freiheit – Verantwortung – Sünde – Schuld: Das christliche Bild vom Menschen[62]

Ein Bild vom Menschen hat jeder

Jeder hat eine bestimmte Vorstellung davon, was der Mensch ist und wie er sein sollte.

Hinter allem, was Menschen über die Wirklichkeit aussagen, hinter jeder Theorie, jeder Philosophie, jeder Ethik, ja selbst hinter jeder Alltagsweisheit (also z.B. hinter Sprichwörtern und Redensarten wie »Ehrlich währt am längsten« oder »Irren ist menschlich«) steht, bewusst oder unbewusst, ein bestimmtes Bild vom Menschen, eine bestimmte Vorstellung davon, was der Mensch ist und wie er sein sollte.

»Und Jesus kam heraus und trug die Dornenkrone und das Purpurgewand. Und Pilatus spricht zu ihnen: Seht, welch ein Mensch!« Joh 19,5

War insofern auch in den bisherigen Kapiteln schon von Anthropologie (= Lehre vom Menschen; von griech. *ánthropos* = »Mensch« und *lógos* = »Wort, Rede«) die Rede, und zwar sowohl von christlicher als auch von nicht-christlicher Anthropologie, so soll nun noch einmal gezielter überlegt werden, von welchem Menschenbild der biblische Gottesglaube ausgeht und wie sich dieses Menschenbild im alltäglichen Leben konkret auswirken kann.
Wir vergleichen das christliche Bild vom Menschen zu diesem Zweck zunächst mit zwei sehr schlichten Thesen, die wir im Alltagsleben als mehr oder weniger reflektierte Behauptungen oder Annahmen antreffen können, die uns in der europäischen Geistesgeschichte aber auch als philosophisch durchdachte Konzepte begegnen. Es handelt sich um die beiden Thesen »Der Mensch ist von Natur aus böse« und »Der Mensch ist von Natur aus gut«.

Thomas Hobbes: Der Mensch ist von Natur aus böse

Im pessimistischen Menschenbild des Thomas Hobbes spiegeln sich die politischen Verhältnisse seiner Zeit.

»Sie schießen mit ihren Zungen lauter Lüge und keine Wahrheit und treiben's mit Gewalt im Lande und gehen von einer Bosheit zur andern, mich aber achten sie nicht, spricht der HERR. Ein jeder hüte sich vor seinem Freunde und traue auch seinem Bruder nicht; denn ein Bruder überlistet den andern, und ein Freund verleumdet den andern.« Jer 9,2f.

Die These, der Mensch sei von Natur aus böse, ist einer der Kerngedanken des englischen Hauslehrers und Philosophen Thomas Hobbes.[63] Hobbes lebte von 1588 bis 1679, zu einer Zeit, in der sowohl in England als auch auf dem Kontinent blutige Bürger- und Religionskriege tobten (1642–1648: Bürgerkrieg zwischen englischer Krone und Parlament, 1649: Hinrichtung Karls I., ab 1653: Militärdiktatur unter Oliver Cromwell; 1618–1648: Dreißigjähriger Krieg), unter Umständen also, die nicht unwesentlich zu Hobbes' pessimistischem Menschenbild beigetragen haben dürften. Hobbes, der mit den bedeutendsten Köpfen seiner Zeit (Bacon, Galilei, Descartes) in persönlicher Verbindung stand, beschäftigte sich mit alten Sprachen, mit Physik und Mathematik, mit Geschichtsschreibung und Medizin. Bekannt geworden ist er aber vor allem durch seine 1651 erschienene Staatslehre mit dem Titel »Leviathan«. In diesem Werk versuchte Hobbes, »more geometrico«, also dem Geist seiner Zeit entsprechend gleichsam naturwissenschaftlich exakt, eine philosophische Begründung für die Möglichkeit und Notwendigkeit von Frieden zu liefern. Heute würde man vielleicht sagen: Er betrieb »Friedensforschung«.

Nach Hobbes ist der Mensch dem Menschen ein Wolf. Er befindet sich mit seinen Mitmenschen in einem Krieg aller gegen alle.

Während die bisherige Staatsphilosophie seit Aristoteles die Ansicht vertrat, dass der Mensch im Grunde ein vernünftiges und auf Gemeinschaft angelegtes Wesen sei, ist der Mensch für Hobbes von Natur aus ein egoistisches, machtgieriges, allein vom Trieb der Selbsterhaltung bestimmtes Tier, das alle anderen Menschen zunächst einmal instinktiv als seine natürlichen Feinde betrachtet: »Homo homini lupus« – der Mensch ist dem Menschen ein Wolf! (Wobei man sich überlegen könnte, wie gerecht Hobbes mit diesem Satz eigentlich den Wölfen wird ...) Und der Mensch befindet sich deshalb auch im »bellum omnium in omnes«, im Krieg aller gegen alle.

Weil im Krieg aller gegen alle aber jeder Mensch vor dem anderen Angst haben muss (»homo homini lepus« – Der Mensch ist dem Menschen ein Hase!), liegt es im Interesse aller, den wölfischen Naturzustand zu überwinden. Dies geschieht nach Hobbes durch die Schaffung eines künstlichen Gebildes, des Staates, dem alle Menschen sich mit folgender Vertragsformel unterordnen:

Der wölfische Naturzustand muss durch die Schaffung eines künstlichen Gebildes, des Staates, überwunden werden.

»Ich gebe mein Recht auf Selbstbestimmung auf und übertrage es auf diese Person oder diese Versammlung von Personen, unter der Bedingung, dass auch du dein Recht auf sie überträgst und in gleicher Weise alle ihre Handlungen autorisierst.«[64]

Die einzelnen Individuen übertragen aus Angst vor dem permanenten Krieg alle Macht dem Staat, der nach Hobbes zwar unterschiedlich organisiert sein kann, am besten aber doch dann funktioniert, wenn alle Macht ohne Einschränkungen in der Hand eines einzigen Monarchen konzentriert wird. Hobbes bezeichnet dieses absolutistische Staatsgebilde ehrfurchtsvoll als »sterblichen Gott« oder in Anlehnung an das Alte Testament auch als »Leviathan« (vgl. dazu Ps 74,14; Jes 27,1 und vor allem auch Hiob 40,25 ff., wo von einem schrecklichen Seeungeheuer, das Jahwe in der Urzeit besiegen musste, die Rede ist). Der Leviathan, eine Art Oberwolf, verlangt absolute Unterwerfung und zähmt so kraft Autorität und Drohgebärde die Wolfsnatur des Einzelnen. Hobbes nennt diese Überwindung der Wolfsnatur des Menschen »Frieden«, meint damit aber allerdings einen Zustand, der nur sehr wenig mit dem zu tun hat, was die Bibel unter »Frieden« versteht.

Der Staat verlangt von seinen Bürgern bedingungslose Unterwerfung. Dafür garantiert er ihnen den »Frieden«.

»Du hast dem Leviathan die Köpfe zerschlagen und ihn zum Fraß gegeben dem wilden Getier.« Ps 74,14

Wie friedlich ist der Frieden?
Thomas Hobbes in der Kritik

Der biblische Begriff »Schalom« meint mehr als die Abwesenheit von Krieg.

→ S. 106 ff./143 ff.

»Du sollst Milch von den Völkern saugen, und der Könige Brust soll dich säugen, auf dass du erfahrest, dass ich, der HERR, dein Heiland bin und ich, der Mächtige Jakobs, dein Erlöser. Ich will Gold anstatt des Erzes und Silber anstatt des Eisens bringen und Erz anstatt des Holzes und Eisen anstatt der Steine. Und ich will zu deiner Obrigkeit den Frieden machen und zu deinen Vögten die Gerechtigkeit. Man soll nicht mehr von Frevel hören in deinem Lande noch von Schaden oder Verderben in deinen Grenzen, sondern deine Mauern sollen ›Heil‹ und deine Tore ›Lob‹ heißen.« Jes 60,16–18

Der hebräische Begriff für Frieden, der heute noch in Israel als Grußformel verwendet wird, lautet »Schalom« und impliziert deutlich mehr als die bloße Abwesenheit von Krieg. Analog zu den Begriffen »Reich Gottes« oder »Agape«, mit deren Inhalt er im Wesentlichen gleichbedeutend ist, bezieht sich auch der Begriff »Schalom« auf eine von Gott ausgehende, heilende Macht, die alle Elemente und Dimensionen des Lebens zwanglos und ohne Gewalt miteinander versöhnt. »Schalom« bedeutet »heil sein«, »wohl sein«, »ganz sein«, »unverletzt sein«, garantiert allen Lebewesen ungehinderte Selbstentfaltung und freies Wachstum, meint den Frieden zwischen Mensch und Gott ebenso wie den Frieden zwischen den Menschen, den Frieden zwischen Mensch und Umwelt und den inneren, seelischen Frieden. »Schalom« ist also mehr als Ruhe und Ordnung, gründet vielmehr auf der Vorstellung einer lebendigen, paradiesischen Fülle, enthält ein dynamisches, allseitig ungehinderte Selbstentfaltung ermöglichendes Moment. Da es diesen umfassenden Frieden hier auf dieser Erde in ungebrochener Form ganz offensichtlich nicht gibt, handelt es sich bei dem Begriff »Schalom« genau wie bei den Begriffen »Reich Gottes« und »Agape« um eine Verheißung, das Versprechen einer Möglichkeit, die hier und jetzt immer nur ansatzweise in der Spannung von »schon« und »noch nicht« verwirklicht werden kann.

Der biblische Schalom will Individualität und Freiheit nicht unterdrücken, sondern fördern.

Während Frieden für Hobbes nur durch Verzicht auf Freiheit und Individualität denkbar ist, im Grunde also eine Art Gefängnisfrieden, unter Umständen sogar einen Friedhofsfrieden meint, werden nach biblischem Verständnis im Schalom »die Wölfe bei den Lämmern wohnen« und »Kühe und Bären zusammen weiden« und »Säuglinge am Loch der Otter spielen« (Jes 11,6–8 im Zusammenhang mit Jes 9,1–5)

– jeder wird also seine Individualität und Besonderheit bewahren, aber den anderen nicht als Feind empfinden, sondern in lebendiger Harmonie mit ihm beisammen sein.

Die Wahrheit, nicht die Autorität schafft den Frieden!

Wenn Hobbes folgert, »die Autorität, nicht aber die Wahrheit schaffe Gesetz«[65] und Frieden, trifft ihn der energische Protest sowohl des Alten als auch des Neuen Testaments (vgl. Jer 6,14: »... sie sagen ›Friede! Friede!‹, und es ist doch nicht Friede« und Mt 10,34: »Ihr sollt nicht meinen, dass ich gekommen bin, Frieden zu bringen auf die Erde. Ich bin nicht gekommen, Frieden zu bringen, sondern das Schwert.«), wo stets vorausgesetzt wird, dass Schalom untrennbar mit Wahrheit verbunden ist, dass das eine nur die Kehrseite des anderen ist. So heißt es in Sach 8,19 explizit: »Liebet Wahrheit *und* Frieden!«

Der Staat ist für Christen eine nützliche Einrichtung, darf aber keinen Anspruch auf göttliche Autorität erheben.

Und genauso wenig lässt es sich vom christlichen Wirklichkeitsverständnis her gutheißen, wenn Hobbes dem Staat gottähnliche Eigenschaften zuerkennt. Das Neue Testament betrachtet den Staat zwar als eine nützliche und erhaltenswerte Institution (vgl. Mk 12,13–17 par; Röm 13,1–7), weist aber jede Vergöttlichung und Absolutsetzung der Obrigkeit mit Nachdruck zurück (vgl. Apg 5,29; Offb 13).

→ S. 193 ff.

Für die Bibel sind die Menschen nicht Wölfe, sondern Ebenbilder Gottes.

Dass Hobbes zu einem anderen Friedensverständnis als die Bibel kommt, hängt mit seinem völlig anderen Menschenbild zusammen. Für die Bibel ist der Mensch in seinem Kern nämlich keineswegs böse, sondern Ebenbild Gottes (1. Mose 1,27) und somit, auch wenn diese Gottebenbildlichkeit durch den Sündenfall gestört und gebrochen ist, grundsätzlich gut und auf Zwischenmenschlichkeit angelegt (vgl. 1. Mose 2,18). Der Mensch muss vor seinen Mitmenschen deshalb auch nicht in erster Linie Angst haben, sondern darf, da der andere – auch wenn es manchmal nicht den Anschein haben mag – auch Ebenbild Gottes ist, voraussetzen, dass dieser ihm eigentlich nichts Böses will, sondern dazu bestimmt ist, mit ihm in Agape zusammenzuleben.

Dies darf allerdings nicht naiv-idealistisch missverstanden werden: Natürlich wissen auch die Verfasser der Bibel, dass Menschen wie Tiere (und um den Tieren nicht Unrecht zu tun, müsste man eigentlich sagen: schlimmer als Tiere!) miteinander umgehen können, dass sie z.B. Unschuldige und Wehrlose foltern und kreuzigen können. Die biblische Botschaft stellt dieser faktischen Unmenschlichkeit des Menschen aber die These gegenüber, dass der Mensch eigentlich zu etwas anderem bestimmt sei und dass diese eigentliche Bestimmung jetzt schon Wirklichkeit werden kann und will. Dieser Friede, »welcher höher ist als alle Vernunft« (Phil 4,7) und der deshalb auch auf einer Glaubensentscheidung beruht, ist im Neuen Testament an die Person Jesu Christi gebunden (Eph 2,14: »Denn er ist unser Friede ...«) und in dem von Jesus Christus ausgehenden Geist jetzt schon für alle erfahrbar, die sich ihm anvertrauen.

»... und die Wahrheit wird euch frei machen.«
Joh 8,32

Dass es nicht nur eine philosophisch-theologische Frage ist, ob der Mensch nun von Natur aus gut oder böse ist, sei schließlich noch an zwei Beispielen aus dem Alltagsleben angedeutet. Als Erstes ein Beispiel aus dem pädagogischen Bereich:

Zwei Beispiele aus dem Alltag:

Ist der Schüler von Natur aus böse?

»Am besten sind die Lehrer, die von vornherein Druck machen und streng sind. Da lernt man wenigstens etwas. Das ewige Herumdiskutieren bringt ja doch nichts ...«
Lars, 14 Jahre

Wenn ich als Lehrer davon ausgehen muss, dass jeder Schüler jedem anderen Schüler und auch mir als Lehrer im Grunde nur Böses will, dann hilft als einziges pädagogisches Rezept Strenge und Härte. Nur so kann ich als Oberwolf das Schlimmste verhindern und wenigstens oberflächlich Ruhe und Ordnung aufrechterhalten. Nur so kann ich das Machtstreben und den Selbstdurchsetzungstrieb der Schülerwölfe brechen und ihnen die für das Gemeinschaftsleben notwendigen Verhaltensmuster antrainieren. Eine schreckliche Vorstellung, die vielerorts aber wohl lange Zeit praktiziert wurde und auch heute noch in den Köpfen von manchen Lehrern und Schülern herumzuspuken scheint!

Doch kann Schule und Lernen nicht auch anders

funktionieren? Gibt es nicht doch immer wieder so etwas wie eine Klassengemeinschaft, in der ein Schüler dem anderen hilft, in der Kameradschaft und soziales Denken sich als stärker erweisen als Egoismus und Rücksichtslosigkeit? Gibt es nicht immer wieder auch so etwas wie ein gemeinsames und wechselseitiges Lernen von Jugendlichen und Erwachsenen, bei dem verschiedene Generationen sich in einem demokratisch strukturierten Lernprozess gemeinsam ein Thema erschließen oder eine Aufgabe bewältigen, in dem die Erfahrungen der einen Generation für die andere eine Bereicherung bedeuten, in dem Lernen vielleicht sogar Spaß macht? Ist eine Erziehung zu Mündigkeit und Mitmenschlichkeit, zu Freiheit in sozialer Verantwortung wirklich nur ein unrealistischer Traum? Bedeutet sie trotz aller Konflikte und Auseinandersetzungen, die sie mit sich bringen mag, letztlich für alle Beteiligten nicht doch eine höhere Lebensqualität als eine Rohrstockpädagogik, der Individualität, freie Entfaltung menschlicher Vielfalt und Abweichung von von oben verordneten Normen nur als Fremdkörper erscheinen?

Wie weit kann ich meinen Mitmenschen trauen?

Ein zweites Beispiel, aus dem Bereich der Psychologie: Wenn ich davon ausgehe, dass jeder Mensch im Grunde böse ist, werde ich meinen Mitmenschen nur mit Angst, Argwohn und Misstrauen begegnen können, werde ich alles daransetzen, sie auf Distanz zu halten, mich vor ihnen zu schützen und mich ihnen nicht auszuliefern. Diese Haltung führt aber, wie die moderne Verhaltensforschung zeigt, mit Notwendigkeit dazu, dass auch ich selbst bei meinen Mitmenschen wieder Ängste, Argwohn und Misstrauen auslöse, die sich dann in Verhaltensweisen äußern können, die auf mich wiederum als Ablehnung oder Hinterlist wirken. Ich fühle mich dann in meiner ursprünglichen Annahme, dass ich anderen Menschen nicht trauen kann, bestätigt, und ein Teufelskreis, in dem Menschen sich das Leben zur Hölle machen können, nimmt seinen Lauf ...

»Der HERR ist mein Licht und mein Heil; vor wem sollte ich mich fürchten?« Ps 27,1

Wie befreiend und ermutigend es hingegen wirken kann, wenn ein Mensch dem anderen trotz aller Fehler und Schwächen, die dieser haben mag, zutraut, eigentlich ein ganz anderer, nämlich ein Ebenbild Gottes, zu sein, und wie solches Verhalten den anderen wiederum stimulieren kann, seinerseits auf andere Menschen mit einer anderen Haltung zuzugehen – das zeigt im Neuen Testament eindrucksvoll die Geschichte von der Begegnung zwischen Jesus und dem Oberzöllner Zachäus (Lk 19,1–10).

Jean-Jacques Rousseau: Der Mensch ist von Natur aus gut

Auch Rousseau war ein Kind seiner Zeit: aufklärerischer Optimismus als Ausgangspunkt.

Rund 100 Jahre später als Hobbes, im optimistischen Zeitalter der Aufklärung, lebte von 1712 bis 1778 der französische Schriftsteller und Philosoph Jean-Jacques Rousseau.[66] Als die Akademie von Dijon die für das 18. Jahrhundert recht typische Preisfrage ausschrieb, »ob die Wiederherstellung der Künste und Wissenschaften (seit der Renaissance) zur Verfeinerung der Sitten« und damit zur Verbesserung des Menschen beigetragen habe (erwartet wurde sicherlich eher Zustimmung!), antwortete Rousseau 1750 in seinem dann preisgekrönten »Discours sur les sciences et les arts« (Abhandlung über die Wissenschaften und die Künste) mit einem klaren Nein und vertrat die Gegenthese zu Hobbes, nämlich, dass der Mensch von Natur aus gut und tugendhaft sei, Kultur und Zivilisation ihn aber verdorben hätten.

Am Anfang standen paradiesische Zustände. Erst die Vergesellschaftung der Natur brachte alles Übel.

Wie in einer zweiten Veröffentlichung Rousseaus, dem »Discours sur l'origine et les fondements de l'inégalité parmi les hommes« (Abhandlung über den Ursprung und die Gründe der Ungleichheit unter den Menschen) von 1753/54, noch deutlicher wird, ist Rousseau der Überzeugung, dass der Mensch – und mit ihm alle anderen Geschöpfe – zunächst in einem paradiesischen Urzustand lebte, in unschuldiger Einfalt, frei und glücklich, ohne Heuchelei, ohne Verbrechen, ohne Krieg und Elend. All dies änderte sich erst, als der erste Mensch auf den fatalen Gedanken kam, ein Grundstück nur für sich selbst einzuzäunen und es als sein persönliches Eigentum zu reklamieren. Mit diesem Schritt begann nach Rousseau die Vergesellschaftung der Natur, es entstanden Ungleichheit und Zwietracht, und um diesen Zwiespalt im Leben zu verarbeiten oder auch zu vertuschen, schuf der Mensch auch Kunst, Wissenschaft und Philosophie, die im Grunde jedoch nur Symptome der verloren gegangenen Unschuld des Urzustands sind.

Zurück zur Natur?

Rousseau ist nicht so naiv, ein völliges »Zurück zur Natur« zu wollen (diese ihm oft zugeschriebene Forderung hat er so nie formuliert!), doch er will durch die Erinnerung an die angebliche Freiheit, Unschuld und Tugend des Urzustands die vom Absolutismus geprägten Lebensverhältnisse seiner Zeit kritisieren und vor noch größerem sittlichen Verfall bewahren. Wenn Rousseau in seinen Schriften dem bösen, entarteten Stadtleben das gute, unschuldige Landleben gegenüberstellt oder wenn er in seinem Erziehungsroman »Émile ou de l'éducation« (1762) zu einer Pädagogik des behutsamen Wachsen- und Reifenlassens in einem von schädlichen Einflüssen freien Schonraum aufruft, fühlen sich heutige Leser bis in die Formulierungen hinein an Konzepte gegenwärtiger Alternativbewegungen erinnert. Und in der Tat ist die Parallele nicht zufällig: So wie sich die heutigen Industriegesellschaften momentan zweifellos in einer tiefen Existenzkrise befinden, so hatte Mitte des 18. Jahrhunderts auch das absolutistische Gesellschaftssystem mit all seiner Ausbeutung, Ungerechtigkeit und Verlogenheit in breiten Bevölkerungsschichten an Glaubwürdigkeit verloren. Heute wie damals suchen deshalb viele einen Ausweg in einer Rückbesinnung auf – oft nur vermeintlich – natürlichere und bessere frühere Verhältnisse.

Rousseau als Wegbereiter der Französischen Revolution

Als Rousseau seine Gedanken formulierte, stand die Französische Revolution unmittelbar bevor, und Rousseaus Thesen von der moralischen Integrität des einfachen Landmannes haben ihr nicht wenig Zündstoff geliefert. Napoleon konnte später nicht ganz zu Unrecht sagen: »Die Bourbonen hätten sich halten können, wenn sie Tinte und Papier überwacht hätten.«[67] Er hatte damit im Hinblick auf Rousseau nicht zuletzt auch deshalb recht, weil Rousseau auch der Vater des berühmten »contrat social«, des Gesellschaftsvertrages, war. In seiner gleichnamigen Schrift von 1762 entwickelt Rousseau scharfsinnig die Grundlagen eines idealen Staates, der eindeutig nicht mehr die Züge einer absolutistischen Monarchie, sondern die einer demokratisch organisierten Republik trägt. Weil der Mensch kein räuberischer Wolf, sondern von Natur aus gut ist, bedarf es, anders als bei Hobbes, keines absoluten Herrschers oder Staates mehr, sondern die vernünftig denkenden und empfindenden Bürger erkennen aus freier Einsicht, dass sie ihre privaten Interessen dem Allgemeinwillen (der *volonté générale*), der die Interessen und den Willen aller Einzelnen (die *volonté des tous*) optimal vereinbart, unterordnen müssen. Dieser Allgemeinwille schützt und garantiert auch die Interessen und die Freiheit jedes Einzelnen und wird deshalb vom Einzelnen auch nicht als unbillige Zumutung, sondern als etwas Positives empfunden.

Von der absolutistischen Monarchie zur demokratischen Republik

So gut ist der Mensch nicht! – Jean-Jacques Rousseau in der Kritik

Die Geschichte der letzten 200 Jahre zeigt, dass der Wille aller einzelnen Bürger und der Allgemeinwille nicht ohne weiteres zur Übereinstimmung gebracht werden können.

So sehr Rousseau zweifellos auch heute noch darin zuzustimmen ist, dass ein Staats- und Gesellschaftssystem nur dann auf Dauer lebensfähig ist, wenn es von der freien und überzeugten Zustimmung seiner Bürger getragen wird, so können wir doch nach über 200 Jahren Erfahrung mit den Stärken und Schwächen der Staatsform Demokratie Rousseaus optimistisch-utopischen Grundansatz nicht mehr ungebrochen teilen. Während Rousseau glaubt, der Wille aller Einzelnen (*volonté des tous*) sei mit dem Allgemeinwillen (*volonté générale*) nahezu völlig zur Deckung zu bringen, zeigt uns die geschichtliche Erfahrung, dass wir zumindest in komplexen Gesellschaften mit stark divergierenden Interessen und nicht auflösbaren Interessenkonflikten zu leben haben. Es kann oft nur darum gehen, optimale Kompromisse zu finden, von einer zwanglosen, gleichsam natürlichen Einigung der beteiligten Interessengruppen kann meist überhaupt nicht die Rede sein (man denke etwa an den Interessenkonflikt zwischen Sicherung des Lebensstandards und Umweltschutz oder an die unterschiedliche Beurteilung von Steuergesetzen in verschiedenen Bevölkerungsgruppen!). Auch wissen wir heute besser als zu Rousseaus Zeiten um die mögliche Korrumpierbarkeit auch von demokratischen Systemen. Im Unterschied zu Rousseaus Modell lebt unser heutiges Staatswesen deshalb vom Prinzip der Gewaltenteilung, das den Missbrauch von Macht verhindern soll.

Rousseau als Vordenker des Marxismus-Leninismus?

→ S. 252 ff.

In gewisser Weise haben viele Gedanken Rousseaus später Eingang in die marxistisch-leninistische Staatsphilosophie gefunden. Auch hier ging man lange Zeit davon aus, dass der Mensch im Grunde gut sei und nur durch die gesellschaftlichen Verhältnisse, sprich: die kapitalistischen Produktionsbedingungen, an seinem Gutsein gehindert werde. Man schloss daraus, dass man deshalb nur diese gesellschaftlichen Verhältnisse ändern müsse und dass sich dann von selbst eine zwanglose Übereinstimmung von *volonté des tous* und *volonté générale* ergebe. Hier liegt dann wohl auch der Grund dafür, weshalb sozialistische Staaten oft nur eine Partei und keine Opposition kennen und bei Abstimmungsergebnissen eine uns recht unglaubwürdig erscheinende Einstimmigkeit anstreben.

Eine Überforderung des Menschen kann in Gewalt und Blutvergießen enden.

Gerade auch im Hinblick auf die Geschichte des Marxismus-Leninismus (für die man Rousseau freilich nicht verantwortlich machen kann!) ließe sich daher die Behauptung aufstellen, dass die These, der Mensch sei von Natur aus gut, zumindest in dieser naiven, uneingeschränkten Form, den Menschen hoffnungslos überfordert. Der Mensch ist nicht nur gut; das zeigt sich tagein, tagaus im politischen wie im privaten Leben – wer aber dennoch daran festhält, dass der Mensch um jeden Preis gut sein oder werden muss, riskiert, um des vermeintlich Guten willen Gewalt auszuüben oder gar Blut zu vergießen (vgl. z. B. die Entwicklung der Französischen Revolution oder die »Säuberungswellen« in kommunistischen Staaten).

Für die Bibel ist der Mensch nicht nur gut, sondern auch Sünder.

»Denn ich weiß, dass in mir, das heißt in meinem Fleisch, nichts Gutes wohnt. Wollen habe ich wohl, aber das Gute vollbringen kann ich nicht. Denn das Gute, das ich will, das tue ich nicht; sondern das Böse, das ich nicht will, das tue ich.« Röm 7,18f.

So wenig der christliche Glaube also dem anthropologischen Pessimismus von Hobbes zustimmen kann, so wenig kann er auch Rousseaus naiven anthropologischen Optimismus teilen. Zwar betont auch das biblische Menschenbild mit Rousseau gegen Hobbes, dass der Mensch in seinem Kern eigentlich gut sei, es rechnet aber wesentlich stärker als Rousseau damit, dass dieses Gute im Menschen unter den Bedingungen des erst angebrochenen Gottesreiches immer nur ansatzweise und »noch nicht« ungebrochen verwirklicht werden kann. Die biblische Position ist die eines »sowohl als auch« und ist untrennbar verknüpft mit dem heute oft missverstandenen Begriff der Sünde.

»... denn das Dichten und Trachten des menschlichen Herzens ist böse von Jugend auf« (1. Mose 8,21)

»Sünde« bedeutet in der Bibel zunächst einmal nicht »moralische Verfehlung«, sondern »Getrenntsein/Entfremdetsein von Gott«.

Wenn in der Bibel von »Sünde« die Rede ist, dann meint dieser Begriff zunächst einmal so viel wie »Getrenntsein/Entfremdetsein von Gott«, nicht aber, wie man aufgrund einer nicht ganz glücklichen Tradition der Institution Beichte heute leicht denkt, in erster Linie eine moralische Verfehlung (also z. B., dass man gelogen, gestohlen oder getötet hat). »Sünde« bezieht sich also eher auf etwas Abstraktes, nicht unmittelbar mit den Händen Greifbares, ähnlich wie z. B. auch die Begriffe »Agape«, »Freiheit« oder »Gerechtigkeit«. Die moralischen Verfehlungen aber, die wir so leicht mit dem Begriff »Sünde« assoziieren, sind nichts anderes als notwendige Folgen der einen großen Sünde, nämlich des Getrennt- und Entfremdetseins von Gott. Weil die Beziehung zwischen Mensch und Gott gestört ist, deshalb lügt, stiehlt und tötet der Mensch, deshalb verhält er sich immer wieder, wie es einem Gottesebenbild in keiner Weise würdig ist. In dem Maße aber, in dem wir für unser Verhalten verantwortlich sind, machen wir uns durch unser sündiges Verhalten auch an Gott und unseren Mitmenschen schuldig. Schuld wäre dann derjenige Teil der Sünde, den wir mit unserem Wollen oder Nicht-Wollen beeinflussen können.

»Wenn ich aber tue, was ich nicht will, so tue nicht ich es, sondern die Sünde, die in mir wohnt.« Röm 7,20

Schuld ist der Teil der Sünde, den wir persönlich zu verantworten haben.

Dass der Mensch, und zwar jeder Mensch, Böses tut, weil er eben Mensch und nicht Gott ist, ist eine allgemein menschliche Erfahrung. Und um zu betonen, dass menschliches Leben nie ohne moralische Verfehlungen, Versagen und Schuld ist, spricht die christliche Tradition von »Erbsünde«, was bedeutet, dass der Mensch schon von Geburt an in Verhältnisse verstrickt ist, die durch Unrecht, Zwietracht und Hass geprägt sind, und dass er sich diesen sündhaften Verhältnissen, wie immer er sich auch verhält, nie gänzlich wird entziehen können. Jeder Mensch ist schon immer in diese Verhältnisse verwickelt, und sobald er alt genug ist, um verantwortliche Entscheidungen zu treffen, trägt er als fehlbarer Mensch mit Sicherheit auch dazu bei, dass die Welt sündhaft bleibt. Der Begriff »Erbsünde« verweist auf die grundlegende Erfahrung der Begrenztheit und Unvollkommenheit des menschlichen Lebens (eine Erfahrung, der auch in der modernen Psychologie eine

Der Gedanke der Erbsünde erinnert daran, dass der Mensch schon von Geburt an in Verhältnisse verstrickt ist, die durch Unrecht, Zwietracht und Hass geprägt sind.

Eine Verteufelung der Sexualität ist mit dem Begriff »Erbsünde« nicht beabsichtigt.

zentrale Bedeutung zuerkannt wird!). Um so tragischer ist es, dass der Begriff seit Augustinus (354–430) mit der unglückseligen Diskussion darüber verknüpft wurde, ob sich denn die Erbsünde durch die Sexualität von Generation zu Generation fortpflanze. Wer so fragt – und leider wird von vielen immer noch so gefragt –, verkennt die eigentliche Intention des Begriffs »Erbsünde« und läuft Gefahr, einer recht unbiblischen Sexualfeindlichkeit das Wort zu reden.

→ S. 144f.

Wenn Menschsein also in jedem Fall Sündersein bedeutet, so drängt sich natürlich von jeher die Frage auf, wie es dazu kam, dass der Mensch von Gott getrennt und entfremdet ist. Kein anderer als Gott allein könnte diese Frage befriedigend beantworten, und doch haben auch Menschen es immer wieder versucht; der bekannteste Versuch ist zweifellos der des so genannten »Jahwisten« in 1. Mose 3.

Wie die Sünde in die Welt kam (1. Mose 2–11)

Wenn der oder die biblischen Autoren in ihrer Schöpfungserzählung (1. Mose 2,4b–25) schreiben, Gott habe den Menschen in den Garten Eden gesetzt, damit er ihn »bebaue und bewahre« (1. Mose 2,15), dann sagen sie damit zunächst nichts anderes als der priesterschriftliche Schöpfungstext mit der Rede von der Gottebenbildlichkeit des Menschen. Der Mensch hat von Gott eine ganz außergewöhnliche und einmalige Verfügungsgewalt über die Schöpfung bekommen, aber er ist und bleibt Gottes Geschöpf und somit ihm untergeordnet. Er ist, wie es in Psalm 8,6 heißt, »wenig niedriger als Gott«, aber damit eben doch ein bisschen niedriger. Er ist Sachwalter Gottes auf Erden, steht zu Gott in einer ganz besonders engen, vertrauensvollen Beziehung, aber er ist nicht Gott. Eben diese Grenze, die der Mensch ganz im Sinne des Unverfügbarkeitsanspruches des biblischen Gottes nicht überschreiten darf, meint 1. Mose

→ S. 89ff.

In der »jahwistischen« Schöpfungserzählung wird dem Menschen verboten, vom Baum der Erkenntnis zu essen. Er darf die Welt »bebauen und bewahren«, er soll aber nicht »sein wie Gott«.

2,17 mit dem Symbol des »Baumes der Erkenntnis des Guten und Bösen«, von dem der Mensch nicht essen darf. »Gut und Böse« kann im Hebräischen so viel bedeuten wie »alle Dinge, die es überhaupt gibt«. So wäre der Baum ein Symbol der Allwissenheit und Allmacht, und wenn Menschen nicht mehr Menschen, sondern allwissend und allmächtig sein wollen, dann wollen sie eben »sein wie Gott« (1. Mose 3,5).

1. Mose 3 erzählt nun in der zumindest in unserem Kulturkreis wohl bekannten Geschichte vom »Sündenfall«, wie der Mensch diese ihm von Gott gesetzte Grenze überschreitet und wie es dadurch zu einer Entfremdung zwischen Gott und Mensch kommt. Und die Folgen dieser gestörten Beziehung zu Gott werden im weiteren Verlauf des »jahwistischen« Erzählstranges dann in verschiedenen Dimensionen entfaltet:

Der Sündenfall entfremdet den Menschen von Gott und dadurch auch von sich selbst, von seinen Mitmenschen und seiner Umwelt.

Der Mensch verliert seine ursprüngliche Unbefangenheit, entwickelt Scham und Angst, beginnt, sich selbst zu rechtfertigen (vgl. 1. Mose 3,7–13). Er vergeht sich aus Eifersucht an seinen Mitmenschen (vgl. die Erzählung von Kain und Abel in 1. Mose 4). Er wird maßlos und will engelgleich werden (vgl. 1. Mose 6,1–4, wo altorientalische Mythen von einer Vermählung zwischen Göttersöhnen und Menschentöchtern aufgegriffen werden). Er missbraucht die ihm gegebenen technischen Möglichkeiten, wird hochmütig und provoziert damit die Zerrissenheit der Menschheit (vgl. die Sage vom Turmbau zu Babel in 1. Mose 11,1–9).

Mit 1. Mose 11 endet dann zwar, literarkritisch gesehen, der Erzählstrang der »jahwistischen« Urgeschichte, aber auch die folgenden Kapitel und Bücher des Alten Testaments sind voll von Berichten und Erzählungen, in denen immer wieder deutlich wird: Die Beziehung zwischen Mensch und Gott ist gestört, und als Folge dieser gestörten Beziehung verstrickt sich der Mensch in ein schier unauflösbares

Die »jahwistische« Sündenfallerzählung ist kein protokollarischer Bericht aus den ersten Tagen der Menschheit, sondern eine ätiologische Sage.

Geflecht von Hass, Neid, Mord, Lieblosigkeit und Selbstzerstörung.

Die »jahwistische« Sündenfallgeschichte ist ebenso wenig wie die beiden Schöpfungserzählungen der Bibel ein protokollarischer Bericht aus den ersten Tagen der Menschheit. Formgeschichtlich handelt es sich vielmehr um eine ätiologische Sage (ätiologisch = den Ursprung von etwas erklärend; von griech. *aitía* = »Ursache, Grund«), die eine bildlich-symbolische Erklärung für den Ursprung des Phänomens Sünde geben will. Man darf sich deshalb nicht wundern, wenn der Text viele Fragen offen lässt, also etwa, wie aus dem einen Menschenpaar Adam und Eva Völker verschiedener Rassen entstehen konnten oder woher Kain und Abel ihre Ehefrauen genommen haben. Das sind Fragen, die den »Jahwisten« offensichtlich gar nicht interessieren.

Der Gott der Bibel will freie Menschen und keine Marionetten. Zur Freiheit gehört auch die Möglichkeit, sich gegen Gott entscheiden zu können.

Zu diesen Fragen, die der »jahwistische« Text offen lässt, gehört auch das uns heute nicht unwichtig erscheinende Problem, warum Gott es eigentlich zugelassen hat, dass der Mensch sündigte. Wenn uns der »jahwistische Text« hier auch nicht weiterhilft, so wäre eine theologisch sinnvolle Antwort doch vielleicht die, dass der biblische Gott keine Marionetten, sondern freie Menschen will, die sich aus freien Stükken für oder gegen ihn entscheiden können. Der biblische Gott ist ein Gott der Freiheit und nicht ein Gott der blinden Unterwerfung. Und in diesem Sinn wäre der biblische Gott also auch schon hier ein Gott, der Grenzen überschreitet, der freiwillig auf einen Teil seiner Allmacht verzichtet, damit wir Menschen überhaupt erst zur Grenzüberschreitung fähig gemacht werden.

→ S. 145 f.

Denkmodell Heilsgeschichte: Der Mensch als Entwurf seiner selbst

Wer in der christlichen Anthropologie von der Sündhaftigkeit des Menschen spricht, wird sogleich hinzufügen müssen, dass die Macht der Sünde nach christlicher Überzeugung durch Jesu Opfertod gebrochen und überwunden ist, was jetzt erst ansatzweise erfahrbar ist, am Ende aller Zeiten aber für jeden offen zu Tage liegen wird. Dieser Grundgedanke des christlichen Glaubens, der sich in zahllosen Kirchenliedern, Gebeten und theologischen Schriften wiederfindet, gründet auf dem so genannten »heilsgeschichtlichen« Denkmodell, nach dem sich die Geschichte der Menschheit und der Welt in vier Phasen einteilen lässt:

Für den christlichen Glauben hat die Macht der Sünde nicht das letzte Wort.

Vier Phasen der Heilsgeschichte:

- In einer ersten paradiesischen Phase, wie sie in den beiden biblischen Schöpfungstexten geschildert wird, war der Mensch ohne Einschränkungen Ebenbild Gottes. Es bestand ein ungebrochener Schalom zwischen Mensch, Welt und Gott. Phänomene wie Hass, Zwietracht, Neid oder Habsucht gab es nicht.

– Paradies: Der Mensch ist ohne Einschränkungen Ebenbild Gottes.

- Die zweite Phase des Sündenfalls, von dem der »Jahwist« in 1. Mose 3 ff. erzählt, bringt das Phänomen der Sünde in die Welt und entzweit Mensch und Gott, was – wie eben schon dargelegt – dazu führt, dass der Mensch durch sein Verhalten den ursprünglichen Schalom zerstört und eine Welt voller Probleme und Unfrieden verursacht. Die Gottebenbildlichkeit des Menschen ist in dieser Phase der Heilsgeschichte aus dem Lot geraten, seine wahre Identität ist oft nur noch als Fragment erkennbar.

– Sündenfall: Die volle Gottebenbildlichkeit des Menschen ist aus dem Lot geraten.

- Dies ändert sich nun in der dritten Phase der Heilsgeschichte, in der Jesus Christus durch seinen Opfertod die Macht der Sünde wieder aufhebt und somit Gott und Mensch wieder versöhnt (vgl. dazu z. B. Röm 5,18 oder 2. Kor 5,17–21). Jesus Christus ist für das Neue Testament das neue Ebenbild Gottes (vgl. 2. Kor 4,4; Kol 1,15), und durch den Geist, der

– Jesus Christus: Durch Jesu Tod und Auferstehung wird die Macht der Sünde überwunden. Die Gottebenbildlichkeit des Menschen ist, auch wenn er immer noch Sünder ist, grundsätzlich wiederhergestellt.

vom Christusgeschehen ausgeht, können wir Menschen Anteil am »schon« angebrochenen, aber »noch nicht« in voller Herrlichkeit sichtbaren Reich Gottes haben. Im Glauben an Jesus Christus ist unsere volle Gottebenbildlichkeit, unsere verloren gegangene Identität grundsätzlich wiederhergestellt, auch wenn wir noch »allesamt Sünder« (Röm 3,23) sind. In uns allen, auch in den frömmsten Christinnen und Christen, kämpft die Macht der Sünde gegen die Macht des mit Jesus Christus angebrochenen Gottesreiches, wobei es für den Glaubenden eine Gewissheit ist, dass dieser Kampf, auch wenn es oft nicht den Anschein haben mag, eigentlich schon längst zugunsten des Gottesreiches und der Agape entschieden ist (vgl. dazu Röm 7,14–25). Als Christen sind wir nun dazu aufgerufen, nach unseren Kräften und Möglichkeiten an der Verwirklichung dieses angebrochenen Gottesreiches mitzuarbeiten, und in der Kraft des Heiligen Geistes dürfen wir dabei darauf vertrauen, dass dieses Gottesreich sich trotz aller Widerstände und Rückschläge am Ende der Geschichte endgültig und uneingeschränkt durchsetzen wird.[68]

→ S. 150 ff.

– Das verheißene Ende der Geschichte: Der Mensch wird wieder völlig ungebrochenes Ebenbild Gottes sein.

- Erst in der vierten und letzten Phase der Heilsgeschichte, die man unter Umständen durch ein Endgericht eingeleitet sehen kann, wird das Reich Gottes, die Agape, der Schalom, dann ungebrochene Wirklichkeit sein. Erst dann, wann immer es sein wird, wird in Gott »alles in allem« (1. Kor 15,28) sein. Erst dann wird es einen »neuen Himmel und eine neue Erde« (Offb 21,1) geben. Erst dann wird der Mensch wieder ohne Einschränkungen Ebenbild Gottes sein. Erst dann wird er seine wahre Identität und Bestimmung in voller Klarheit erkennen.

Das christliche Bild vom Menschen: Du sollst dir kein Bildnis machen!

Was das Wesen und die Bestimmung des Menschen ausmacht, zeigt sich nach christlicher Anthropologie also im Grunde erst am Ende der Geschichte, in der Zukunft, die allein Gott gehört. Man könnte deshalb paradoxerweise behaupten, dass die Pointe des christlichen Menschenbildes gerade darin liegt, dass wir Menschen uns vom Menschen, und zwar von der Menschheit als Ganzer wie auch von jedem einzelnen Menschen, gar kein Bild machen sollen. Der Gott, der selbst nicht in Bilder gepresst werden will (vgl. 2. Mose 20,4), will auch nicht, dass seine Ebenbilder in Bilder und Schablonen gepresst werden. Wer wir eigentlich sind und wer wir sein werden, was unsere Bestimmung und das Geheimnis unserer Person ausmacht, ist offen – und zwar, da in Jesus Christus auch die Macht des Todes überwunden ist, selbst über den Tod hinaus. All das, was wir bisher waren und sind, ist nur ein unvollendeter Entwurf, ein Fragment, eine ganz grobe, missverständliche Skizze dessen, was wir nach Gottes Willen sein werden.

→ S. 28 f.

»Nicht, dass ich's schon ergriffen habe oder schon vollkommen sei; ich jage ihm aber nach, ob ich's wohl ergreifen könnte, weil ich von Christus Jesus ergriffen bin.« Phil 3,12

Nun meint diese grundsätzliche Offenheit des Menschen nach christlichem Glauben wiederum keine ziellose Beliebigkeit und kein konturenloses Chaos. In einem Punkt hat unser aller Zukunft nämlich bereits ein unverwechselbares Profil gewonnen, und das trägt ein für alle Mal die liebenden Züge des gekreuzigten und auferstandenen Jesus von Nazareth. In ihm ist Gott Mensch geworden, damit auch wir zu unserer wahren Menschlichkeit finden können. An ihm können wir erkennen, was Menschsein wirklich bedeutet. Denn er hat als einziger Mensch bisher seine gottgewollte Bestimmung in vollem Maß verwirklicht.

Was wahres Menschsein bedeutet, hat sich für Christinnen und Christen in Jesus Christus gezeigt.

Martin Luther: Von der Freiheit eines Christenmenschen

Wer über Fragen christlicher Anthropologie nachdenkt, stößt früher oder später nahezu unvermeidlich auf eine kleine Schrift Martin Luthers (1483–1546) aus dem Jahr 1520 mit dem Titel »Von der Freiheit eines Christenmenschen«.[69]

Zur Abfassungssituation von Luthers Freiheitsschrift

1520 hatte Papst Leo X. im Zusammenhang mit dem seit 1517 schwelenden Ablassstreit die Bannandrohungsbulle gegen Luther veröffentlicht und hatte ihn aufgefordert, seine reformatorische Lehre binnen 60 Tagen zu widerrufen. Luther antwortete mit einem »Sendbrief an den Papst Leo X.«, in dem er dem Papst zwar einerseits seinen persönlichen Respekt bekundete, andererseits aber doch unmissverständlich zu erkennen gab, dass er nicht bereit sei, seine aus dem Studium der Bibel gewonnenen Einsichten zurückzunehmen. Er könne nicht widerrufen, »dieweil das Wort Gottes, das alle Freiheit lehrt, nicht soll und muss gefangen sein«.[70] Überzeugt, dass Papst Leo X. ein »Schaf unter Wölfen«[71] und von schlechten Ratgebern umgeben sei, fügte Luther dem »Sendbrief« nun zur Erläuterung seines theologischen Standpunktes seine 30 Punkte umfassende Schrift »De libertate Christiana« bei, von der er selbst sagte, sie sei »ein klein Büchle, wenn das Papier wird angesehen, aber dennoch (sei) die ganze Summa eines christlichen Lebens darin begriffen, wenn der Sinn verstanden wird«.[72] Diese Schrift, die Leo X. zu diesem Zeitpunkt der Auseinandersetzung natürlich nicht mehr zum Einlenken bewegen konnte, erschien gleichzeitig in deutscher und lateinischer Sprache und wurde gerade in ihrer deutschen Fassung zu einer der bekanntesten Veröffentlichungen Luthers.

Zwei paradox erscheinende Ausgangsthesen

Luther beginnt seine Ausführungen[73] in Anlehnung an 1. Kor 9,19 mit zwei zunächst paradox und unvereinbar erscheinenden Thesen: »Ein Christenmensch ist ein freier Herr über alle Dinge und niemand untertan.« Und: »Ein Christenmensch ist ein dienstbarer Knecht aller Dinge und jedermann untertan.«[74]

Der Mensch wird allein aufgrund seines Glaubens und allein aus Gnade von Gott gerechtfertigt.

- Die erste These kann zunächst einmal als Bekräftigung von Luthers Protest gegen die Ablasstheologie seiner Zeit gelesen werden: Der Christ wird allein aufgrund seines Glaubens an Jesus Christus (*sola fide*) und allein aus Gnade (*sola gratia*) von Gott »gerechtfertigt« (was so viel heißt wie »angenommen«, »für gut befunden«). So steht es für Luther schon bei Paulus (vgl. z.B. Röm 3,23f.; Röm 3,28; Röm 4,5), und es bedarf dazu weder guter Werke noch der Spende von Geldbeträgen noch der Vermittlung eines Priesters noch der Institution Kirche oder des Papstes. Indem sich der Mensch ganz Jesus Christus überantwortet, wird er wahrhaft frei, und diese Freiheit kann ihm niemand nehmen, weder Papst noch Obrigkeit noch sonst irgendjemand oder irgendetwas auf der Welt.

»So halten wir nun dafür, dass der Mensch gerecht wird ohne des Gesetzes Werke, allein durch den Glauben.«
Röm 3,28

Griechisch-antiken und mittelalterlichen Traditionen folgend unterscheidet Luther bei seiner Argumentation zwischen »zweierlei Naturen« des Christen, einer »neuen«, »geistlichen«, »innerlichen« und einer »alten«, »leiblichen« und »äußerlichen« Natur. Frei und in seinem Menschsein völlig erneuert wird der Christ im Glauben an Jesus Christus als geistlicher, innerlicher Mensch, und in diesem Bereich gehört er Jesus Christus allein, auch wenn der leiblich-äußerliche Mensch »gefangen, krank und matt ist, hungert, dürstet und leidet«.[75] Nicht, dass Luther diese physischen Qualen der menschlichen Existenz gering achtet, aber er kann sagen: »Von diesen Dingen reicht keines bis an die Seele, um sie zu befreien oder zu fangen, gerecht oder böse zu machen«[76] (wobei mit »Seele« kein biologisches Organ, sondern der eigentliche, unveräußerliche Kern eines Menschen, sein Wesen, gemeint ist).

Geistlich-innerlicher und leiblich-äußerlicher Mensch

Um den Vorgang der Rechtfertigung und Erneuerung des glaubenden Menschen durch Jesus Christus anschaulicher zu machen, greift Luther in Punkt 12 seiner Ausführungen auf ein Bild aus der mittelalterlichen Mystik zurück, den »fröhlichen Wechsel«. Luther spricht von einer Ehe zwischen der menschlichen Seele und Christus. Die menschliche Seele ist die Braut, Christus der Bräutigam, der Glaube der Brautring. Braut und Bräutigam vollziehen nun

Der »fröhliche Wechsel«: Christus nimmt die Sünde des Sünders auf sich, der Sünder bekommt dafür Anteil an Christi Gerechtigkeit und Unschuld.

»... so bitten wir nun an Christi Statt: Lasst euch versöhnen mit Gott! Denn er hat den, der von keiner Sünde wusste, für uns zur Sünde gemacht, damit wir in ihm die Gerechtigkeit würden, die vor Gott gilt.« 2. Kor 5,20f.

eine eheliche Gütergemeinschaft, und zwar so, dass Christus die Sünde und Unvollkommenheit der menschlichen Seele auf sich nimmt und die menschliche Seele im befreienden, rechtfertigenden Austausch dafür Anteil bekommt an Christi Gerechtigkeit und Unschuld. Im Unterschied zur mystischen Tradition bleibt bei Luther allerdings nie ein Zweifel, wer bei diesem Tausch Gebender und wer Nehmender ist. Auf eine Vermischung des Unterschieds zwischen Mensch und Gott, auf den Gedanken einer alle Unterschiede nivellierenden Verschmelzung von Mensch und Gott lässt er sich niemals ein. Für Luther ist die Lehre von der Rechtfertigung allein aus Glauben und allein aus Gnade nämlich nichts anderes als eine Paraphrase des ersten Gebots. Könnte der Mensch aufgrund seiner von ihm vollbrachten Werke Gottes Gerechtigkeit einklagen, dann würde dadurch Gottes Güte und Barmherzigkeit geschmälert und seine alleinige Herrschaft eingeschränkt.

Macht der Glaube die Werke überflüssig?

● Nachdem Luther also noch einmal die Pointe seiner reformatorischen Überlegungen aufgezeigt hat, kommt er im 19. Punkt seiner Schrift auf seine zweite Eingangsthese zu sprechen, »zum zweiten Teil, zum äußerlichen Menschen«.[77] Er wendet sich mit der Behauptung »Ein Christenmensch ist ein dienstbarer Knecht aller Dinge und jedermann untertan« nun gegen diejenigen, die die Botschaft von der Rechtfertigung allein aus Glauben und allein aus Gnade missverstehen und sagen: »Ei, wenn denn der Glaube alles ist und allein schon als genügend gilt, um rechtschaffen zu machen, warum sind dann die guten Werke geboten? Dann wollen wir guter Dinge sein und nichts tun!«[78]

Der durch Christus erneuerte Mensch drängt ganz von selbst darauf, seine ihm von Gott geschenkte Freiheit in Werke der Liebe umzusetzen.

Gegen dieses Missverständnis erinnert Luther nun daran, dass – so wie ein guter Baum immer auch gute Früchte trage (vgl. dazu Mt 7,18) – ein durch Christus erneuerter Mensch ganz von selbst danach drängt, seine ihm von Gott geschenkte Freiheit in

Werke der Liebe umzusetzen. Obwohl der im Glauben Gerechtfertigte keiner guten Werke bedarf, um von Gott angenommen zu werden, soll der von der Agape Christi Erfasste, obwohl er »ganz frei ist, ... sich doch ... willig zu einem Diener machen, um seinem Nächsten zu helfen; er soll so mit ihm umgehen und an ihm handeln, wie Gott an ihm durch Christus gehandelt hat«.[79] Der Christ wird im Glauben an Christus durch den »fröhlichen Wechsel« gleichsam selbst christusförmig, und Luther kann deshalb schreiben: »... ich will gegenüber meinem Nächsten auch ein ›Christ‹ (in der lateinischen Ausgabe: »gewissermaßen Christus«!) werden, wie Christus es mir geworden ist.«[80] »Nächster« ist gemäß der zu erläuternden These dabei »jedermann«, und »alle Dinge«, d.h. alle Menschen (also auch unsere Feinde!) und alle Schöpfung warten auf die Liebe Christi, die durch uns tätig und wirksam werden will. »Aus dem allem folgt der Schluss, dass ein Christenmensch nicht in sich selbst lebt, sondern in Christus und in seinem Nächsten: in Christus durch den Glauben, im Nächsten durch die Liebe.«[81]

→ S. 150ff.

»Ihr aber, liebe Brüder, seid zur Freiheit berufen. Allein seht zu, dass ihr durch die Freiheit nicht dem Fleisch Raum gebt; sondern durch die Liebe diene einer dem anderen.« Gal 5,13

Wir sollen einer dem anderen ein »Christus« werden.

Hat man sich klar gemacht, wie sehr christliche Freiheit für Luther darauf ausgerichtet ist, sich in Werken der Liebe zu äußern und sich den Mitmenschen und der Welt zuzuwenden, dann erweist sich der oft (unter anderem von dem neomarxistischen Philosophen Herbert Marcuse) erhobene Vorwurf, Luther predige eine bloße Innerlichkeit und lenke den Menschen dadurch von der Veränderung der gesellschaftlichen Verhältnisse ab, als völlig falsch. Luther will mit seiner sprachlich etwas unglücklichen Unterscheidung von innerlich-geistlichem und äußerlich-leiblichem Menschen nicht einer völlig unbiblischen Zweiteilung des Menschen das Wort reden, sondern zielt damit auf die schon so oft erwähnte Spannung von »schon« und »noch nicht«, die den ganzen Menschen durchzieht und nicht etwa auf bestimmte Organe oder Funktionen des Menschen aufgeteilt wer-

Wer Weltflucht und Innerlichkeit predigt, kann sich nicht auf Luthers Freiheitsschrift berufen.

»Nun richte dein Augenmerk auf das, was ich bereits gesagt habe, dass nämlich die Heiligen zur gleichen Zeit, da sie gerecht sind, auch Sünder sind: Sie sind gerecht, weil sie an Christus glauben, dessen

Gerechtigkeit sie deckt und ihnen zugerechnet wird, Sünder aber, weil sie das Gesetz nicht erfüllen und nicht frei sind von Begierde, sondern den Kranken vergleichbar, die in ärztlicher Behandlung stehen. Sie sind dem Befund nach zwar krank, im Ansatz aber und in ihrem Hoffen schon gesund oder besser gesagt gesund gemacht worden, d.h. auf dem Wege der Gesundung ...« Martin Luther, Vorlesung über den Römerbrief (1515/1516)

den darf. Es geht Luther im Grunde nicht um den Gegensatz von Innen und Außen, von unsichtbarem Seelenleben und greifbarer Körperlichkeit, sondern um die Spannung zwischen dem, was er an anderer Stelle als »Gerechtfertigter und Sünder zugleich« (lateinisch *simul iustus et peccator*) bezeichnet hat. Christen sind durch den »fröhlichen Wechsel« »schon« von aller Sünde befreit, aber diese Freiheit ist unter den Bedingungen des erst angebrochenen Gottesreiches »noch nicht« vollständig in Liebe umgesetzt. Gerade an der Freisetzung dieser von Gott geschenkten Agape, an dem schon von Paulus geforderten »Glauben, der durch die Liebe tätig ist« (Gal 5,6), ist Luther gelegen. Insofern meint die von ihm aufgezeigte Freiheit eines Christenmenschen alles andere als eine Flucht in die weltfremde Innerlichkeit einer frömmelnden Seele.

Schlüsselbegriffe christlicher Anthropologie: Freiheit – Verantwortung – Sünde – Schuld

So lässt sich als Zwischenergebnis festhalten, dass die Begriffe »Freiheit«, »Verantwortung«, »Sünde« und »Schuld« als Schlüsselbegriffe einer jeden christlichen Anthropologie gelten können:

Christliche Freiheit ist Freiheit »von« und Freiheit »zu«.

- Wer sein Leben mit ganzem Herzen Jesus Christus überantwortet, wird nach christlichem Glauben ein freier, völlig erneuerter und von Gott gerechtfertigter Mensch, dem niemand und nichts auf der Welt noch etwas anhaben kann. Diese *Freiheit* »von« den Zwängen dieser Welt ist jedoch für Christen stets eine Freiheit »zu«, nämlich zum Dienst an dieser Welt und unseren Mitmenschen. Freiheit ist nach christlichem Glauben also immer eine Freiheit in Liebe und niemals ein bloßes Sich-Freimachen und Ablegen von Bindungen.

Der Christ, der in Jesus Christus zu

- Der Christ, der in Jesus Christus zu seiner Gottebenbildlichkeit zurückgefunden hat, übernimmt, wie es sich für ein Ebenbild Gottes gehört, *Verantwortung* für die Gestaltung der Welt, er will sie »bebauen und bewahren« (1. Mose 2,15). Rückzug in eine religiöse Innerlichkeit und Flucht in Idyllen ist dem christlichen Menschenbild deshalb ebenso wenig angemessen wie eine rücksichtslose Ausbeutung der Natur.

seiner Gottebenbildlichkeit zurückgefunden hat, kann sich der Verantwortung für die Welt nicht entziehen.

● Da auch der gläubigste Christ stets »Gerechtfertigter und Sünder zugleich« ist und deshalb bis zum Ende aller Tage immer auch noch in die Macht der *Sünde* verstrickt ist, lädt er immer wieder auch *Schuld* auf sich. Auch Christen machen Fehler, versagen in vielerlei Hinsicht, schaffen es immer nur ansatzweise, den Mitmenschen und der Welt »Christus« zu werden. Von dieser Schuld können sie sich jedoch auch immer wieder neu befreien, indem sie sich aufs Neue Christus zuwenden und ihn bitten, im »fröhlichen Wechsel« die Schuld von ihnen zu nehmen und ihr Leben zu erneuern.

Auch der gläubigste Christ ist in die Macht der Sünde verstrickt und lädt immer wieder Schuld auf sich. Im Glauben an Jesus Christus ist jedoch auch immer wieder ein Neuanfang möglich.

Am Schluss dieses Kapitels soll nun noch versucht werden, an Beispielen aus drei Problemfeldern des menschlichen Lebens aufzuzeigen, welche konkreten Konsequenzen sich aus diesem christlichen Menschenbild ergeben können. Eingegangen werden soll auf die Problematik des Leistungsdenkens in unserer Gesellschaft, auf einige Aspekte des Themas »Partnerschaft und Ehe« sowie auf die Frage nach dem Umgang mit unverschuldetem Leid und Unrecht.

Zum Beispiel: Christsein in der Leistungsgesellschaft

Unsere bundesdeutsche Gesellschaft versteht sich als eine Leistungsgesellschaft. Unsere Schulen, die die Aufgabe haben, Kinder und Jugendliche auf das Leben in dieser Gesellschaft vorzubereiten, sind bis auf wenige Ausnahmen Leistungsschulen. Dies bedeutet, dass derjenige, der die von ihm geforderten Leistun-

Die bundesdeutsche Gesellschaft ist eine Leistungsgesellschaft. Dementsprechend sind die Schulen in dieser Gesellschaft Leistungsschulen.

gen erbringt, bei uns gelobt, ausgezeichnet, besser bezahlt und schneller befördert wird, derjenige aber, der weniger Leistung erbringt, dementsprechend Kritik und Nachteile auf sich nehmen muss.

Das Leistungsprinzip ist zunächst einmal eine demokratische Errungenschaft.

Da sich eine Gesellschaft ohne Privilegien trotz oder gerade wegen der Versuche in sozialistischen Staaten zumindest bisher kaum vorstellen lässt, muss dieses Leistungsprinzip zunächst einmal als eine demokratische Errungenschaft angesehen werden. Solange es auf dieser Welt einflussreichere und weniger einflussreiche Positionen gibt, solange manche Arbeitsplätze angenehmer sind als andere, solange einige einen höheren Lebensstandard haben als andere, müssen die Privilegien nach irgendwelchen Gesichtspunkten verteilt und vergeben werden. Soll diese Verteilung von Privilegien nicht wie in Feudalsystemen aufgrund von Geburt oder wie in Diktaturen aufgrund von Macht und Gewalt erfolgen, dann ist das Leistungsprinzip von allen bekannten Verteilungsprinzipien bisher zweifellos immer noch das einleuchtendste und gerechteste.

Mängel und Ungereimtheiten des Leistungsprinzips

Trotzdem sind die Begriffe »Leistungsgesellschaft« und »Leistungsschule« in den vergangenen Jahrzehnten nicht ohne Grund einer recht kritischen Betrachtung unterworfen worden:

Zum einen wird sowohl im Berufsleben als auch in der Schule immer wieder zu Recht auf Ungerechtigkeit und Ungereimtheiten in der Leistungsmessung und Leistungsbewertung aufmerksam gemacht. Jede und jeder weiß aus eigenen Erfahrungen, wie oft auch in unserer Leistungsgesellschaft nicht Leistungen, sondern Beziehungen, Bluff, Tricks und Intrigen honoriert werden.

»Er sagte aber zu einigen, die sich anmaßten, fromm zu sein, und verachteten die andern, dies Gleichnis: Es gingen zwei Men-

Kann man im Hinblick auf diese Problematik noch sagen, dass das Leistungsprinzip dann eben mit mehr Nachdruck verwirklicht werden müsste, so stellt sich sogleich als wesentlich gewichtigerer Einwand die Frage ein, wer eigentlich mit welcher Berechtigung bestimmen darf, was als eine gute Leistung gelten soll und was nicht. Hatte nicht schon Einstein eine schlechte Mathematiknote? Wie viele später berühmte Schriftsteller wurden von ihren Deutschlehrern verkannt? Leistet eine Schülerin, die sich in der Schülermitverantwortung engagiert und deshalb vielleicht weniger Zeit zum Lernen findet, nicht unter Umständen mehr als ein Klassenprimus, der vor allem an seinen eigenen Vorteil denkt und es schafft, in allen Fächern die besten Klassenarbeiten zu schreiben? Ist eine höhere Stückzahl in der Autoindustrie, die Konstruktion eines neuen Kampfpanzers, die Züchtung von Schweinen, die zwei Rippen mehr haben, wirklich eine Leistung, die Lob und Anerkennung verdient? Bringen behinderte Menschen in einer Behindertenwerkstatt wirklich weniger Leistung als nicht behinderte Fließbandarbeiter, nur weil das, was sie produzieren, auf dem Wirtschaftsmarkt weniger oder gar keinen Gewinn abwirft? Leistet ein Industriemanager tatsächlich wesentlich mehr als eine Krankenpflegerin, sodass es gerechtfertigt ist, ihm ein um ein Vielfaches höheres Gehalt zu zahlen? All dies sind Fragen, zu denen man jeweils noch viel sagen könnte, die letztlich aber auch in unserer Leistungsgesellschaft bisher nicht befriedigend beantwortet werden können und die außerdem auch aus folgendem Grund immer größere Brisanz gewinnen: Je unklarer den Menschen ist, wofür sie leben, was ihnen am Leben wichtig ist, je mehr sie sich Formen traditioneller Religiosität und Kirchlichkeit entfremden, ohne gleichzeitig etwas Entsprechendes und Gleichwertiges an deren Stelle setzen zu können, desto stärker ist die Tendenz, den Lebensinhalt in möglichst ausgedehntem und möglichst abwechslungsreichem Konsum zu suchen, den »Konsumismus«[82] zur Ersatzreligion zu machen. Teure Hobbies, ständig wechselnde Kleidermoden, exotische Reisen, das Häuschen im Grünen, das neue Auto – all das kostet Geld, viel Geld, und die Mehrzahl der Bevölkerung verdient auch in unserem reichen Land

schen hinauf in den Tempel, der eine ein Pharisäer, der andere ein Zöllner. Der Pharisäer stand für sich und betete so: Ich danke dir, Gott, dass ich nicht bin wie die andern Leute, Räuber, Betrüger, Ehebrecher oder auch wie dieser Zöllner. Ich faste zweimal in der Woche und gebe den Zehnten von allem, was ich einnehme. Der Zöllner aber stand ferne, wollte auch die Augen nicht aufheben zum Himmel, sondern schlug an seine Brust und sprach: Gott, sei mir Sünder gnädig! Ich sage euch: Dieser ging gerechtfertigt hinab in sein Haus, nicht jener…« Lk 18,9–14

Der Konsumismus erhöht den Leistungsdruck.

»Niemand kann zwei Herren dienen: Entweder er wird den einen hassen und den andern lieben, oder er wird an dem einen hängen und den andern verachten. Ihr könnt nicht Gott dienen und dem Mammon.« Mt 6,24

Evangelium damals wie heute: Gott liebt Menschen nicht aufgrund ihrer Leistungen.

Der Mensch ist mehr als das, was er tut und leistet.

nicht genug, um all das ohne weiteres und ohne Einschränkungen bezahlen zu können. Da es aber nicht jedem leicht fällt, in einer Welt des Konsumrausches die Rolle eines Asketen einzunehmen, entsteht unter diesen Voraussetzungen ein verstärkter Leistungsdruck: Leiste etwas in der Schule, dann bekommst du ein gutes Zeugnis, und mit einem guten Zeugnis bekommst du einen guten Arbeitsplatz! Leiste etwas an deinem Arbeitsplatz, erbringe Überstunden, leiste unbezahlte Wochenendarbeit, verzichte auf einen Teil deines Jahresurlaubs, dann machst du Karriere und verdienst mehr Geld! Und mit Geld kannst du alles, fast alles kaufen!

Die Kosten dieser neuzeitlichen Mammonsreligion sind hoch. Viele überfordern sich selbst und ihre Kinder, und die psychologischen Beratungsstellen und Kliniken sind voll von Menschen, die viel leisten wollten oder mussten und mit diesem Lebensmodell alles andere als glücklich und zufrieden sind.

Auf diesem aktuellen Hintergrund, der hier nur sehr skizzenhaft entfaltet werden konnte, ist es wahrhaft ein Evangelium, eine gute und frohe Botschaft, wenn das Neue Testament erzählt, wie Gott sich in Jesus gerade denen zuwendet, die nach den Kriterien der damaligen Zeit nichts geleistet haben, den Aussätzigen, den Zöllnern, den Frauen, den Sündern, den Kindern. Und es ist auch für uns heute noch äußerst befreiend, wenn Paulus dann folgerichtig formulieren kann, dass vor Gott nicht des Menschen Werke, sondern allein der Glaube an Jesus Christus zählt.

Der Mensch ist mehr als das, was er tut und leistet – das war eine Einsicht, die zu neutestamentlichen Zeiten einen klaren Unterschied zum damaligen Judentum formulierte. Der Mensch ist mehr als das, was er tut und leistet – das war eine Einsicht, die Luther und die Reformation dazu brachte, gegen die mittelalterliche Ablasstheologie zu protestieren. Der Mensch ist mehr als das, was er tut und leistet – das

ist ein Satz, der auch heute nichts an seiner Aktualität und Brisanz eingebüßt hat.
Wer sich selbst und seine Mitmenschen nicht am Maßstab der erbrachten oder unterlassenen Leistungen, sondern am Maßstab der gestörten und in Jesus Christus wiedergewonnenen Gottebenbildlichkeit des Menschen misst, wird Kindern, Behinderten, Alten und Versagern aller Art anders begegnen, wird auch im Feind nicht nur das Böse sehen, das, was dieser getan und sich geleistet hat, und wird auch sich selbst nicht mehr in erster Linie über seine Erfolge und Misserfolge definieren, sondern kann mit Gelassenheit akzeptieren, dass auch er selbst nur ein sehr unvollkommener Entwurf dessen ist, wozu er als Ebenbild Gottes eigentlich bestimmt ist.

Das Evangelium von Jesus Christus ruft nicht zur Leistungsverweigerung auf, aber es weist ganz klar auf die Grenzen des Leistungsprinzips hin.

Dass diese Freiheit eines Christenmenschen keinesfalls als Aufruf zur Leistungsverweigerung und zum Ausstieg aus der Gesellschaft missverstanden werden darf, liegt nach den Überlegungen der vorausgegangenen Abschnitte auf der Hand: Die im Glauben an Jesus Christus gewonnene Freiheit befreit zum Dienst am Nächsten und zum Dienst an der Welt und führt damit ganz selbstverständlich auch zu Anstrengungen und Mühen, die man durchaus als »Werke« oder »Leistungen« bezeichnen kann. Nur geben diese Werke und Leistungen nach christlicher Auffassung nicht den Ausschlag für die Qualität eines Menschen, sie sind nicht der letzte Maßstab und verlieren dadurch ihren bedrohlichen und einengenden Charakter.
Das Leistungsprinzip ist ein historisch gewachsenes und erkämpftes Organisationsprinzip, zu dem es bisher keine sinnvolle Alternative gibt. Es ist nützlich und hilfreich, hat aber auch unverkennbare Schwächen und Mängel, die unter den Bedingungen des erst angebrochenen Gottesreiches wohl auch niemals vollständig beseitigt werden können. Mit diesem Leistungsprinzip können und müssen auch Christinnen und Christen leben, aber sie vergöttern es nicht,

sondern leben zu ihm in einer stets kritischen Distanz.

Zum Beispiel: Christsein in Partnerschaft und Ehe

Dem Thema »Partnerschaft und Ehe« müssen sich früher oder später jede und jeder stellen.

Ebenso wenig wie wir uns alle der Leistungsproblematik entziehen können, können wir auf Dauer dem Thema »Partnerschaft und Ehe« ausweichen. Früher oder später wird sich jeder Mensch fragen müssen, wie er zu Fragen wie vorehelichem Geschlechtsverkehr, Partnerwechsel, Unauflöslichkeit der Ehe, Empfängnisverhütung, Abtreibung oder Homosexualität steht. Jedes dieser Themen wirft vor allem auch in einer Zeit schnellen gesellschaftlichen Wandels eine Fülle von sehr komplexen und oft gerade im Einzelfall sehr schwierigen Problemen auf. Nichts wäre deshalb unangebrachter, als diesen Themenkreis – wie leider auch von kirchlicher Seite oft genug geschehen – von vornherein mit allzu einfachen Rastern wie erlaubt/verboten oder moralisch/unmoralisch anzugehen. Gefordert ist vielmehr profunde Sachkenntnis, Differenzierungsvermögen und vor allem ein sehr sensibles Gespür für die Bedürfnisse und Nöte der jeweils betroffenen Menschen.

Sachkenntnis, Differenzierungsvermögen und Sensibilität sind wichtiger als der erhobene Zeigefinger.

Kann auf spezielle Fragestellungen im hier gesteckten Rahmen nicht eingegangen werden, so sollen doch einige allgemeine anthropologische Gesichtspunkte benannt werden, die für den Themenkreis Partnerschaft und Ehe insgesamt von Bedeutung sind und die vielleicht zu einer weiteren Diskussion anregen können:

Fünf Thesen:

– Der Mensch ist auf Gemeinschaft hin angelegt.

- Ein erster Gesichtspunkt ist, dass der Mensch überhaupt auf Gemeinschaft und Beziehungen hin angelegt ist (vgl. 1. Mose 2,18) und dass er deshalb dazu bestimmt ist, sein Leben gemeinsam mit anderen zu gestalten. Intime Partnerbeziehungen und Ehe sind nur besondere Fälle einer auch außerhalb von Intimbeziehungen und Ehe gültigen Bestimmung des Menschen. Der Mensch soll sich nicht in sich selbst zurückziehen, soll kein Einzelgänger sein, sondern sich auf andere Menschen einlassen, sich ihnen öffnen, mit anderen gemeinsame Wege gehen. In Partnerschaft und Ehe hat er die Möglichkeit, dies in einer besonders intensiven Weise zu tun, was ihn allerdings nicht davon abhalten darf, sich auch außerhalb dieser Zweierbeziehung anderen Menschen zuzuwenden.

– Menschen dürfen nicht wie Sachen behandelt werden.

• Ein zweiter Gesichtspunkt wäre, dass alle Menschen ohne Ausnahme und Unterschied gleichermaßen Ebenbilder Gottes sind und deshalb nicht wie Sachen oder Dinge benutzt und gebraucht werden dürfen. Solche Verdinglichung und Funktionalisierung des Menschen findet z.B. statt, wenn Intimpartner von vornherein nur als Partner auf Zeit oder als beliebig austauschbare Sexualobjekte gesehen werden; sie liegt aber z.B. auch da vor, wo Ehepartner sich gegenseitig nur noch in Rollen wie Geldverdiener, Putzfrau oder Kindermädchen wahrnehmen.

– Menschliche Beziehungen müssen sich verändern und entwickeln.

• Als dritter Gesichtspunkt wäre zu nennen, dass nach christlicher Auffassung jeder Mensch erst im Werden begriffen ist und dass auch zwischenmenschliche Beziehungen deshalb grundsätzlich auf Veränderung und Entwicklung hin angelegt sind. Wer seinen Partner auf ein festes Bild oder bestimmte Erwartungen festlegt, wer ihn in eine bestimmte Rolle zwängen will, wer selbst nicht bereit ist, sich im Umgang mit anderen Menschen immer wieder in Frage zu stellen und in Beziehungen zu reifen, hindert sich und andere an der Entfaltung der allen Menschen zugesprochenen Gottebenbildlichkeit. Da unsere wahre Persönlichkeit in einer Zukunft mit Gott liegt, gehört zu einer personalen Beziehung eine grundsätzliche und bedingungslose Offenheit für immer neue Erfahrungen im Umgang miteinander.

– Freiheit ist nicht nur Freiheit »von«.

• Ein vierter Gesichtspunkt wäre, dass sich in Intimpartnerschaft und Ehe, nicht zuletzt auch dann, wenn Kinder daraus hervorgehen, in besonderer Weise zeigt, dass Menschen füreinander verantwortlich sind und Freiheit nicht nur Freiheit »von« bedeuten darf. Menschen sollen einer dem anderen »Christus« werden, sollen einander beistehen und helfen, und zwar, wie es bei kirchlichen Trauungen oft heißt, »in guten wie in bösen Tagen«. In der Ehe soll das nach christlicher Tradition in ganz besonderer und an keine Bedingungen geknüpfter Weise geschehen, weshalb man auch sagt, »bis dass der Tod euch scheidet«.

– Partnerschaft und Ehe können scheitern.

● Als fünfter Gesichtspunkt sei aber schließlich angeführt, dass Intimpartnerschaft und Ehe zwar ein sehr wichtiges Element menschlichen Lebens darstellen, aber trotz allem, wie Luther es formuliert, nur ein »äußerlich leiblich Ding wie andere weltliche Hantierungen«[83] sind. Partnerschaft und Ehe können trotz allen ehrlichen Bemühens scheitern, können mit bitteren Enttäuschungen verbunden sein, die betroffenen Menschen können in grausamer Weise aneinander schuldig werden. Die Tragik solcher Prozesse darf nicht verharmlost werden, aber es ist doch festzuhalten, dass das Scheitern von menschlichen Beziehungen ein geradezu normales Phänomen einer »noch nicht« erlösten Welt ist und dass deshalb auch diejenigen, die in Partnerschaft und Ehe Schuld auf sich geladen haben, im Glauben an Jesus Christus Vergebung und eine Erneuerung ihres Lebens erfahren dürfen.

Zum Beispiel: Christsein in unverschuldetem Leid und Unrecht

Keine Anthropologie darf davon ablenken, dass menschliches Leben oft mit großem Leid und Unrecht verbunden ist.

Wer vom Wesen des Menschseins spricht, muss auch davon sprechen, dass menschliches Leben sehr oft mit großem Leid und Unrecht verbunden ist. Keine noch so durchdachte Anthropologie kann und darf davon ablenken, dass in dieser Welt unschuldige

Männer, Frauen und Kinder gefoltert werden, dass täglich Tausende an Unterernährung sterben oder dass unsere Behindertenheime und Krankenanstalten voll von Schmerz und Elend sind.

→ S. 23 f.

Christinnen und Christen werden sich dafür einsetzen, dass dieses Leid so weit wie möglich gelindert wird, aber sie wissen auch, dass für den Einzelnen gar nicht selten nichts anderes übrig bleibt, als das oft so unverständliche Leid und Unrecht zu ertragen. In solchen Situationen helfen keine theologischen Theorien, vielleicht aber die ganz naive Erinnerung an den gefolterten und ermordeten Jesus von Nazareth. Wenn Gott, wie Christen glauben, in diesem Menschen selbst gelitten hat und selbst gestorben ist, wenn in diesem Menschen sich die Gottebenbildlichkeit gezeigt hat, zu der wir alle bestimmt sind, und wenn dieser Gekreuzigte als Auferstandener heute noch unter uns ist, dann ist seit Golgatha kein Mensch mehr allein in Unrecht, Leid und Sterben. Und wenn Gott diesen gefolterten und ermordeten Menschen von den Toten auferweckt hat, dann dürfen auch alle anderen geschundenen und gequälten Menschen hoffen, dass Leid, Unrecht und Tod in dieser Welt nicht das letzte Wort haben werden.

Wo Theorien und menschliche Hilfe versagen, hilft vielleicht die Rückbesinnung auf den gefolterten, ermordeten und auferstandenen Jesus von Nazareth.

»Denn ich bin gewiss, dass weder Tod noch Leben, weder Engel noch Mächte noch Gewalten, weder Gegenwärtiges noch Zukünftiges, weder Hohes noch Tiefes noch eine andere Kreatur uns scheiden kann von der Liebe Gottes, die in Christus Jesus ist, unserm Herrn.« Röm 8,38 f.

Kapitel VIII

Politik – ein schmutziges Geschäft?

Zum Verhältnis von Kirche, Staat und Politik

Von der Urgemeinde zur Kirche

Ein zentrales Moment des christlichen Glaubens besteht darin, nicht um sich selbst zu kreisen, sondern sich anderen Menschen in Liebe zuzuwenden. Christsein kann deshalb – zumindest auf Dauer und in der Regel – nicht allein und privat gelebt werden, sondern ist von Anfang an auf Gemeinschaft hin angelegt. Christinnen und Christen brauchen einander, um sich gegenseitig das Evangelium zuzusprechen und sich im Glauben zu stärken. Und sie brauchen einander, um sich gegenseitig davor zu bewahren, ihre jeweiligen Einzelerfahrungen und Teilansichten mit der vollen Wahrheit und Fülle des Evangeliums zu verwechseln.

Christsein kann auf Dauer nicht allein und privat gelebt werden.

Schon im Alten Testament äußert sich der Jahweglaube niemals als Frömmigkeit einzelner versprengter Seelen, sondern ist stets auf die Situation des ganzen Gottesvolkes bezogen. Im Neuen Testament aber benutzt Paulus das eindrückliche Bild vom Leib und den Gliedern (1. Kor 12,12–31), in dem er die einzelnen Christen mit ihren unterschiedlichen Begabungen und Lebensgeschichten mit den Gliedern des einen Leibes Christi vergleicht. Jeder Körperteil ist auf den anderen angewiesen, keiner kann unbeschadet ohne die anderen funktionieren. Fehlt oder versagt ein Körperteil, so leidet der gesamte Leib.

»Ich will deinen Namen kundtun meinen Brüdern, ich will dich in der Gemeinde rühmen.« Ps 22,23

Ist christlicher Glaube auf Gemeinschaft hin angelegt und auf Gemeinschaft angewiesen, so folgt daraus allerdings noch nicht die Notwendigkeit der Institution Kirche, wie sie sich im Laufe von 2000 Jahren Christentum entwickelt hat und wie wir sie heute als oft recht problematische Großorganisation kennen. Wenn der von der katholischen Kirche exkommunizierte französische Theologe Alfred Loisy (1857–1940) zu Beginn des 20. Jahrhunderts einmal bissig äußerte, Jesus hätte das Kommen des Gottesreiches verkündet, gekommen sei aber die Kirche,[84] dann erinnerte er damit zu Recht daran, dass Jesus von Nazareth seine Jünger zwar zur Mitarbeit am angebrochenen Reich Gottes eingeladen hat, dass er aber keinesfalls als Gründer einer formal strukturierten und oftmals recht bürokratisch anmutenden Institution gelten kann.

Ist anstelle des Gottesreiches die Kirche gekommen?

Die ersten Christinnen und Christen verband nicht eine formale Organisation, sondern die lebendige, gemeinsame Erfahrung, dass der gekreuzigte Jesus von Nazareth auferstanden ist und in Gestalt des von ihm ausgehenden Geistes weiterwirkt. Lukas erzählt in der Apostelgeschichte (vielleicht etwas idealisierend!), die Urgemeinde habe nach Pfingsten in Gütergemeinschaft wie »ein Herz und eine Seele« gelebt und sich in ihren Wohnhäusern täglich zum Gebet und zur Feier des Abendmahls getroffen (vgl. Apg 2,37–47 und Apg 4,32–37).

Am Anfang stand nicht eine Organisation, sondern eine gemeinsame Erfahrung.

Von einer Kirche mit Kirchengebäuden, Pfarrern, Gottesdienstordnungen, Bekenntnisschriften, Aufnahmeregelungen, Kirchensteuern, Bischöfen und Oberkirchenräten kann in dieser ersten Phase des Christentums in keiner Weise die Rede sein. Allererste Ansätze derartiger Strukturen zeichnen sich am Ende des 1. Jahrhunderts ab, als die Gemeinden beginnen, Kriterien für die Vergabe von Gemeindeämtern zu formulieren (vgl. z.B. 1. Tim 3,1 ff.), und zwar aus der Erfahrung heraus, dass die so genannte Naherwartung, Jesus könne und werde jeden Tag oder jede Stunde zum Endgericht zurückkehren und das Ende dieser Welt einleiten, sich als unzutreffend erwies. Nachdem die Letzten, die den irdischen Jesus

Erst das Scheitern der Naherwartung führte zur Herausbildung von formaleren Organisationsstrukturen.

»Darum wachet! Denn ihr wisst weder Tag noch Stunde.« Mt 25,13

noch persönlich gekannt hatten, gestorben waren, begann man sich auf einen längeren Zeitraum einzurichten und formalere Organisationsstrukturen ins Leben zu rufen.

Ein unvermeidliches Dilemma: Aus Bewegungen werden spätestens in der zweiten Generation Institutionen.

Die Urgemeinde erlebte in dieser Phase, was aus soziologischer Perspektive für jede neue religiöse Bewegung gilt: Will sie mehr als eine vorübergehende Modeerscheinung sein, so folgt auf eine Phase der spontanen, unstrukturierten Begeisterung spätestens in der zweiten Generation eine Phase der Institutionalisierung und Formalisierung, in der definiert wird, wer zu der jeweiligen Gruppierung gehört, wer in ihr das Sagen hat und welche Verhaltensweisen von den Gruppenmitgliedern erwartet werden.

Wie christlich war die Kirche in ihrer bisherigen Geschichte?

So notwendig und unvermeidbar dieser Vorgang sein mag, so führte er im Laufe der Geschichte des Christentums doch oft genug dazu, dass wache Geister sich immer wieder die Frage stellen mussten, was die konkrete Gestalt oder Missgestalt der Institution christliche Kirche eigentlich noch mit jenem Jesus Christus zu tun hatte, auf dessen Evangelium sie sich berief. Oft genug, so wird man im Nachhinein sagen müssen, verdienten die verschiedenen christlichen Kirchen weder den Namen »christliche« noch den Namen »Kirche«. So wie sich das Wort »christlich« von »Christus« ableitet, entwickelte sich das deutsche Wort »Kirche« nämlich aus dem griechischen Wort *kyriakē*, was nichts anderes heißt als »zum kyrios/zum Herrn gehörig«.

Kirche zwischen »schon« und »noch nicht«

»Wir haben aber diesen Schatz in irdenen Gefäßen, damit die überschwängliche Kraft von Gott sei und nicht von uns.« 2. Kor 4,7

Kirche ist in der Spannung von »schon« und »noch nicht« stets beides: »Gemeinschaft der Heiligen« (wie es im Apostolischen Glaubensbekenntnis heißt), eine vom Heiligen Geist bewegte und zusammengehaltene Gemeinschaft von Menschen, aber auch eine mit allen Schwächen dieser Welt gezeichnete Organisationsform. Christinnen und Christen werden, weil sie um das »Noch nicht« des Gottesreiches wissen, diese Organisationsform nicht grundsätzlich abschaffen wollen, aber sie werden sie immer wieder kritisieren, sie an ihren Ursprung und Ausgangspunkt erinnern und darauf drängen, dass sie nicht in toten Formen erstarrt, sondern sich ständig aus dem Geist Christi heraus erneuert.

Vielfalt ist gut.

Dabei kann es im Übrigen nur von Nutzen sein, dass *die* Kirche Jesu Christi inzwischen aus einer Vielzahl von kleinen und großen Unterkirchen besteht. Wenn wir diese Tatsache als Bereicherung und Herausforderung begreifen, bewahrt uns diese Vielfalt davor, unsere jeweiligen Vorstellungen von Kirche allzu schnell mit dem Leib Christi gleichzusetzen.

»So gebt dem Kaiser, was des Kaisers ist ...«

Das Thema »Kirche und Staat« ist im Neuen Testament nur ein Nebenthema: Der Staat wird als notwendige Organisationsform einer noch nicht erlösten Welt respektiert, gleichzeitig wird aber auch eine kritische Distanz zu ihm deutlich.

»Denn wir haben hier keine bleibende Stadt, sondern die zukünftige suchen wir.« Hebr 13,14

In der Annahme, das Ende der Welt stehe unmittelbar bevor (vgl. dazu z. B. 1. Thess 4,13 ff.), zeigen die Autoren des Neuen Testaments zunächst kein allzu großes Interesse an einer auf Dauer angelegten Institution Kirche; ebenso wenig steht für sie die Frage nach dem Verhältnis zum Staat im Vordergrund. An den wenigen Stellen, an denen im Neuen Testament die Beziehung zwischen Christen und Obrigkeit thematisiert wird, kann man jedoch – insgesamt gesehen – feststellen, dass dem Staat als notwendiger Organisationsform einer noch nicht erlösten Welt zwar grundsätzliche Anerkennung und Unterstützung entgegengebracht wird, dass diese Haltung aber gleichzeitig mit einer kritischen Distanz und der unüberhörbaren Warnung vor einem Zuviel an Staat verbunden ist.

Vier einschlägige Stellen:

– Mk 12,13–17 par: Darf man dem römischen Kaiser Steuern zahlen?

● Nach Mk 12,13–17 par stellten Pharisäer und Parteigänger des Herodes einmal Jesus selbst die Fangfrage, ob es erlaubt sei, dem römischen Kaiser Steuern zu zahlen oder nicht. Hätte Jesus diese Frage bejaht, hätte er sich bei breiten Kreisen des jüdischen Volkes, die die Steuern für den römischen Kaiser aus religiösen und nationalen Gründen ablehnten, unbeliebt gemacht. Hätte er die Frage hingegen verneint, hätte er befürchten müssen, von den römischen Behörden als zelotischer Agitator verhaftet zu werden. Jesus ließ sich daraufhin einen Denar geben, eine Münze, auf der Kaiser und Kaiserinmutter als gottähnliche Wesen dargestellt waren. Die Zeloten empfanden diese Abbildungen als derartig anstößig und entwürdigend, dass sie sie mit Hammer und Meißel zerstörten, was die Römer wiederum veranlasste, das Beschädigen von Münzen mit der Todesstrafe zu belegen. Jesus spitzte also durch das Vorzeigen des Denars die Situation noch zu und fragte dann die Umstehenden: »Wessen Bild und Aufschrift ist das?« Und als sie sachgemäß antworteten: »Des Kaisers«, formulierte er den pointierten Satz: »So gebt dem Kaiser, was des Kaisers ist, und Gott, was Gottes ist.« Um diesen Satz richtig zu verstehen, muss man wissen, dass im Hebräischen und Aramäischen bei derartigen syntaktischen Parallelkonstruktionen der Akzent der Aussage auf der zweiten Hälfte des Satzes liegt. Zunächst einmal sollen sich die Menschen um ihr Verhältnis zu Gott kümmern. Darum geht es vor allem und in erster Linie. Unter diesem Vorbehalt kann man dann aber auch dem Kaiser Steuern zahlen, solange er ausdrücklich nur dies und nicht mehr verlangt. Da das Reich Gottes erst im Anbrechen ist, mögen Steuern und römischer Staat vorläufig noch eine gewisse Ordnungsfunktion haben. Über kurz oder lang erübrigen sie sich von selbst.

– Röm 13,1–7: »Jedermann sei untertan der Obrigkeit …«

● Auf eben dieser Linie argumentiert rund 25 Jahre später dann auch Paulus in dem viel, aber oft sehr missverständlich zitierten 13. Kapitel des Römerbriefs (Röm 13,1–7), in dem er die berühmte Formulierung »Jedermann sei untertan der Obrigkeit …« gebraucht. Dieser Satz wurde oft so interpretiert, als müsse der Christ unter allen Umständen der Obrigkeit untertan sein, egal was diese Obrigkeit von ihm verlangt. Ein solcher Aufruf zum Kadavergehorsam lässt sich von Inhalt und Kontext der Römerbriefstelle her aber in keiner Weise rechtfertigen:

Zum einen setzt Paulus voraus, dass die Obrigkeit »Dienerin Gottes« ist und darüber wacht, dass die Bösen bestraft und die Guten beschützt werden (Röm 13,3 f.). Dies war zur Abfassungszeit des Römerbriefs (ca. 56 n. Chr., wahrscheinlich in Korinth) unter Kaiser Nero, vor dessen akuter psychischer Erkrankung, auch noch bis zu einem gewissen Grad der Fall. Natürlich würden wir aus unserer heutigen Sicht auch diesen römischen Staat als Polizeistaat und Diktatur bezeichnen; zu einem völlig grenzenlosen Missbrauch der Staatsgewalt mit systematischen Christenverfolgungen kam es Mitte der 50er Jahre des ersten Jahrhunderts aber noch nicht. Als jüdische Sekte genoss die christliche Gemeinde zu diesem Zeitpunkt möglicherweise sogar gewisse Privilegien (z. B. Befreiung vom Kaiserkult und Militärdienst).

Sodann muss man sehen, dass Röm 13,1–7 nicht etwa im grundsätzlichen, theologischen Teil des Römerbriefes steht, sondern in dem mit Röm 12,1 beginnenden paränetischen (= seelsorgerlich-ermahnenden) Teil des Briefes. Nachdem Paulus in Röm 11,36 mit einem abrundenden »Amen« geendet hat, kommt er nun zu einer Besprechung von Einzelaspekten, die er im Hinblick auf die spezielle Situation der christlichen Gemeinde in der römischen Hauptstadt für wichtig hält. Dass es sich in Röm 13,1–7 also nicht um eine grundsätzliche Reflexion des Verhältnisses von Staat und christlicher Gemeinde oder gar um eine Staatstheologie handelt, bestätigt auch eine Analyse des von Paulus verwandten griechischen Vokabulars, das eindeutig der damaligen Verwaltungssprache und nicht etwa der Sprache damaliger Staatsphilosophie entnommen ist.

Vielmehr ist davon auszugehen, dass Paulus im Hinblick auf seine bevorstehende Reise in die römische Hauptstadt zu Ohren gekommen war, dass es in der dortigen Gemeinde enthusiastisch-schwärmerische Kreise gab, die über dem »Schon« der Reich-Gottes-

Botschaft das »Noch nicht« vergessen hatten und dementsprechend meinten, alle Bindungen und Ordnungen dieser Welt seien jetzt aufgehoben (vgl. unter diesem Aspekt auch Röm 12 und Röm 13,8 ff.) und man müsse unter anderem also auch dem römischen Staat keine Steuern mehr zahlen. Im Hinblick auf diese Gruppe von Christen schreibt Paulus nun in deutlicher Anspielung auf Jesu Streitgespräch über die Kaisermünze: »So gebt nun jedem, was ihr schuldig seid; Steuer, dem die Steuer gebührt; Zoll, dem der Zoll gebührt; Furcht, dem die Furcht gebührt; Ehre, dem die Ehre gebührt« (Röm 13,7).

– Apg 5,17–33: »Man muss Gott mehr gehorchen als den Menschen.«

● Dass Christinnen und Christen dem Staat zwar geben sollen, was sie ihm schuldig sind und was ihm gebührt, aber eben auch nicht mehr, zeigt dann sehr deutlich Apg 5,17–33; Petrus und die Apostel werden vor dem Hohen Rat in Jerusalem angeklagt, weil sie trotz ausdrücklichen Verbots das Evangelium von Jesus Christus weiter verkündigen. Hier, wo die Obrigkeit sich anmaßt, nicht nur das Zusammenleben der Untertanen zu organisieren und zu regeln, sondern auch in Glaubensfragen Vorschriften erlassen zu können und die Verkündigung der Wahrheit zu verhindern, lautet die einmütige Antwort der Apostel: »Man muss Gott mehr gehorchen als den Menschen« (Apg 5,29).

– Offb 13: Wenn der Staat sich wie ein Untier gebärdet ...

● Noch deutlicher wird schließlich in Offb 13 der Verfasser der Johannesoffenbarung, der am Ende des 1. Jahrhunderts von der Sträflingsinsel Patmos an sieben kleinasiatische Gemeinden schreibt. Zu dieser Zeit, als unter Kaiser Domitian (81–96 n. Chr.) bereits Christenverfolgungen stattfanden und von den Christen verlangt wurde, sich am Kaiserkult zu beteiligen, wird der römische Kaiser in der üppigen Bildersprache der Apokalyptik als grausames Untier und als Prophet des Satans dargestellt. In dieser Situation, in der der römische Kaiser verlangt, dass man ihm huldigt, ihn anbetet und als Gottheit verehrt, ruft das Neue Testament zum Ausharren und zur Glaubenstreue auf und fordert nichts anderes als den passiven Widerstand gegen die Staatsmacht. Auch wenn in Offb 13,10 der griechische Text unsicher überliefert ist, so muss man – zum Kontext passend – doch wohl (anders als die Lutherbibel) lesen: »Gerät einer in Gefangenschaft, so gehe er ins Gefängnis; soll einer mit dem Schwert getötet werden, so lasse er sich mit dem Schwert töten.«[85]

Typen des Verhältnisses von Kirche und Staat

In den rund 2000 Jahren, seit denen das Christentum existiert, bildeten sich in verschiedenen Epochen und Ländern ganz unterschiedliche Typen des Verhältnisses von Kirche und Staat heraus. Einige davon seien hier wenigstens kurz skizziert:[86]

Bis zur »Konstantinischen Wende«, mit der sich zu Beginn des 4. Jahrhunderts die Einführung der christlichen Religion als Staatsreligion anbahnte, war die Situation der christlichen Gemeinden im Römischen Reich von den häufig wechselnden Tendenzen der römischen Religionspolitik abhängig. So gab es lange Zeiten, in denen die neue Religion keineswegs zu einem Katakombendasein verurteilt war und ein recht lebendiges Gemeindeleben entfalten konnte. Immer dann aber, wenn sich die römischen Kaiser mit innen- oder außenpolitischen Krisen konfrontiert sahen (z.B. Seuchen, Wirtschaftskrisen, Kriegen gegen Perser oder Germanen), lag es nahe, die Christen mit z.T. absurden Vorwürfen (z.B. sie schlachteten kleine Kinder) in die Rolle von Sündenböcken und Staatsfeinden zu drängen. So kam es insbesondere im 3. Jahrhundert unter den Kaisern Decius, Valerian und Diokletian zu groß angelegten, systematischen Christenverfolgungen, bei denen Zehntausende von Christinnen und Christen auf grausame und erbarmungslose Art und Weise ermordet wurden. Hauptanlass zu solchen Ausschreitungen war

Vor der »Konstantinischen Wende« war die Situation der christlichen Gemeinden von den häufig wechselnden Tendenzen der römischen Religionspolitik abhängig. Besonders in Krisenzeiten kam es zu Christenverfolgungen.

»Wenn der Tiber die Mauern überflutet, wenn der Nil die Felder nicht überflutet, wenn der Himmel sich nicht rührt, wenn die Erde sich bewegt, wenn eine Hungersnot, wenn eine Seuche wütet, gleich schreit man: ›Die Christen vor den

Löwen!‹ So viele vor einen einzigen?«[87] Tertullian, nordafrikanischer Theologe (ca. 150–225 n. Chr.)

die Frage des Kaiserkultes, den der römische Staat gleichsam als Loyalitätstest von seinen Bürgern verlangte. Überzeugte Christen verweigerten dem Kaiser den Titel *kyrios* (griech. = »Herr«), weil für sie nur der auferstandene Jesus von Nazareth diesen Titel verdiente. Und unter Berufung auf das erste Gebot erklärten sie sich außer Stande, den Kaiser als Gottheit zu verehren und ihm Opfer darzubringen. Waren Christen aufgrund dieser Verweigerung, die nicht zuletzt auch bei Eidesleistungen manifest wurde, in ruhigeren Zeiten schon vom Beamten- und Soldatenstand ausgeschlossen, so wurden sie in Krisenzeiten, in denen von jedermann öffentliche Gelöbnisse gefordert wurden, geradezu zu Hochverrätern.

Konstantin der Große benutzte die Integrationskraft des christlichen Glaubens für staatliche Zwecke.

Diese Abhängigkeit der Christen vom Auf und Ab der römischen Krisenpolitik änderte sich schlagartig unter Konstantin dem Großen, der den Christen im Jahre 313 im Mailänder Edikt uneingeschränkte Religionsfreiheit zugestand.[88] Auch wenn Konstantin sich selbst noch auf seinem Sterbebett taufen ließ, waren die Motive für seine Wende vermutlich weniger religiöser als politischer Natur. Er hatte erkannt, dass der allzu oberflächliche römische Kaiserkult den geistigen Zusammenhalt des Römischen Reiches auf Dauer nicht garantieren konnte, und setzte deshalb auf die Integrations- und Missionskraft des sich allen Verfolgungen so standhaft widersetzenden christlichen Glaubens. Der sich an alle Menschen richtende Universalanspruch des Christentums (vgl. Mt 28,18ff.; Gal 3,28) kam dem um die Reichseinheit bemühten Konstantin ebenso gelegen wie das soziale Netz, das die christlichen Gemeinden Armen, Witwen und Waisen anzubieten hatten.

Als Konstantins Nachfolger das Christentum dann sogar zur Staatsreligion erhoben, änderte sich die Situation der christlichen Kirche vollends:

War die Konstantinische Wende für den christlichen Glauben ein Gewinn?

Man musste nun geradezu Christ sein, um in einflussreiche Positionen vorzurücken. Der christliche Klerus wurde von den Steuern und vom Wehrdienst befreit, der Bau von Kirchengebäuden vorangetrieben. Die Kreuzesstrafe und die Gladiatorenkämpfe wurden abgeschafft, der Sonntag als gesetzlicher Feiertag eingeführt. Auf den Tag der Wintersonnenwende, an dem man bisher den römischen Reichsgott *sol invictus* verehrt hatte, legte man jetzt den Geburtstag Christi, um auszudrücken, dass ab jetzt Christus der neue Reichsgott sein sollte.

Und damit nicht genug: Mit einem Mal waren aus den Verfolgten Verfolger geworden. Heidnische Kultstätten und Tempel wurden zerstört, Nichtchristen wegen ihres Glaubens benachteiligt und unter Umständen sogar umgebracht. Massentaufen und der sich immer stärker durchsetzende Brauch der Kindertaufe förderten ein bloßes Mitläufertum. Der Klerus übernahm Formen des kaiserlichen Hofzeremoniells in die gottesdienstliche Liturgie und entfremdete sich dadurch immer mehr vom einfachen Volk. Der Kaiser versuchte, Einfluss auf die Lehrentscheidungen der Synoden und Konzilien zu nehmen, und insgesamt wurde das Christentum in solchem Maße zu einer staatstragenden Kraft, dass die kritische Distanz, die das Neue Testament zur Obrigkeit gefordert hatte, nahezu vollständig verloren ging. Interessanterweise erwies sich das Christentum allerdings auch als fähig, diese Fehlentwicklungen selbst in Frage zu stellen. In Abgrenzung zum Staatskirchentum konstantinischer Prägung entwickelte sich sehr schnell eine Bewegung von Asketen, Eremiten und Mönchen, die sich unter dem Einsatz ihrer ganzen Person kompromisslos um die Wiedergewinnung des ursprünglichen Evangeliums bemühten.

»Ich kenne deine Werke, dass du weder kalt noch warm bist. Ach, dass du kalt oder warm wärest!« Offb 3,15

Grundmodelle:

– Verbundenheit von Kirche und Staat bei tendenziellem Vorrang des Staates

● Könnte man das Verhältnis von Kirche und Staat im Römischen Reich seit dieser Zeit als eine Verbundenheit von Kirche und Staat bei tendenziellem Vorrang des Staates bezeichnen, so lebte dieser Typus des Staat-Kirche-Verhältnisses in späteren Jahrhunderten z.B. im Cäsaropapismus des Ostreiches, in

Russland in der engen Verknüpfung von Zarenthron und russischer Kirche, in England im Staatskirchentum Oliver Cromwells oder in Deutschland im »Landesherrlichen Kirchenregiment« weiter.

→ S. 206 ff.

– Verbundenheit von Kirche und Staat bei tendenziellem Vorrang der Kirche

- Von einer Verbundenheit von Kirche und Staat bei tendenziellem Vorrang der Kirche wird man hingegen über weite Strecken im europäischen Mittelalter sprechen müssen. Zumindest formal beanspruchten die Päpste den Vorrang der geistlichen Gewalt vor der weltlichen des Kaisers, was etwa Papst Innozenz III. (1198–1216) zu dem Vergleich veranlasste, er, der Papst, sei die Sonne, von der der Kaiser als der Mond erst sein Licht empfange. Ähnlich definiert sich die Beziehung von Religion und Staat heute z. B. in der Islamischen Republik Iran, in der die Religionsführer in ganz entscheidender Weise die Richtlinien der Politik bestimmen.

– Trennung von Staat und Kirche

- In der Neuzeit entwickelten sich dann aber auch Modelle der Entflechtung von Staat und Kirche. So besteht, zumindest in formaler Hinsicht, in Frankreich und den USA eine strikte Trennung von Staat und Kirche, was sich etwa darin äußert, dass der Staat keine Kirchensteuern einzieht, dass an öffentlichen Schulen kein Religionsunterricht erteilt wird oder dass es an staatlichen Hochschulen keine theologischen, sondern nur religionswissenschaftliche Fakultäten gibt.

– Duldung der Kirche bei staatlichem Desinteresse

- Erfährt das kirchliche Leben in Frankreich und den USA unter der Hand dennoch eine zwar zurückhaltende, aber wohlwollende Anerkennung und Förderung, so konnte man in den Staaten des ehemaligen Warschauer Pakts eher von einer bloßen Duldung bei staatlichem Desinteresse an der christlichen Religion sprechen.

– Gleichzeitige Trennung und Zusammenarbeit von Kirche und Staat

- In der Bundesrepublik Deutschland aber gibt es aus historischen Gründen ein ganz spezielles Verhältnis von Staat und Kirche, das man als gleichzeitige Trennung und Zusammenarbeit von Kirche und Staat bezeichnen kann und das in einem späteren Abschnitt noch detaillierter erläutert werden soll. → S. 215 ff.

Martin Luther, Von weltlicher Obrigkeit ...

Von den zahlreichen theologischen Büchern, die im Protestantismus zum Thema »Kirche und Staat« verfasst worden sind, zeigt bis heute eines nach wie vor mit Abstand die größte Wirkung, nämlich Martin Luthers kleine Schrift »Von weltlicher Obrigkeit, wie weit man ihr Gehorsam schuldig sei« aus dem Jahre 1523. Den Argumentationsgang dieses Textes hat man oft etwas missverständlich als Luthers »Zwei-Reiche-Lehre« bezeichnet, obwohl es sich bei dieser Schrift gar nicht um eine grundsätzliche »Lehre« über das Verhältnis von Kirche und Staat handelt, sondern nach Luthers eigenen Worten nur um einen »Sermon«,[89] eine Predigt oder Gelegenheitsschrift also, die – ähnlich wie Röm 13 – in eine ganz bestimmte historische Situation hinein geschrieben wurde: Nach dem Wormser Edikt von 1521 waren in einigen deutschen Ländern nicht nur Luthers Schriften, sondern auch seine Übersetzung des Neuen Testaments verboten worden. Luther wollte darum Herzog Johann von Sachsen, dem die Schrift gewidmet ist, und darüber hinaus alle Fürsten und Untertanen christlich belehren, wo die Grenze des Gehorsams gegenüber der von Gott gesetzten Obrigkeit erreicht sei.

Luthers Schrift ist ein »Sermon« und keine »Lehre« über das Verhältnis von Kirche und Staat.

Wenn man von Luthers »Zwei-Reiche-Lehre« spricht, wird man außerdem beachten müssen, dass Luther in seiner Schrift sowohl von »zwei Reichen« als auch von »zwei Regimenten« spricht – ein Sachverhalt, der allzu leicht übersehen wird. Der Kernpunkt von Luthers Argumentation ist, dass geistliches und weltliches Regiment, Kirche und Staat, Evangelium und Welt nicht miteinander verwechselt und vermischt werden dürfen. Man soll die Welt

Die sog. »Zwei-Reiche-Lehre« ist außerdem eigentlich eine »Zwei-Regimente-Lehre«.

nicht verkirchlichen und die Kirche nicht verweltlichen. In diesem Sinn handelt es sich bei Luthers »Von weltlicher Obrigkeit« weniger um eine Zwei-Reiche- als um eine Zwei-Regimente-»Lehre«.

Sowohl das geistliche als auch das weltliche Regiment stehen nach Luther im Dienst des angebrochenen Gottesreiches.

Beide Regimente stehen nach Luther nun im Dienste des Reiches Gottes und kämpfen gemeinsam, wenn auch auf unterschiedlichen Wegen, gegen das Reich des Bösen. Da Christen schon im Anbruch des Reiches Gottes stehen, in dem Vergebung, Liebe und Frieden herrschen, könnten sie eigentlich auf Schwert und Gewalt verzichten. Im »geistlichen Regiment« regiert Gott deshalb auch ausschließlich mit seinem Wort und seiner Liebe. Doch damit allein lässt sich – weil das Reich Gottes ja erst angebrochen und noch im Kampf mit dem Reich des Bösen befindlich ist – die Brutalität von Rechtsbrechern und fremden Soldaten nicht abwehren. Darum braucht Gott vorläufig noch eine andere Regierweise. Im »weltlichen Regiment« nimmt er Fürsten und Soldaten und andere Amtspersonen in Anspruch, die mit weltlicher Macht und Gewalt ausgestattet sind und die dafür sorgen, dass die Guten beschützt und die Bösen bestraft werden.

Wovon Luther sich abgrenzt

Konkret grenzte Luther sich mit dieser Konzeption gegenüber folgenden anderen Positionen ab:[90]

a) gegenüber einer Einflussnahme von weltlichen Fürsten auf die Verkündigung und Verbreitung des Evangeliums (Beispiel: Verbot von Luthers Schriften);

b) gegenüber einer Verquickung von geistlichen und weltlichen Kompetenzen in den Händen von Bischöfen, Äbten und geistlichen Fürsten, die zur Zeit Luthers oft gleichzeitig Landesherren waren und damit staatliche Hoheitsrechte ausübten;

c) gegenüber dem Versuch, das Evangelium und das Reich Gottes unmittelbar und mit Gewalt in Politik umzusetzen (Beispiele: Thomas Müntzer; später dann schwärmerische Bauern oder das Täuferreich zu Münster).

So sehr Luther also in Abgrenzung zu diesen Positionen auf den Unterschied zwischen den beiden Regierweisen Gottes Wert legt, so eindeutig geht er allerdings auch davon aus, dass man geistliches und weltliches Regiment nicht einfach auf zwei völlig voneinander getrennte Personengruppen verteilen kann. Für ihn verläuft die Grenzlinie zwischen Reich Gottes und Reich des Bösen mitten durch den einzelnen Christenmenschen hindurch, weshalb dieser auch in beiden Regimenten, als Weltperson und als Christperson, als Sünder und als Gerechtfertigter zugleich, seine ihm von Gott zugewiesenen Aufgaben wahrzunehmen hat. Gegen die traditionelle Unterscheidung zwischen Klerus und Laien setzt Luther das Prinzip des allgemeinen Priestertums aller Gläubigen, und diese Gläubigen haben ihren Glauben auch im politischen und gesellschaftlichen Engagement zu bewähren. Luther selbst verstand sich sicherlich in erster Linie als Prediger des Evangeliums, und dennoch mischte er sich durchaus in weltliche Dinge ein. Man denke z. B. an seine beiden Schriften aus dem Jahr 1524 »An die Ratsherren aller Städte deutschen Landes, dass sie christliche Schulen aufrichten und halten sollen« und »Von Kaufhandlung und Wucher«.[91]

Die Grenzlinie zwischen Reich Gottes und Reich des Bösen geht mitten durch den einzelnen Christenmenschen hindurch.

→ S. 179 f.

Wenn der Christ sich zu Fragen der Politik, der Wirtschaft oder des Rechts äußert, dann muss nach Luther vor allem anderen vernünftig und sachlich argumentiert werden. In weltlichen Dingen, die ja auch Nichtchristen betreffen, kennt auch der Glaube keine Patentlösungen; hier hilft nur fachlich qualifiziertes Abwägen und Diskutieren. Umgekehrt lassen sich aber geistliche Fragen, also z. B. »woran ich mein Herz hänge«, letztlich nicht logisch oder argumentativ beantworten.

In weltlichen Dingen muss vernünftig und sachlich argumentiert werden. Andererseits lassen sich geistliche Fragen letztlich nicht argumentativ und logisch beantworten.

Auf der anderen Seite mündet, wie an früherer Stelle schon ausgeführt, die Klärung von Sachfragen und Handlungsalternativen früher oder später natürlich in Entscheidungssituationen, in denen Fragen der

→ S. 70 ff.

Sachfragen münden in Entscheidungsfragen.

ethischen Wertung und des Glaubens dann durchaus eine Rolle spielen. Um es an heutigen Beispielen zu illustrieren: Sollen Geschäfte am Sonntag geöffnet sein? Sollen wir aus der Atomenergie aussteigen? Ist Gentechnologie verantwortbar? Darf man Abtreibung oder aktive Sterbehilfe legalisieren? Darf der Individualverkehr weiter ausgebaut werden? Sollen wir Waffen in die Dritte Welt liefern?

Fazit: Der christliche Glaube kann sich aus weltlichen Dingen nicht heraushalten. Aber Glaubensfragen sollen Glaubensfragen und Sachfragen sollen Sachfragen bleiben.

Im Hinblick auf derartige Probleme wäre es ein unverantwortlicher Unfug zu behaupten, der christliche Glaube habe mit »weltlichen« Dingen nichts zu tun. Er hat sehr wohl etwas damit zu tun, nur empfiehlt es sich um der Klarheit und der Sachlichkeit des Entscheidungsprozesses sowie um der eigentlichen Pointe des Evangeliums willen, die vernünftige, für alle nachvollziehbare Sachanalyse eines Problems (also das weltliche Regiment) nicht vorschnell mit Fragen der Wertung und des Glaubens (also dem geistlichen Regiment) zu vermischen. Glaubensfragen sollen Glaubensfragen und Sachfragen Sachfragen bleiben.

Widerstand gegen die Obrigkeit?

Das Evangelium darf nicht mit Parteipolitik verwechselt werden. Aber es gibt politische und gesellschaftliche Entwicklungen, die vom Evangelium her nicht gebilligt werden können.

Da für uns Menschen nie eindeutig zu entscheiden ist, wo genau Reich Gottes ist und wo nicht, wird es nie eine unmittelbare, ungebrochene und vor allem für alle Christinnen und Christen verbindliche Identifikation des Evangeliums mit einer bestimmten parteipolitischen Position geben können. Andererseits gibt es aber zweifellos politische und gesellschaftliche Entwicklungen, die vom biblischen Menschen- und Wirklichkeitsverständnis her nicht mehr gutgeheißen und gebilligt werden können. Wo genau dieser Punkt liegt und welche konkreten Handlungsweisen dann vom einzelnen Christen verlangt werden dürfen, darüber wird auch unter Christen nur ernsthaft gestritten werden können.

In diesem Zusammenhang ist es von großer Bedeutung, dass Luther in seinen Ausführungen von 1523 auch auf die Situationen eingeht, in denen der Christ zum Widerstand gegen die Obrigkeit verpflichtet ist. Luther argumentiert in diesem Punkt sehr vorsichtig. Obwohl er realistisch sieht, dass Fürsten »die größten Narren oder die schlimmsten Bösewichter (Verbrecher) auf Erden« sein können und »man sich bei ihnen immer auf das Schlimmste gefasst machen«[92] muss, fordert er vom Christen grundsätzlich, der Obrigkeit untertan zu sein, weil auch eine schlechte Obrigkeit noch besser sei als ein allgemeines Chaos und der Zustand der Anarchie.

Für Luther ist eine schlechte Obrigkeit besser als gar keine.

Überschreitet die Obrigkeit allerdings ihre Grenzen und mischt sich in Glaubensfragen ein, versucht sie zum Beispiel die Verbreitung von Bibelübersetzungen zu verhindern, dann ist für Luther Widerstand gefordert, aber nur der gewaltlose Widerstand des Wortes:

Mischt sich die weltliche Obrigkeit allerdings in Glaubensfragen ein, so fordert Luther zum gewaltlosen Widerstand des Wortes auf.

»Wenn nun dein Fürst oder weltlicher Herr dir gebietet, zum Papst zu halten, so oder so zu glauben, oder wenn er dir gebietet, Bücher herauszugeben, so sollst du so sagen: ›Es gebührt Lucifer nicht, neben Gott zu sitzen ...‹ Denn ich sage dir: widersprichst du ihm nicht und gibst ihm nach, so dass er dir den Glauben oder die Bücher nimmt, so hast du wahrlich Gott verleugnet.«[93]

Wie der Verfasser von Offb 13 mutet Luther in »Von weltlicher Obrigkeit« dem Christen um der Wahrheit und des Evangeliums willen die Inkaufnahme persönlicher Nachteile bis hin zum Märtyrertod zu. Schließt er in dieser Schrift von 1523 noch jegliche Form des aktiven Widerstands gegen die Obrigkeit aus, so deutet sich in späteren Texten Luthers unter ganz bestimmten, ganz genau abzuwägenden Bedingungen auch diese Möglichkeit an. Während Luther 1526 in der Abhandlung »Ob Kriegsleute auch in seligem Stande sein mögen« den Tyrannenmord deshalb skeptisch beurteilt, weil Tyrannen im Unter-

Im äußersten Fall, wenn die Obrigkeit gar keine Obrigkeit mehr ist, hält Luther auch den aktiven Widerstand für möglich.

schied zu wahnsinnigen Herrschern grundsätzlich noch beeinflussbar und veränderungsfähig seien,[94] so erwägt er 1539 in der »Wittenberger Disputation über das Widerstandsrecht« den Fall, dass die Obrigkeit ihre Aufgaben in gar keiner Weise mehr wahrnimmt und somit eigentlich gar keine Obrigkeit mehr ist, sondern »einem Ungeheuer, einem wütenden und besessenen Tier«[95] gleicht. In einem solchen extremen Fall soll der Christ nach Luther »nicht lange gaffen«, sondern »Widerstand tun« und, um »solch Tier zu vertilgen, ... aus allen Dörfern und Flecken zulaufen, Mann bei Mann ...«.[96]

Das »Landesherrliche Kirchenregiment«

Wie konnte es trotz Luthers strenger Unterscheidung zwischen geistlichem und weltlichem Regiment zur Entstehung des Landesherrlichen Kirchenregiments kommen?

Wer sich mit Luthers Schrift »Von weltlicher Obrigkeit ...« beschäftigt hat, wird sich immer wieder von neuem wundern, weshalb Luther nur wenige Jahre später half, eine Institution ins Leben zu rufen, die die strenge Unterscheidung von geistlichem und weltlichem Regiment keineswegs beachtete und die die Geschichte des Protestantismus in Deutschland auf oft recht unglückliche Art und Weise beeinflussen sollte: das so genannte »Landesherrliche Kirchenregiment«.[97] »Landesherrliches Kirchenregiment« meint, dass der Landesherr, der regierende Fürst, auch oberster Herr der evangelischen Kirche sein soll, dass geistliches und weltliches Regiment sich in seiner Person vereinen. Wie konnte es trotz Luthers »Zwei-Reiche-Lehre« zur Entstehung eines derartigen Staat-Kirche-Modells kommen?

Der Hauptgrund liegt darin, dass Luther nach der Loslösung von der katholischen Kirche vor dem Problem stand, wie man den neu entstandenen und entstehenden Reformationsgemeinden eine regionale und überregionale Organisationsform geben konnte, die eine Chance hatte, sich auch auf Dauer gegen Papst und Kaiser zu behaupten. Nachdem man den römisch-katholischen Klerus nicht mehr als Autorität anerkannte, nachdem man die Klöster aufgelöst und die katholische Auffassung von Zölibat und Ehe radikal in Frage gestellt hatte, nachdem man auch die Gottesdienstform der katholischen Kirche abgeschafft hatte und nachdem es sogar schon zu religiös motivierten Bilderstürmereien und Bauernaufständen gekommen war, sah Luther die Gefahr des Chaos und der Anarchie, die den Gegnern der Reformation willkommenen Anlass gegeben hätte, die orientierungslosen und hoffnungslos zersplitterten Einzelgemeinden der Reformation für immer zu zerschlagen. Was er brauchte, waren Visitatoren, die darauf achteten, dass das Gemeindeleben in halbwegs geordneten Bahnen verlief und dass die einzelnen Pfarrer sich um eine gemeinsame Auslegung des neu entdeckten Evangeliums bemühten und nicht etwa eine Vielzahl von sektiererischen Privattheologien entwickelten. Bisher hatten diese Aufgabe die Bischöfe der römisch-katholischen Kirche wahrgenommen. Da die Reformatoren sich von diesen losgesagt hatten, wandte sich Luther an die für die Reformation gewonnenen Landesherren, die nun die Funktion von Notbischöfen wahrnehmen sollten.

Gedacht war an eine vorübergehende Notlösung: Die Landesherren sollten als »hervorragende Mitglieder der Kirche« darauf achten, dass das Gemeindeleben in halbwegs geordneten Bahnen verläuft.

»Denn Gott ist nicht ein Gott der Unordnung, sondern des Friedens.« 1. Kor 14,33

Luther betrachtet diesen Schritt als eine vorübergehende Notlösung und bestand darauf, dass die Landesherren ihre geistlichen Aufgaben nur als »hervorragende Mitglieder der Kirche« und nicht etwa in Ausübung ihres weltlichen Amtes wahrnehmen sollten – eine sehr theoretische und, politisch gesehen, etwas naive Differenzierung, die in der Praxis kaum verwirklicht werden konnte.

Was in den folgenden Jahren im protestantischen Deutschland tatsächlich entstand, war eine unheilvolle Verquickung von Kirche und Staat, die sich unter anderem auch so auswirkte, dass staatliche Gesetze lange Zeit von der Kanzel herab verkündet und ausgelegt wurden. Auf diesem Hintergrund war die Kirche im 18. Jahrhundert nicht in der Lage,

Aus der vorübergehenden Notlösung entstand gegen Luthers Willen eine verhängnisvolle Dauerehe von Thron und Altar.

angemessen auf die kritischen, die Tradition in Frage stellenden Anregungen der Aufklärung zu reagieren. Da den Fürsten weitgehend an Ruhe und Anpassung gelegen war, predigte man Ruhe und Anpassung und begegnete dem neuen Gedankengut mit großer Skepsis. Im 19. Jahrhundert musste die Ehe von Thron und Altar zu einer tiefgreifenden Entfremdung zwischen Arbeiterbewegung und protestantischer Kirche führen, weil die offizielle Kirche aufgrund ihrer landesherrlichen Verfassung bis auf wenige Ausnahmen Begriffe wie »Gewerkschaft«, »Demokratie« oder gar »Revolution« nur unter der Rubrik »Sünde« einordnen konnte.

→ S. 244 ff.

So kam es unter dem Landesherrlichen Regiment zu einer fatalen Umdeutung von Luthers »Zwei-Reiche-Lehre«: Aus einem kritischen Denkmodell wurde eine obrigkeitsstaatliche Ideologie.

In diesem Zusammenhang kam es insbesondere auch im 19. Jahrhundert zu einer fatalen Uminterpretation von Luthers – jetzt bezeichnenderweise auch einhellig so genannten – Zwei-Reiche-Lehre. Obrigkeitshörige Theologen lehrten jetzt eine Aufteilung der Wirklichkeit in zwei völlig getrennte Bereiche, einen geistlich-innerlichen und einen weltlich-politischen. Der einfache Christ, der Bauer und Arbeiter, brauchte sich nicht um Politik zu kümmern, weil dies für die Seligkeit sowieso nicht so wichtig sei. Entscheidend sei doch der geistlich-innerliche Bereich, der innere Mensch, die Frömmigkeit einer in dieser Welt zwar geknechteten und leidenden, eigentlich aber schon erlösten Seele. Was für Luther einst ein kritisches Denkmodell gewesen war, geriet so zu einer verschleiernden und entmündigenden Ideologie, und es war sicherlich äußerst zutreffend, wenn Karl Marx diese Spielart von Religion als »Opium des Volkes« charakterisierte.

→ S. 29 ff.

Evangelische Kirche unter dem Hakenkreuz[98]

Das Landesherrliche Kirchenregiment existierte in Deutschland bis zum Zusammenbruch des Kaiserreiches im Jahr 1918. Weil die protestantischen Christen sich jahrhundertelang an das enge Bündnis von Thron und Altar gewöhnt hatten, fiel es ihnen in der Weimarer Republik sehr schwer, sich überhaupt mit der neuen Situation abzufinden. Nachdem man über viele Generationen hinweg den Satz »Jedermann sei untertan der Obrigkeit ...« unkritisch als Freibrief für undemokratische Verhältnisse genommen hatte, überlegten manche jetzt ernsthaft, ob die von der SPD regierte Demokratie eigentlich im Sinne von Röm 13 als rechtmäßige »Obrigkeit« angesehen werden könne. Viele Protestanten fragten sich, ob die im 19. Jahrhundert nicht ohne Grund kirchenkritische Sozialdemokratie nicht mit Atheismus und gottlosem Treiben gleichzusetzen sei. In den politischen und wirtschaftlichen Krisen der ersten deutschen Republik erinnerten sich viele sehnsüchtig an die vermeintliche Ruhe und Ordnung der Monarchie, und bald erscholl gerade auch aus dem Mund evangelischer Christen der Ruf nach einem starken Führer. Als dieser Führer dann 1933 seine menschenverachtende Diktatur errichtete, waren unter denen, die ihm mit ihrer Wählerstimme an die Macht verhalfen, prozentual gesehen wesentlich mehr Protestanten als Katholiken. Um möglichst viele Wählerstimmen zu gewinnen, gab sich Adolf Hitler Anfang der 30er Jahre bewusst kirchenfreundlich. Obwohl ihm persönlich, langfristig gesehen, eher an der Schaffung eines Führerkultes heidnisch-germanischer Prägung gelegen war, besuchte er in dieser Zeit demonstrativ Gottesdienste, berief sich auf den »Segen des Allmächtigen« und die »Vorsehung«, die ihn auserwählt habe, und erklärte, die NSDAP trete für die Erneuerung des Christentums ein.

Die Nachwirkungen des Landesherrlichen Kirchenregiments waren eine der Ursachen dafür, dass 1933 überdurchschnittlich viele Protestanten NSDAP wählten.

Zunächst gab sich Hitler bewusst kirchenfreundlich.

Bei den preußischen Kirchenwahlen von 1932 kandidierten die Nationalsozialisten unter dem Namen »Deutsche Christen« (DC) mit einer eigenen Liste und errangen mit großem Propagandaaufwand und z. T. unlauteren Mitteln ein Drittel der Stimmen. Die Deutschen Christen versprachen mit mehrdeutigen

Mit Hilfe der »Deutschen Christen« versuchte er, die evangelische Kirche für seine Zwecke zu missbrauchen.

Formulierungen »allen gläubigen deutschen Menschen« eine »Neuordnung der Kirche«, den Zusammenschluss der 28 Einzelkirchen zu einer Evangelischen Reichskirche (ein Versprechen, das nach Überwindung von Provinzialismus klang, aber Gleichschaltung und Zentralismus meinte!) sowie ein »positives Christentum«. Gezielt unverbindlich hieß es im Programm der DC von 1932: »Wir wissen etwas (!) von der christlichen Pflicht und Liebe den Hilflosen gegenüber...« Und gleich darauf forderte man den »Schutz des Volkes vor den Untüchtigen und Minderwertigen« und grenzte sich energisch von »Judenmission«, »Rassenverschleierung«, »Bastardisierung« sowie »christlichem Weltbürgertum«, »Pazifismus« und »Freimaurertum« ab.[99]

»... was schwach ist vor der Welt, das hat Gott erwählt, damit er zuschanden mache, was stark ist.«
1. Kor 1,27

Obwohl kritische Christen schon bei diesen Formulierungen äußerst hellhörig werden mussten und sich fragten, auf welchen biblischen Grundlagen eigentlich derartige Aussagen gemacht werden konnten, waren die Deutschen Christen mit ihrem Programm zunächst sehr erfolgreich. Nachdem im Juli 1933 unter Zustimmung aller Landeskirchen eine einheitliche »Deutsche Evangelische Kirche« gegründet worden war, errangen die Deutschen Christen kurz darauf bei allgemeinen deutschen Kirchenwahlen einen überwältigenden Wahlsieg.

»Hier ist nicht Jude noch Grieche, hier ist nicht Sklave noch Freier, hier ist nicht Mann noch Frau; denn ihr seid allesamt einer in Christus Jesus.«
Gal 3,28

Deutliche Kritik und einen merklichen Sympathieschwund erfuhren sie erst, als Ende 1933 bei einer Sportpalastkundgebung die Rückkehr zu einem »heldischen Jesus«, die »Befreiung vom Alten Testament mit seiner jüdischen Lohnmoral, von diesen Viehhändler- und Zuhältergeschichten«, eine »völkische Kirche« und vor allem die strikte Anwendung des so genannten »Arierparagraphen« auch im kirchlichen Bereich gefordert wurden.[100] Nach diesem Gesetz sollten, wie kurz zuvor alle »Nichtarier« aus dem Staatsdienst, auch alle »nichtarischen« Geistlichen und Kirchenbeamten aus dem Kirchendienst entfernt werden.

Gegen solch unverhohlenen Rassismus hatte der Dahlemer Pfarrer Martin Niemöller bereits im September 1933 den »Pfarrernotbund« gegründet, dem bis Januar 1934 immerhin die Hälfte der deutschen Pfarrerschaft beitrat. Seine Mitglieder verpflichteten sich, ihr Amt ausschließlich »in der Bindung an die Heilige Schrift und an die Bekenntnisse der Reformation« auszuüben und dementsprechend öffentlich gegen jede »Anwendung des Arierparagraphen im Raum der Kirche Christi« »mit rückhaltlosem Einsatz zu protestieren«.[101]

Martin Niemöller gründete schon 1933 den »Pfarrernotbund«, der gegen die Anwendung des Arierparagraphen in der evangelischen Kirche protestierte.

Aus dem Pfarrernotbund entwickelte sich die »Bekennende Kirche«, eine kirchliche Widerstandsbewegung, die dem Nationalsozialismus mit großem Beharrungsvermögen bis zum Zusammenbruch des Dritten Reiches im Jahr 1945 die Gefolgschaft verweigerte. Eine besondere Rolle spielten dabei u. a. die Landeskirchen von Bayern und Württemberg, deren Gleichschaltung mit der Reichskirche dem nationalsozialistischen Reichsbischof Ludwig Müller nicht gelang.

Aus dem Pfarrernotbund entstand die »Bekennende Kirche«. Sie widersetzte sich der Gleichschaltung durch den Nationalsozialismus bis zum Zusammenbruch des Dritten Reiches.

Im April 1934 riefen Delegierte aus ganz Deutschland in Ulm als Gegeninstitution zur Reichskirche der Deutschen Christen die »rechtmäßige Evangelische Kirche Deutschlands« ins Leben. Und im Mai 1934 versammelten sich in Barmen 140 Vertreter aus ganz Deutschland zur ersten »Bekenntnissynode der Evangelischen Kirche in Deutschland«. Diese Synode verabschiedete eine maßgeblich von dem Theologen Karl Barth mitformulierte »Theologische Erklärung«, die so genannte »Barmer Erklärung«,[102] mit der die Synodalen der Pseudo-Theologie der Deutschen Christen eine klare Absage erteilten. Diese Erklärung besteht aus sechs Thesen. Sie werden jeweils durch neutestamentliche Bibelzitate eingeleitet; auf deren Grundlage wird ein theologischer Lehrsatz aufgestellt und schließlich ein Verwerfungssatz formuliert.

1934 wurde von der Barmer Bekenntnissynode die »Barmer Erklärung« verabschiedet. In ihr grenzte sich die Bekennende Kirche in sechs Thesen von der Pseudo-Theologie der Deutschen Christen ab.

● So betonte zum Beispiel die erste Barmer These, dass Jesus Christus der alleinige Maßstab des christli-

Zum Beispiel: Die Thesen 1, 2 und 5

»Ich bin der Weg und die Wahrheit und das Leben; niemand kommt zum Vater denn durch mich.«
Joh 14,6

»Denn in ihm ist alles geschaffen, was im Himmel und auf Erden ist, das Sichtbare und das Unsichtbare, es seien Throne oder Herrschaften oder Mächte oder Gewalten; es ist alles durch ihn und zu ihm geschaffen.«
Kol 1,16

»... fürchtet Gott, ehrt den König!«
1. Petr 2,17

chen Glaubens sei und dass man deshalb »die falsche Lehre, als könne und müsse die Kirche als Quelle ihrer Verkündigung außer und neben diesem einen Worte Gottes auch noch andere Ereignisse und Mächte, Gestalten und Wahrheiten als Gottes Offenbarung anerkennen«, verwerfe. Das mag für heutige Ohren sehr umständlich ausgedrückt klingen, wurde 1934 aber als eindeutiger Protest gegen die Behauptung der Deutschen Christen verstanden, Gott offenbare sich auch im Volk, in der arischen Rasse oder in dem von der Vorsehung geschenkten Führer.

- Die zweite Barmer These wandte sich gegen eine falsch verstandene Zwei-Reiche-Lehre, »als gäbe es Bereiche unseres Lebens, in denen wir nicht Jesus Christus, sondern anderen Herren zu eigen wären«. Diese Formulierung richtete sich gegen das Bestreben der Nationalsozialisten, den Einfluss der Kirche, wenn schon nicht zu brechen (was jedenfalls kurzfristig unrealistisch erscheinen musste), so doch auf einen kirchlichen Sonderbereich und eine politisch belanglose Innerlichkeit zu beschränken. In der Sprache der NSDAP hieß dieses Vorhaben, das helfen sollte, den totalen NS-Staat zu verwirklichen, »Entkonfessionalisierung des gesamten öffentlichen Lebens«.
- In der fünften Barmer These verwarf man dann – durchaus im Sinne Martin Luthers – einerseits »die falsche Lehre, als solle und könne der Staat über seinen besonderen Auftrag hinaus die einzige und totale Ordnung menschlichen Lebens werden«, andererseits aber auch »die falsche Lehre, als solle und könne sich die Kirche über ihren besonderen Auftrag hinaus staatliche Art, staatliche Aufgaben und staatliche Würde aneignen und damit selbst zu einem Organ des Staates werden«. Eben dies war das erklärte Ziel der Deutschen Christen, die die Kirche in den Dienst der »Nationalen Revolution« stellen wollten, was zum Beispiel sehr deutlich in der von Reichsbischof Ludwig Müller betriebenen Zwangs-

eingliederung der evangelischen Jugendverbände in die Hitlerjugend zum Ausdruck kam.

Als Hitler bewusst wurde, dass die protestantische Kirche sich der angestrebten Gleichschaltung mit dem NS-Staat nicht ohne weiteres fügen wollte, schlug er ab 1935 eine Politik der Konfrontation ein. Er errichtete in Berlin ein Ministerium für kirchliche Angelegenheiten, das versuchte, auf gesetzlichem Wege die kirchenleitenden Organe der Bekennenden Kirche zu behindern. In verschiedenen Landeskirchen schuf er »Finanzabteilungen«, die jede Geldbewegung kontrollieren und so jegliche konspirativen Aktivitäten unterbinden sollten. In der NSDAP aber gewann der Chefideologe Alfred Rosenberg immer stärkeren Einfluss und mit ihm das Programm eines neuheidnischen Führerkults mit dem erklärten Ziel, das Christentum früher oder später abzuschaffen.

Ab 1935 versuchte Hitler, die evangelische Kirche durch eine Politik der Konfrontation gefügig zu machen.

Auf diese Verschärfung des so genannten »Kirchenkampfes« reagierte die vorläufige Leitung der Deutschen Evangelischen Kirche 1936 mit einer Denkschrift, die über die theologischen Thesen von Barmen hinausging und u.a. offene Kritik an der Gleichschaltung der kirchlichen Jugendverbände, an der Behinderung und nationalsozialistischen Pervertierung des christlichen Religionsunterrichts, am Antisemitismus der NSDAP, an der Einrichtung von Konzentrationslagern sowie der quasi-religiösen Verehrung Adolf Hitlers übte.[103]

Die Bekennende Kirche verschärfte daraufhin ihre Kritik am Nationalsozialismus. Viele evangelische Christen riskierten ihr Leben.

Auf dem Hintergrund und mit der Rückendeckung dieses beeindruckenden Dokuments verweigerten sich Tausende von einzelnen Christen dem NS-Staat. Oft zeigte sich diese Verweigerung in einer Art »innerer Emigration« in Bibel- und Gebetskreise, nicht selten artikulierte sie sich jedoch auch in öffentlichem Widerspruch. Manche Predigt aus den Jahren 1933–1945 zeugt hiervon, aber auch das Eintreten vieler einzelner Christinnen und Christen für ihre jüdischen Mitbürgerinnen und Mitbürger. Zehntausende büßten dieses mutige Handeln mit dem Tod in Konzentrationslagern.

Jedoch: Hätte nicht noch viel mehr Widerstand geleistet werden müssen?

Doch war all das genug angesichts der unvorstellbaren und maßlosen Verbrechen des Hitlerregimes? Hätte die Kirche als Ganze mit Berufung auf Offb 13 und Apg 5,29 nicht noch wesentlich energischer und aktiver Widerstand leisten müssen? In ihrer Gesamtheit hat die evangelische Kirche auf unverantwortliche Weise zum Massenmord an jüdischen Mitbürgern geschwiegen.

»Warum siehst du dann aber den Räubern zu und schweigst, wenn der Gottlose den verschlingt, der gerechter ist als er?« Hab 1,13

Nur im Zusammenhang mit dem Arierparagraphen, als die NS-Politik die Kirche selbst betraf, hat sie auf unüberhörbare Weise gegen den nationalsozialistischen Rassismus protestiert. Zu dem anderen großen Verbrechen Hitlers, dem von langer Hand geplanten und vorbereiteten Angriffs- und Vernichtungskrieg von 1939–1945, sagte die offizielle evangelische Kirche kein Wort. Im Gegenteil: Wie eh und je segnete sie Panzer und Kanonen und betete um Gottes Hilfe für einen schnellen deutschen Sieg.

Während die evangelische Kirche zum Holocaust und zu Hitlers verbrecherischem Angriffskrieg schwieg, wehrte sie sich gegen die »Aktion Gnadentod« mit beachtlichem Erfolg.

Dass die evangelische Kirche dabei durchaus Möglichkeiten der Einflussnahme gehabt hätte, zeigt z. B. der erfolgreiche Protest kirchlicher Kreise gegen den zu Beginn des Zweiten Weltkriegs von Hitler erteilten Befehl zur Ermordung von »unheilbar Kranken«, in der Sprache der Nationalsozialisten beschönigend »Euthanasie« genannt. Hitler, der zu diesem Zeitpunkt im Hinblick auf seine Angriffskriege bis zu einem gewissen Grad innenpolitische Kontroversen vermeiden wollte, gab nach und ordnete 1941 an, die »Aktion Gnadentod« zu stoppen. Wäre ähnlicher Protest nicht auch im Hinblick auf den Holocaust und Hitlers Kriegspolitik denkbar gewesen? Oder engagierten sich die Kirchen wiederum nur deshalb so sehr für die »unheilbaren Kranken«, weil in diesem Punkt ihre diakonischen Einrichtungen unmittelbar betroffen waren? Und warum waren Männer wie der Theologe Dietrich Bonhoeffer, der den Schritt in den aktiven politischen Widerstand wagte und dies mit dem Leben bezahlte, in der evangelischen Kirche so selten?[104]

Die Stuttgarter Schulderklärung als Bilanz und Neuanfang

Solche und ähnliche Fragen stellten sich nach dem Zusammenbruch der Nazidiktatur auch die Delegierten der 1945 neu gegründeten Evangelischen Kirche in Deutschland (EKD). In Anwesenheit von Vertretern des Ökumenischen Rates der Kirchen gaben sie im Oktober 1945 die »Stuttgarter Schulderklärung« ab, in der es heißt: »... wir klagen uns an, dass wir nicht mutiger bekannt, nicht treuer gebetet, nicht fröhlicher geglaubt und nicht brennender geliebt haben. Nun soll in unseren Kirchen ein neuer Anfang gemacht werden.«[105]

Kirche und Staat in der Bundesrepublik Deutschland

Als die alliierten Truppen Deutschland im Mai 1945 von der nationalsozialistischen Diktatur befreiten, bedeutete dies nicht nur die militärische und politische Kapitulation des Deutschen Reiches, sondern unter vielen Menschen entstand auch eine große weltanschauliche Orientierungslosigkeit. Die Werte des Nationalsozialsmus, der von seinen Anhängern bedingungslosen und totalen Einsatz gefordert hatte, hatten sich als verlogen und verbrecherisch erwiesen. Was insbesondere für die, die in den zwölf Jahren der Nazi-Herrschaft erwachsen geworden waren, blieb, war oft nicht viel mehr als Enttäuschung und Scham.

Nach 1945 hatte die Stimme der christlichen Kirchen ein großes moralisches Gewicht. Deshalb räumten die Väter des Grundgesetzes den Kirchen verfassungsrechtlich einen sehr hohen Stellenwert ein.

Nach 1945 erfuhren die christlichen Kirchen im besetzten Deutschland deshalb zunächst einen starken Zulauf. Bei den Institutionen, die dem Nationalsozialismus wenigstens einen gewissen Reibungsverlust bereitet hatten, suchte man jetzt Antworten auf die Frage nach dem Sinn des Lebens, und die Hoffnung auf eine Wiederbelebung des christlich-abendländischen Kulturgutes war groß. Auf diesem Hintergrund gaben die Gründer der Bundesrepublik

Deutschland den christlichen Kirchen verfassungsrechtlich einen sehr hohen Stellenwert.

So spricht die Präambel des Grundgesetzes (GG) von der Verantwortung des deutschen Volkes »vor Gott und den Menschen«, oder die heute noch für Baden-Württemberg gültige Landesverfassung fordert z. B. in Art. 12 (1) dazu auf, »die Jugend ... in der Ehrfurcht vor Gott (und) im Geiste der christlichen Nächstenliebe« zu erziehen.[106] Über diese eher allgemein gehaltenen Formulierungen hinaus legt Artikel 140 des Grundgesetzes fest, dass Art. 137 der Weimarer Reichsverfassung (WRV) wieder in Kraft tritt und den Religionsgemeinschaften somit – eine bestimmte Mitgliederzahl und die »Gewähr der Dauer« vorausgesetzt – die Eigenschaft einer »Körperschaft des öffentlichen Rechts« zuerkannt wird.

Die Kirchen sind nach Art. 137 WRV »Körperschaften des öffentlichen Rechts«.

Als »Körperschaften des öffentlichen Rechts« bezeichnet man in der juristischen Fachsprache rechtsfähige Personenverbände wie die Bundesrepublik Deutschland, die Bundesländer oder die Kommunen, aber auch andere gemeinnützige Einrichtungen, denen der Staat partielle Hoheitsrechte und besondere Unterstützung zugesteht (also z. B. Krankenkassen, Industrie- und Handelskammern, Pflichtfeuerwehr, Rundfunkanstalten), die er dafür aber gleichzeitig einer besonderen staatlichen Rechtsaufsicht unterstellt. Lässt man diese Definition gelten, ist der Ausdruck im Hinblick auf die Religionsgemeinschaften in unserem Land nicht ganz glücklich: Die Religionsgemeinschaften in der Bundesrepublik Deutschland ordnen nach Art. 137 WRV (3) »ihre Angelegenheiten« nämlich »selbstständig«, und sie verleihen ihre »Ämter ohne Mitwirkung des Staates oder der bürgerlichen Gemeinde«. In anderen Worten: Die Religionsgemeinschaften genießen in der Bundesrepublik Deutschland alle Privilegien einer »Körperschaft des öffentlichen Rechts«, sind aber frei von der sonst für solche Körperschaften vorgesehenen staatlichen Kontrolle.

Im Unterschied zu anderen Körperschaften des öffentlichen Rechts haben die Kirchen jedoch nur die Rechte und nicht die Pflichten einer solchen Institution.

Zu den Privilegien, die die großen christlichen Kirchen als Körperschaften des öffentlichen Rechts genießen, gehören u. a.:

Privilegien der großen christlichen Kirchen in der Bundesrepublik Deutschland

- das eigene Steuerrecht und die Einziehung der Kirchensteuer durch die staatliche Finanzverwaltung (vgl. Art. 137 WRV (6));
- das Recht, für ihre Bediensteten ein eigenes Beamtenrecht zur Anwendung zu bringen;
- die Verpflichtung des Staates, an öffentlichen Schulen Religionsunterricht als ordentliches Lehrfach einzurichten; → S. 213 ff.
- die Unterhaltung von konfessionell gebundenen, theologischen Fakultäten an staatlichen Hochschulen;
- das Recht zur Seelsorge in Gefängnissen und bei der Bundeswehr (vgl. Art. 141 WRV);
- die Mitwirkung in den Programmbeiräten von Radio und Fernsehen.

Trotz dieser Privilegien besteht nach Art. 137 WRV (1) eine strikte Trennung von Kirche und Staat.

Trotz dieser Privilegien besteht nach Art. 137 WRV (1) eine strikte Trennung von Staat und Kirche, und durch Art. 3 und 4 GG und den ebenfalls ins Grundgesetz übernommenen Art. 136 WRV wird ganz unmissverständlich festgelegt, dass sich der Staat in religiösen Fragen grundsätzlich neutral verhält und niemand aufgrund seines persönlichen Glaubens Vor- oder Nachteile erfahren darf.

Besteht ein verfassungsrechtlicher Widerspruch zwischen der weltanschaulichen Neutralität des Staates und der gleichzeitigen Privilegierung der großen Kirchen?

Weltanschauliche Neutralität des Staates und gleichzeitige Privilegierung der christlichen Kirchen als Körperschaften des öffentlichen Rechts stehen nun aber deshalb nicht in Widerspruch zueinander, weil nach wie vor die überwiegende Mehrheit der bundesdeutschen Bevölkerung – zumindest formal gesehen – den christlichen Kirchen angehört und der demokratische Staat ein Interesse daran hat, dass seine Bürger sich auch in religiöser und weltanschaulicher Hinsicht artikulieren und entfalten können. Der Staat ist nach dem Verständnis des Grundgesetzes keine vorgegebene Größe, sondern befindet sich in einem ständigen Prozess der Meinungs- und Willensbildung, an dem die Kirchen genauso teilnehmen sollen wie die Parteien, die Verbände, die Medien oder die Verfassungsorgane.

Das Modell der gleichzeitigen Trennung und Zusammenarbeit von Kirche und Staat hat sich bewährt. Es hat aber auch seine Grenzen:

So sehr sich dieses Modell der gleichzeitigen Trennung und Kooperation von Kirche und Staat in der Geschichte der Bundesrepublik Deutschland bewährt hat, so klar müssen auch seine Grenzen gesehen werden:

– Welche verfassungsrechtliche Bedeutung hätte es, wenn die Christen in der Bundesrepublik Deutschland eines Tages nur noch eine Minderheit wären?

- So wäre zu fragen, ob in künftigen Jahrzehnten in einer – von manchen Religionssoziologen durchaus als möglich angesehenen – Situation, in der die Christinnen und Christen in der Bundesrepublik Deutschland nicht mehr die Mehrheit der Bevölkerung bilden, immer noch an einem Verhältnis von Kirche und Staat festgehalten werden kann, das auf der Weimarer Reichsverfassung aufbaut. Als diese 1919 formuliert wurde, stellte dieses Staat-Kirche-Modell im Vergleich zum Landesherrlichen Kirchenregiment eine Beschneidung des kirchlichen Einflusses dar. In einer Situation zunehmender Entkirchlichung und Säkularisierung aber könnte dasselbe Modell eines Tages unter Umständen als ungerechtfertigte Bevorzugung einer einzelnen weltanschaulichen Gruppierung empfunden, somit könnten Verfassungsänderungen notwendig werden. Im Zusammenhang mit dem Zusammenbruch der DDR und dem Beitritt der neuen, von ihrer Geschichte her atheistisch geprägten Bundesländer zur Bundesrepublik Deutschland wurden solche Fragen durchaus schon diskutiert.

– Was ist, wenn Religionsgemeinschaften von ihrem Glauben her nicht mit dem Grundgesetz übereinstimmen können?

- Eine weitere Grenze liegt aber darin, dass Religionsgemeinschaften nach Art. 137 WRV (3) nur in dem Maße freie Entfaltung zugesichert wird, als dies »innerhalb der Schranken des für alle geltenden Gesetzes« geschieht. Genau hiergegen würde es z.B. jedoch verstoßen, wenn eine Religionsgemeinschaft – wie in den USA vonseiten fundamentalistischer Kreise geschehen – fordern würde, dass die Schöpfungstexte der Bibel in staatlichen Schulen für alle verbindlich als gleichwertige Alternative zu naturwissenschaftlichen Weltentstehungs- und Evolutionstheorien gelehrt werden sollen. Oder ein anderes, für die Bundesrepublik vielleicht noch aktuelleres Beispiel: In unserem Land lebt heute eine größere islamische Minderheit, die aufgrund ihrer Mitgliederzahl und ihrer religiösen Tradition durchaus die »Gewähr der Dauer« bieten würde. Abgesehen vom Fehlen einer für alle in der Bundesrepublik lebenden Muslime repräsentativen Organisation stellt sich im Falle des Islam jedoch die Frage, ob das Staats- und Rechtsverständnis des Islam, insbesondere in seiner radikalen, eine Islamisierung auch des öffentlichen Lebens fordernden Spielart, mit der vom Grundgesetz vorgesehenen grundsätzlichen Trennung von Staat und Kirche sowie dem weltanschaulichen Toleranzgebot des Grundgesetzes zu vereinbaren ist.

Religionsunterricht als »ordentliches Lehrfach«?[107]

Nach Art. 7 GG (3) hat Religionsunterricht an öffentlichen Schulen den Status eines »ordentlichen Lehrfachs«.

Ein konkretes Beispiel für die Kooperation von Kirche und Staat in der Bundesrepublik Deutschland bietet der Religionsunterricht an öffentlichen Schulen. Nach Art. 7 GG (3) ist Religionsunterricht »in den öffentlichen Schulen mit Ausnahme der bekenntnisfreien Schulen ordentliches Lehrfach«. Religionsunterricht darf demzufolge – anders als in vielen anderen Staaten der Welt – grundsätzlich keinen anderen Status haben als andere »Nebenfächer« wie z.B. Erdkunde, Physik oder Biologie. Im Einzelnen heißt dies u.a.

Im Einzelnen heißt dies u.a. ...

– dass der Staat die Sach- und Personalkosten des Religionsunterrichts trägt (wenn kirchlich angestellte Pfarrer oder Katecheten den Unterricht erteilen, gewährt der Staat für die erteilten Unterrichtsstunden Kostenersatz);
– dass der Religionslehrer vollwertiges Mitglied der Lehrerkonferenz ist;

– dass Religionsunterricht eine angemessene Lage im Unterrichtsganzen bekommt (also nicht etwa nur auf Rand- und Nachmittagsstunden gelegt werden darf!);

– dass zugelassene Religionsbücher lernmittelfrei sind;

– dass Religionsunterricht versetzungserheblich und Abiturprüfungsfach sein kann (nach einem Verfassungsgerichtsurteil von 1973 aber keineswegs sein muss!);

– dass am Religionsunterricht, grundsätzlich gesehen, Teilnahmepflicht besteht;

– dass der Religionslehrer sich bei der Gestaltung seines Unterrichts nicht einfach über geltende Schulgesetze und Schulordnungen hinwegsetzen darf.

Religionsunterricht an öffentlichen Schulen ist ein gemeinsames Unternehmen von Kirche und Staat.

Weiter bestimmt Art. 7 GG (3), Religionsunterricht werde »unbeschadet des staatlichen Aufsichtsrechts ... in Übereinstimmung mit den Grundsätzen der Religionsgemeinschaften erteilt«. In der Praxis bedeutet dies, dass Religionsunterricht auf konfessioneller Grundlage erteilt wird (wobei jede Religionsgemeinschaft ab sieben Schülern die Einrichtung eines eigenen Religionsunterrichts verlangen kann!) und Staat und Kirchen bei der Gestaltung von Lehrplänen, Lehrbüchern, bei Prüfungen und Anstellungen von Lehrern sowie bei der fachlichen und dienstlichen Aufsicht über den Religionsunterricht zusammenarbeiten müssen. Die konkrete Ausgestaltung dieser Zusammenarbeit bleibt dabei der Gesetzgebung der einzelnen Bundesländer überlassen. Betrachtet man die Gesetzeslage in den einzelnen Bundesländern, so fällt z. B. auf, dass die Religionsgemeinschaften in Baden-Württemberg ihre Lehrpläne selbstständig entwerfen und der Staat sich nur ein Einspruchsrecht vorbehält, in Hessen hingegen die Kompetenz des Staates der Kompetenz der Religionsgemeinschaften eindeutig übergeordnet ist.[108]

Wird Religionsunterricht »in Übereinstimmung mit den Grundsätzen der Religionsgemeinschaften« erteilt, so stellt sich die Frage, welches eigentlich die Grundsätze der evangelischen Christinnen und Christen in Deutschland sind. Da im Protestantismus das reformatorische Prinzip des allgemeinen Priestertums aller Gläubigen gilt und es – anders als in der römisch-katholischen Kirche – kein für alle verbindliches Lehramt gibt, ist diese Frage gar nicht so leicht zu beantworten. Immerhin gibt es das Votum des Rates der EKD von 1971, in dem versucht wird, diese »Grundsätze« im Hinblick auf den Religionsunterricht möglichst knapp zu formulieren:

Religionsunterricht wird nach Art. 7 GG (3) »in Übereinstimmung mit den Grundsätzen der Religionsgemeinschaften« erteilt. Welche Grundsätze hat die EKD?

»Die Vermittlung des christlichen Glaubens ist grundlegend bestimmt durch das biblische Zeugnis von Jesus Christus unter Beachtung der Wirkungsgeschichte dieses Zeugnisses. Glaubensaussagen und Bekenntnisse sind in ihrem geschichtlichen Zusammenhang zu verstehen und in jeder Gegenwart einer erneuten Auslegung bedürftig.
Die Vermittlung des christlichen Glaubens muss den Zusammenhang mit dem Zeugnis und Dienst der Kirche wahren.
Die Bindung an das biblische Zeugnis von Jesus Christus schließt nach evangelischem Verständnis ein, dass der Lehrer die Auslegung und Vermittlung der Glaubensinhalte auf wissenschaftlicher Grundlage und in Freiheit des Gewissens vornimmt.
Die ›Grundsätze der Religionsgemeinschaften‹ schließen in der gegenwärtigen Situation die Forderung ein, sich mit den verschiedenen geschichtlichen Formen des christlichen Glaubens (Kirchen, Denominationen, Bekenntnisse) zu befassen, um den eigenen Standpunkt und die eigene Auffassung zu überprüfen, um Andersdenkende zu verstehen und um zu größerer Gemeinsamkeit zu gelangen. Entsprechendes gilt für die Auseinandersetzung mit nichtchristlichen Religionen und nichtreligiösen Überzeugungen.«[109]

In einer gewissen Spannung zu Art. 7 GG (3) steht Art. 4 GG (1). Er garantiert jedem Bürger »die Freiheit des Glaubens, des Gewissens und die Freiheit des religiösen und weltanschaulichen Bekenntnisses«, d. h., kein Schüler darf zur Teilnahme am Religionsunterricht gezwungen werden. Ab dem 14. (in Bayern ab dem 18.) Lebensjahr kann sich jeder

Kein Schüler darf zur Teilnahme am Religionsunterricht gezwungen werden.

Wer sich aus Gewissensgründen vom Religionsunterricht abmeldet, muss allerdings in vielen Bundesländern ein »Ersatzfach« besuchen.

Schüler (in manchen Bundesländern unter Beachtung einer aus schulorganisatorischen Gründen sinnvoll erscheinenden Frist) aus Glaubens- und Gewissensgründen vom Religionsunterricht seiner Konfession abmelden. Vor diesem Zeitpunkt liegt die Entscheidungsgewalt bei den Eltern.

Nimmt ein Schüler nicht am Religionsunterricht einer Konfession teil, so kann er, je nach Gesetzeslage in den einzelnen Bundesländern, zum Besuch eines Ersatzfaches (Ethik, Werte und Normen, Philosophie, Religionskunde) verpflichtet werden.

Offene Fragen:

– »Religion« contra »Ethik«?

● Da dieses Ersatzfach z.B. in Baden-Württemberg »in dem Maße, in dem die abendländische Kultur von Antike und Christentum geprägt wurde, ... auf christlich-abendländischem Fundament«[110] steht und andererseits der Religionsunterricht im Bereich der EKD »auf wissenschaftlicher Grundlage und in Freiheit des Gewissens« gestaltet werden soll, mag man sich fragen, ob es, langfristig gesehen, nicht angemessener wäre, die Einrichtung eines allgemein verbindlichen, überkonfessionellen Religionsunterrichts ohne Abmeldemöglichkeit zu erwägen. Ist die Auseinandersetzung mit der christlich-abendländischen Tradition ein legitimes Bildungsziel unserer öffentlichen Schulen, so ist auf den ersten Blick in der Tat nicht einzusehen, warum diese Auseinandersetzung nicht ebenso im geschlossenen Klassenverband geleistet werden kann wie z.B. die Auseinandersetzung mit geschichtlichen oder politischen Themen. Auch in den Fächern Geschichte, Gemeinschaftskunde oder Politik sind Lehrer und Schüler keineswegs immer einer Meinung, und dennoch ist es möglich (oder sollte es zumindest möglich sein!), auch kontroverse und brisante Themen »in Freiheit des Gewissens« und im Respekt vor der Meinung Andersdenkender vernünftig und sachlich zu erörtern. Wäre es nicht gerade in einer pluralistischen Gesellschaft mit einer unverkennbaren Tendenz zur Desintegration und Zersplitterung in einzelne Inte-

»Ich finde, ein Relilehrer, der nur über Religion redet und selbst nicht glaubt, das ist wie ein Musiklehrer, der unmusikalisch ist und nicht singen kann ...«
Tobias, 16 Jahre

»Wovor mir gerade in Deutschland graust, ist eine Art Staatsbürgerkunde oder Moralkunde in staatlicher Regie. Ich habe keine Lust, den ideologischen Kitt für eine aus ihren Fugen geratene Gesellschaft zu liefern.«
Ein junger Pfarrer aus Sachsen

ressengruppen mehr als wichtig, das Gespräch über das, »woran Menschen ihr Herz hängen« sollen, auch schon in der Schule öffentlich und nicht nur im scheinbar konfliktfreien Raum der jeweils eigenen Konfession oder Weltanschauung zu führen?
Auf der Linie dieser Überlegung hat das Bundesland Brandenburg, in dem Christinnen und Christen eine Minderheit sind, 1996 mit einem neuen Schulgesetz das für alle Schülerinnen und Schüler obligatorische Schulfach »Lebenskunde – Ethik – Religionskunde« (LER) eingeführt. Energische Proteste der großen Kirchen konnten nicht verhindern, dass dem konfessionellen Religionsunterricht in diesem Bundesland nur noch der Status einer zusätzlichen, freiwilligen Veranstaltung in schulischen Räumen eingeräumt wird. In einem anderen Kontext scheint konfessioneller Religionsunterricht aber wieder an Bedeutung zu gewinnen: Politiker aller Parteien plädieren nämlich für die Einrichtung eines muslimischen Religionsunterrichts.[111]

– Rechtfertigung allein aus Glauben in der Leistungsschule?

→ S. 181 ff.

• Nur angedeutet sei noch ein anderes, im Zusammenhang mit dem Religionsunterricht immer wieder aufgeworfenes Problem: Ist die Pointe des Evangeliums, dass der Mensch allein aus Gnade und allein aufgrund seines Glaubens von Gott angenommen wird, vereinbar mit einem Schulsystem, das nach dem Prinzip messbarer und überprüfbarer Leistungen organisiert ist? Verbaut Religionsunterricht als Lern- und Prüfungsfach oft nicht geradezu den Weg zu persönlichen Glaubenserfahrungen? Wäre es deshalb nicht konsequenter, den Religionsunterricht aus den öffentlichen Schulen auszulagern oder doch zumindest zu einem Fach eigener Art zu machen (z. B. auf freiwilliger, projektorientierter Basis ohne Notendruck)? Hätte eine solche Abkoppelung des Religionsunterrichts vom übrigen Unterricht andererseits aber nicht wiederum zur Folge, dass viele Schüler, die heute noch den Religionsunterricht besuchen, dann gar nicht mehr mit Fragen des christlichen

»Also, mich hat der Reliunterricht in meinem Glauben eher verunsichert ...«
Jörg, 19 Jahre

Glaubens konfrontiert werden? Und: Darf der christliche Religionsunterricht einfach vor den Problemen einer Leistungsschule in die Idylle einer Sonderwelt flüchten? Hat er nicht vielmehr gegenüber den anderen Schulfächern die Aufgabe eines kritischen Korrektivs, das immer wieder daran erinnern muss, dass im Mittelpunkt der Schule nicht die Leistungen, sondern die einzelnen Menschen in ihrer jeweiligen Besonderheit stehen müssen? Und kann der christliche Religionsunterricht diese Aufgabe nicht vielleicht besser erfüllen, wenn er für sich nicht grundsätzlich andere Rahmenbedingungen in Anspruch nimmt als die anderen Fächer auch?[112]

Bewusste Wahrnehmung des Öffentlichkeitsauftrags der Kirche: Die Denkschriften der EKD

Die EKD bekennt sich heute bewusst zu ihrem Öffentlichkeitsauftrag.

Die in der Zeit des Nationalsozialismus gemachten Erfahrungen trugen entscheidend dazu bei, dass die Evangelische Kirche in Deutschland (EKD) sich heute ganz bewusst zu ihrem Öffentlichkeitsauftrag bekennt. Sie will die Botschaft von der mit Jesus Christus in die Welt getretenen Liebe Gottes öffentlich verkünden und dabei – biblisch gut begründet (vgl. z. B. Mt 28,19 f.; 1. Tim 2,4; Kol 1,15 f.) – keinen Bereich der Wirklichkeit ausgespart lassen.

Ein besonderes Instrument kirchlicher Öffentlichkeitsarbeit ist die Veröffentlichung von sog. »Denkschriften«.

Die Art und Weise, in der die EKD ihren Öffentlichkeitsauftrag wahrnimmt, ist äußerst vielfältig und reicht vom »Wort zum Sonntag« über einen eigenen evangelischen Pressedienst und die Durchführung von Kirchentagen bis hin zur Unterhaltung von kirchlichen Bildungsakademien. Ein besonderes Instrument kirchlicher Öffentlichkeitsarbeit aber stellen die so genannten »Denkschriften« der EKD dar. Man versteht darunter mit Argumenten begründete Stellungnahmen zu aktuellen ethischen und politischen Problemen, die von Expertengremien, zu denen sowohl Theologen als auch Nicht-Theologen

gehören, erarbeitet und unter Verantwortung des Rates der EKD herausgegeben werden. Adressaten sind alle Mitglieder der Kirche, darüber hinaus aber auch die Politikerinnen und Politiker und die nichtkirchliche Öffentlichkeit.
Während diese Denkschriften in der unmittelbaren Nachkriegszeit oft noch den Charakter von Appellen und »Worten« hatten, entwickelten sie sich seit den 60er Jahren immer mehr zu teilweise recht umfangreichen Studientexten, die zunächst einmal versuchen, ausführlich und sachlich über ein Problem zu informieren, um dann biblisch-theologische Maßstäbe in Erinnerung zu rufen und schließlich konkrete Handlungsvorschläge abzuwägen. Im Unterschied zu katholischen Enzykliken haben Denkschriften aber stets nur Vorschlags- und Angebotscharakter und sind keinesfalls für alle evangelischen Kirchenmitglieder verbindlich. Sie wollen aus christlicher Sicht zu einer vernünftigen und verantwortlichen Sachdiskussion anregen, verfallen aber in rechtem Verständnis von Luthers Zwei-Reiche-Lehre nicht in den Fehler, Glaubensfragen mit politischen und sozialen Fragen zu verwechseln. »Das rechte Verhalten gegenüber« Denkschriften besteht – wie es in einer Denkschrift zu »Aufgaben und Grenzen kirchlicher Äußerungen zu gesellschaftlichen Fragen« von 1970 heißt – »weder in einer kritiklosen Hinnahme noch in einer voreiligen Distanzierung, sondern in verantwortungsbewusster Auseinandersetzung, die die Argumente ernst nimmt und kritisch prüft.«[113]

Denkschriften wollen zum Denken anregen: Sie wollen informieren, an biblisch-theologische Maßstäbe erinnern und zu verantwortlichem Handeln aufrufen.

»Ich finde die Art, wie sich Kirche in der Öffentlichkeit präsentiert, echt schwach. Die müssten sich etwas ganz Neues einfallen lassen.«
Adrian, 17 Jahre

Um zu verdeutlichen, welches Themenspektrum die Denkschriften und Stellungnahmen der EKD abdecken, sei von einigen der Titel genannt:[114]

Themen wichtiger Denkschriften

»Sozialethische Erwägungen zur Mitbestimmung in der Bundesrepublik Deutschland« (1960), »Teilzeitarbeit von Frauen« (1965), »Soziale Ordnung des Baubodenrechts« (1973), »Der Entwicklungsdienst der Kirche. Ein Beitrag für Frieden und Gerechtigkeit in der Welt« (1973), »Gewalt und

www.ekd.de

Gewaltanwendung in einer freien Gesellschaft« (1973), »Die Frau in Familie, Kirche und Gesellschaft« (1979), »Solidargemeinschaft von Arbeitenden und Arbeitslosen« (1982), »Menschengerechte Stadt« (1984), »Die neuen Informations- und Kommunikationstechniken« (1985), »Verantwortung wahrnehmen für die Schöpfung« (1985), » Alterssicherung – die Notwendigkeit einer Neuordnung« (1987), »Strafe – Tor zur Versöhnung? Eine Denkschrift der EKD zum Strafvollzug« (1990), »Einverständnis mit der Schöpfung. Ein Beitrag zur ethischen Urteilsbildung im Blick auf die Gentechnik und ihre Anwendung bei Mikroorganismen, Pflanzen und Tieren« (1991), »Gemeinwohl und Eigennutz. Wirtschaftliches Handeln in Verantwortung für die Zukunft« (1991), »Verantwortung für ein soziales Europa« (1991), »Identität und Verständigung. Standort und Perspektiven des Religionsunterrichts in der Pluralität« (1994), »Mit Spannungen leben. Eine Orientierungshilfe zum Thema ›Homosexualität in der Kirche‹« (1996), »Für eine Zukunft in Solidarität und Gerechtigkeit. Wort des Rates der EKD und der Deutschen Bischofskonferenz zur wirtschaftlichen und sozialen Lage in Deutschland« (1997), »... und der Fremdling, der in deinen Toren ist. Gemeinsames Wort der Kirchen zu den Herausforderungen durch Migration und Flucht« (1997), »Gottes Gabe und persönliche Verantwortung. Zur ethischen Orientierung für das Zusammenleben in Ehe und Familie« (1998), »Gestaltung und Kritik. Zum Verhältnis von Protestantismus und Kultur im neuen Jahrhundert« (1999), »Christen und Juden III. Schritte der Erneuerung im Verhältnis zum Judentum« (2000), »Verantwortung und Weitsicht. Gemeinsame Erklärung des Rates der EKD und der Deutschen Bischofskonferenz zur Reform der Alterssicherung in Deutschland« (2000), »Zusammenleben mit Muslimen in Deutschland« (2000).

Zum Beispiel: Die Ostdenkschrift von 1965

Die Ostdenkschrift der EKD entstand in der Zeit des Kalten Krieges.

Eine Denkschrift der EKD, von der eine besonders starke politische – und aus heutiger Sicht muss man schon sagen: geschichtliche – Wirkung ausging, war die »Ostdenkschrift« von 1965. In einer noch vom »Kalten Krieg« zwischen Ost und West geprägten Phase der Nachkriegspolitik (1961: Errichtung der Berliner Mauer, 1962: Kuba-Krise), in der es der damaligen Bundesregierung ebenso wie der Mehrheit der bundesdeutschen Bevölkerung noch unvorstellbar erschien, die Oder-Neiße-Linie als polnische Westgrenze anzuerkennen, veröffentlichte die Kammer der EKD für öffentliche Verantwortung eine etwa 50-seitige Denkschrift mit dem Titel »Die Lage der Vertriebenen und das Verhältnis des deutschen Volkes zu seinen östlichen Nachbarn«.[115]

Die Verfasser gehen davon aus, dass das deutsche Volk während des Zweiten Weltkriegs »schwere politische und moralische Schuld gegenüber seinen Nachbarn auf sich geladen«[116] und insbesondere auch der polnischen Bevölkerung großes Unrecht zugefügt hat. Andererseits verschweigen sie auch nicht, dass die Vertreibung von Millionen Deutschen aus Ostpreußen, Pommern und Schlesien in den Jahren nach 1945 unter völker- und menschenrechtlich höchst fragwürdigen Bedingungen stattgefunden hat.

Die Verfasser bekennen sich zur Schuld des deutschen Volkes gegenüber seinen östlichen Nachbarn, verschweigen aber auch das den Deutschen zugefügte Unrecht nicht.

Im Einzelnen geht die Denkschrift dann auf die damals noch unbefriedigende Eingliederung der Vertriebenen in die bundesdeutsche Gesellschaft ein, beschreibt die Lage der gegenwärtig in den Gebieten jenseits der Oder-Neiße-Linie lebenden Polen und skizziert knapp die aus rechtlicher Sicht offenen und umstrittenen Fragen. Fazit dieser Überlegungen ist, dass der Interessenkonflikt zwischen polnischer Bevölkerung und deutschen Vertriebenen nicht juristisch zu lösen ist: »Recht steht gegen Recht oder – noch deutlicher: Unrecht gegen Unrecht. In solcher Lage wird das Beharren auf gegensätzlichen Rechtsbehauptungen, mit denen jede Partei nur ihre Interessen verfolgt, unfruchtbar, ja zu einer Gefahr für den Frieden zwischen beiden Völkern.«[117]

Wenn Unrecht gegen Unrecht steht, hilft Rechthaberei nicht weiter.

Nach dem Abwägen verschiedener theologischer und ethischer Gesichtspunkte mahnt die Denkschrift, das damals gerade von den Vertriebenenverbänden viel zitierte »Recht auf Heimat« zwar nicht gering zu schätzen, es aber auch nicht pathetisch und quasi-religiös zu überhöhen. Angesichts der durch

Schritte der Versöhnung sind wichtiger als das Beharren auf Rechtsansprüchen.

»Ihr habt gehört, dass gesagt ist: ›Du sollst deinen Nächsten lieben‹ und deinen Feind hassen. Ich aber sage euch: Liebt eure Feinde und bittet für die, die euch verfolgen.« Mt 5,43f.

den Zweiten Weltkrieg geschaffenen Realitäten müsse gerade auch aus christlicher Sicht die Pflicht zur Friedenssicherung gegenüber den östlichen Nachbarn Vorrang haben vor allen Rechtsansprüchen. Konkrete Schritte der Versöhnung seien wichtiger als ein rechthaberisches und oft unrealistisches Pochen auf Prinzipien. Ohne der Bundesregierung konkrete Handlungsanweisungen geben zu wollen, erheben die Autoren doch die Forderung, die Bundesregierung solle ihre abwartende Haltung aufgeben und baldmöglichst unübersehbare Schritte zu einer friedlichen Neugestaltung des Verhältnisses zwischen den Völkern in Ost und West unternehmen.

Während die bundesdeutsche Öffentlichkeit noch erregt über die Ostdenkschrift diskutierte, reagierte die katholische Kirche Polens: »Wir gewähren Vergebung und bitten um Vergebung.«

»Ihr seid das Salz der Erde. Wenn nun das Salz nicht mehr salzt, womit soll man salzen? Es ist zu nichts mehr nütze, als dass man es wegschüttet und lässt es von den Leuten zertreten.« Mt 5,13

Diese Forderung löste innerhalb der EKD, aber auch in der übrigen bundesdeutschen Öffentlichkeit eine äußerst heftige Diskussion und in manchen Kreisen auch Empörung aus. Die Wogen glätteten sich erst, als ein Brief des polnischen römisch-katholischen Episkopats an die deutschen katholischen Bischöfe eintraf, in dem es hieß: »Wir gewähren Vergebung und bitten um Vergebung.« Mit dieser Anerkennung auch der polnischen Schuld an der Vertreibung der ostdeutschen Bevölkerung war der Weg frei zu einer ganz neuen Phase der Ost-West-Politik. Christinnen und Christen aus Ost und West hatten den Politikern durch ihre entschiedenen und mutigen Worte deutlich gemacht, dass eine Strategie der Versöhnung und das Stiften von Frieden auf die Dauer erfolgreicher sind als der Geist der Rechthaberei, des Hasses und der Verbitterung.

1966 drückte die Synode der EKD einmütig ihre Zustimmung zum Inhalt der Ostdenkschrift aus.

Im März 1966 verabschiedete die Synode der EKD einmütig (bei nur einer Stimmenthaltung) eine Erklärung mit dem Titel »Vertreibung und Versöhnung«, die in wesentlichen Punkten mit dem Inhalt der Ostdenkschrift übereinstimmt und in deren Schlusssätzen es heißt: »Die Bereitschaft zur Versöhnung befreit uns von dem Zwang, nach rückwärts zu blicken, über eigene und fremde Taten zu rechten und Geschichte ungeschehen machen zu wollen. Sie ermutigt uns, quer durch alle trennenden Gegensätze hindurch die Menschen auf der anderen Seite als Partner zu suchen, weil sie Gottes Geschöpfe sind wie wir.«[118]

Im Dezember 1966 stellte dann Bundeskanzler Kiesinger in seiner Regierungserklärung fest, dass in weiten Teilen des deutschen Volkes ein lebhafter Wunsch nach einer Aussöhnung mit Polen bestehe und dass man auch nachvollziehen könne, dass die polnische Bevölkerung in einem Staatsgebiet mit gesicherten Grenzen leben wolle. Unter der sozialliberalen Regierung Brandt/Scheel kam es 1972 nach z. T. sehr schwierigen Verhandlungen schließlich zur Ratifizierung der so genannten »Ostverträge«, in denen die Bundesregierung die Unverletzlichkeit der Oder-Neiße-Linie als Westgrenze Polens zusicherte und damit eine im juristischen Detail zunächst noch sehr umstrittene, später aber von allen Parteien des Bundestages mitgetragene Ostpolitik der Entspannung einleitete, die nicht zuletzt auch das Verhältnis Westdeutschlands zur DDR nachhaltig und entscheidend verbesserte.

Dies machte den Weg frei zu einer neuen Phase bundesdeutscher Ostpolitik.

Gratwanderung: Evangelische Kirche in der DDR

1989: 40. Geburtstag und Zusammenbruch der Deutschen Demokratischen Republik

Inzwischen gibt es die DDR nicht mehr. Als im Frühjahr 1989 die erste Auflage dieses Buches erschien, war noch nicht abzusehen, was sich im Sommer und Herbst desselben Jahres ereignen würde: Während die SED-Führung noch mit großem Pomp den 40. Jahrestag der Deutschen Demokratischen Republik vorbereitete, besetzten Tausende von DDR-Bürgern die bundesdeutschen Botschaften in Budapest, Prag und Warschau und forderten die Ausreise. Als Ungarn im September die Grenze zu Österreich öffnete, kam es vollends zur Massenflucht. In der DDR demonstrierten Hunderttausende gegen die SED-Politik und für demokratische Reformen.

»Den Sozialismus in seinem Lauf hält weder Ochs noch Esel auf.«
Erich Honecker am 14. 8. 1989

»Wer zu spät kommt, den bestraft das Leben.« Michael Gorbatschow am 7. 10. 1989 in Berlin

Dann aber überstürzten sich die Ereignisse: Zunächst trat Erich Honecker, dann die ganze Regierung und das Politbüro zurück. Am 9. November 1989 wurde die Grenze zur Bundesrepublik geöffnet, und schon im Frühjahr 1990 fanden die ersten freien Volkskammerwahlen statt, aus denen Lothar de Maizière als Ministerpräsident hervorging. Am 1. Juli 1990 kam es zur Währungs- und Wirtschaftsunion mit der Bundesrepublik. Am 3. Oktober trat die DDR dem Geltungsbereich des Grundgesetzes bei. Deutschland war – für die meisten Menschen in Ost und West kaum fassbar – wieder ein einziger, ungeteilter Staat.

Es ist hier nicht der Ort, die Ursachen des letztlich wohl ökonomisch bedingten Zusammenbruchs der DDR im Einzelnen zu analysieren. Aber ein Blick auf die Rolle der evangelischen Kirche in der DDR lässt sich aus einem Kapitel über Kirche, Staat und Politik in Deutschland nicht länger ausklammern.[119]

Von der Konfrontation zur Koexistenz

Der entscheidende Einschnitt in der Kirchengeschichte der DDR war sicherlich das Jahr 1969 mit der Gründung eines eigenen »Bundes der Evangelischen Kirchen in der DDR« (BEK). In den 50er und 60er Jahren gehörte die evangelische Kirche in der DDR organisatorisch noch zur EKD, und sie wurde von der SED-Regierung dementsprechend als vom Westen gesteuerte, feindliche Organisation angesehen. Das Verhältnis zwischen Kirche und Staat war im Wesentlichen durch Konfrontation bestimmt. Der atheistische Staat bekämpfte die Kirche, wo es nur ging (Verbannung des Religionsunterrichts aus der Schule, Behinderung von Konfirmation und kirchlicher Jugendarbeit, Verbot von Veranstaltungen, Benachteiligung und Inhaftierung unliebsamer Personen). Als sich nun Ende der 60er Jahre abzeichnete, dass die DDR sich auf Dauer als selbstständiger, souveräner Staat etablierte (1961: Bau der Berliner Mauer; 1968: Neue sozialistische Verfassung der DDR; 1970: Treffen zwischen Willi Stoph und Willy Brandt in Erfurt; 1972: Unterzeichnung des Grundlagenvertrages mit der Bundesrepublik; 1973: Aufnahme der DDR in die UNO), war es im Interesse der Bürgerinnen und Bürger der DDR nahezu unvermeidlich, dass die Kirchenleitungen der DDR eine Möglichkeit der Koexistenz zwischen Kirche und Staat suchten. Die Formel, die für diesen kirchenpolitischen Schritt wegweisend wurde, lautete: »Wir wollen Kirche nicht neben, nicht gegen, sondern Kirche im Sozialismus sein.«[120] War die evangelische Kirche damit auch keineswegs zu einer SED-Kirche geworden, so präsentierte sie sich der Staatsführung doch als ein Gesprächspartner, der bereit war, an der Gestaltung und Verbesserung der Lebensbedingungen in der DDR verantwortlich mitzuwirken. 1978 kam es dann auch zu einer offiziellen Begegnung zwischen Erich Honecker und der Leitung des BEK, bei der das Verhältnis zwischen Kirche und Staat eine grundsätzliche Regelung fand.[121]

Eine programmatische Formel: »Kirche im Sozialismus«

Von der Kirche nicht mehr grundsätzlich in Frage gestellt, gestand der SED-Staat der Kirche in der Folgezeit Freiräume und Rechte zu, wie es sie sonst in der DDR nirgendwo gab. In einem Staat, der jegliche kritische Öffentlichkeit rigoros unterdrückte, wurde die Kirche, solange sie gewisse Grenzen nicht überschritt, als Ersatz- und Nischenöffentlichkeit toleriert. Unter dem schützenden Dach der Kirche diskutierten Christen und in zunehmendem Maße auch Nichtchristen über Wehrkundeunterricht und Wehrdienstverweigerung, über Abrüstung, Atomenergie und Umweltschutz, über Zensur, Menschenrechte und Demokratie. Insbesondere bei den seit 1980 regelmäßig abgehaltenen »Friedens-Dekaden« und bei den regionalen Kirchentagen kamen von der SED mundtot gemachte Literaten, Künstler, Liedermacher und Regimekritiker zu Wort; die innerkirchliche Presse bot in einem bestimmten Rahmen Möglichkeiten, die Zensur zu umgehen.[122]

Kirche als Schutzraum und Sprachrohr oppositioneller Gruppen

»Suchet der Stadt Bestes ...« Jer 29,7

Was die SED-Führung zunächst vielleicht noch als ein nützliches Ventil für Unmut betrachtet hatte,

»Siehe, ich sende euch wie Schafe mitten unter die Wölfe. Darum seid klug wie die Schlangen und ohne Falsch wie die Tauben.«
Mt 10,16

wuchs Ende der 80er Jahre zu einer landesweiten, alle Bevölkerungsschichten erfassenden Opposition an, der es schließlich gelang, das Ende des DDR-Staates herbeizuführen. Von der Kirchenleitung wurde zunehmend das Recht auf Ausreise angemahnt, Wahlfälschungen wurden aufgedeckt, die schon seit 1981 in der Leipziger Nikolaikirche abgehaltenen Friedensgebete wurden zum Ausgangspunkt von Massendemonstrationen. In der letzten Phase der DDR war es von größter Bedeutung, dass sich die Vertreter der Kirche um einen gewaltlosen Ablauf der Protestversammlungen bemühten. Nur so konnte verhindert werden, dass der Staat einen Anlass fand, um den Aufstand, wie zuvor in China geschehen, mit militärischen Mitteln niederzuschlagen.

1989 – eine »Protestantische Revolution«?

Bedenkt man schließlich noch, dass auch die Leitung der so genannten »Runden Tische« weitgehend in den Händen von Christinnen und Christen lag, so ist man fast versucht, von einer »Revolution der Kerzen«[123] oder gar einer »Protestantischen Revolution«[124] zu sprechen. Andererseits mehren sich inzwischen die Stimmen, die der evangelischen Kirche der DDR eine unverantwortliche Kumpanei mit den Machthabern vorwerfen. Hat der Staat die Kirche nicht nur als Alibi benutzt? Und wäre ohne die Ventilfunktion der Kirche das Regime nicht schon viel eher zusammengebrochen?[125] Und: wie stark war die Kirche von der Staatssicherheit unterwandert?[126]

Wie die Rolle der evangelischen Kirche in der DDR endgültig zu beurteilen ist, wird sich wie vieles in der Geschichte der DDR sicherlich erst aus einem größeren historischen Abstand in angemessener Weise beurteilen lassen. Heute jedoch schon deutlich ist

Ostdeutsche Christinnen und Christen stellen unbequeme Fragen ...

allerdings, dass die Christinnen und Christen aus der ehemaligen DDR eine ganze Reihe von sehr brisanten Fragen in die jetzt wieder größer gewordene EKD einzubringen hatten. Einige davon seien am Schluss dieses Kapitels zumindest genannt:

– Hat sich die westliche Kirche durch das bestehende System des Kirchensteuereinzugs, durch den Militärseelsorgevertrag, durch den Religionsunterricht als »ordentliches Lehrfach« und anderes nicht allzu sehr an den Staat gebunden? Hat sie noch die Freiheit, Fehlentwicklungen in Staat und Gesellschaft so deutlich zu benennen, wie es die Christinnen und Christen in der DDR getan haben?
– Ist die Volkskirche, wie sie sich in den alten Bundesländern entwickelt hat, nicht eine allzu reiche, privilegierte, durch bürokratische Strukturen geprägte, selbstgenügsame Kirche? War die Minderheitenkirche Ostdeutschlands mit ihrem sozialen und politischen Engagement, mit ihrem von den einzelnen Gemeindemitgliedern mitgetragenen Improvisationsgeist und ihrem engeren, menschlicheren Zusammenhalt letzlich nicht das überzeugendere und auch biblischere Kirchenmodell?
– Hat die westliche Kirche nicht genauso wie staatliche Stellen den Fehler gemacht, westliche Erfahrungen allzu schnell und undiskutiert auf die neuen Bundesländer zu übertragen? Ist es z. B. realistisch, an dem im Westen bewährten Modell des Religionsunterrichts festzuhalten, wenn die überwiegende Mehrzahl der Bevölkerung in den neuen Bundesländern gar nicht der Kirche angehört? Hätten nicht wir im Westen viel eher manches von der Kirche in der DDR übernehmen oder gemeinsam mit den Christinnen und Christen aus der DDR behutsam etwas ganz Neues entwickeln sollen?

»Es ist nicht Zeit gewesen. Wir haben uns nicht Zeit gelassen. Jetzt wird erst einmal böse Zeit zwischen uns sein. Aber die Zeit heilt auch Wunden. Gestatten wir uns zu sagen, wo es uns weh tut. Lernen wir zu reden miteinander und nicht übereinander ... Wir sind noch lange nicht ein Volk. Wir sprechen noch lange nicht dieselbe Sprache. Wir sind noch lange nicht Gleichberechtigte ...«[127]
Pfarrer Friedrich Schorlemmer, Wittenberg

Zukunft der Kirche – Kirche der Zukunft?

Die Geschichte der Kirche geht weiter, deshalb sei es erlaubt, diesem schon umfangreichen Kapitel im Jahr 2001 einen – der Sache entsprechend eher subjektiven – Ausblick hinzuzufügen. Sah es nach der Vereinigung der beiden deutschen Staaten zunächst für kurze Zeit so aus, als würde der Protestantismus in Deutschland an Gewicht gewinnen, so ist inzwischen Ernüchterung eingetreten. Alle Umfragen belegen, dass die von der Regierung der DDR planmäßig betriebene Diskriminierung religiösen und kirchlichen Lebens langfristige Folgen zeigt: Große Teile der ostdeutschen Bevölkerung können mit dem Thema »Religion« nichts mehr anfangen, viele scheinen dabei, zumindest auf den ersten Blick, auch nichts zu vermissen. Aber auch für die westdeutschen Bundesländer zeigen die Statistiken, bei klar erkennbaren regionalen Unterschieden, überdeutlich: In vielen Familien findet eine Weitergabe des christlichen Glaubens nicht mehr statt, viele Bürgerinnen und Bürger begegnen den großen Kirchen – wie übrigens auch allen anderen großen Organisationen – mit Distanz und Skepsis, der öffentliche Einfluss der Kirchen geht zurück und zurückgehende Finanzmittel machen die Situation für die Kirchenleitungen nicht gerade einfacher. Andererseits ist immer noch eine große Nachfrage nach Taufe, Konfirmation, kirchlicher Trauung, kirchlicher Beerdigung und den zahlreichen seelsorgerlichen und sozialen Einrichtungen der Kirchen festzustellen. Auch ein starkes Interesse an Religiosität außerhalb der großen Kirchen scheint es zu geben – die Esoterik-Regale der großen Buchhandlungen belegen es.

Die Weitergabe der christlichen Tradition funktioniert nicht mehr wie bisher.

Krise als Chance?

Kirche am Ende? Mitnichten. Aber die gesellschaftliche Rolle der großen Kirchen wird sich im neuen Jahrhundert, wie so oft in der bisher zweitausendjährigen Geschichte der Kirche, wieder einmal grundlegend ändern. Dabei hat das, was zunächst wie ein Katastrophenszenario aussehen mag, durchaus seine positiven Aspekte:

– Wird Kirchenmitgliedschaft nicht mehr durch staatlichen oder gesellschaftlichen Druck erzwungen, dann können die Bürgerinnen und Bürger frei und bewusst ihre eigene weltanschauliche Option treffen, was ohne Zweifel ein Gewinn, ein Ernstnehmen des Individuums, wäre, wie es in der Tradition der Reformatoren, aber auch des Pietismus stets gewünscht wurde.

»Während meines Austauschjahres in den USA habe ich eine ganz andere Art von Kirchen kennen gelernt ...«
Käthe, 19 Jahre

– Eine kleiner gewordene Kirche muss sich auf ihr Spezifikum und die ihr wesentlich erscheinenden Aufgaben konzentrieren; dies könnte einen Gewinn an Profil bedeuten.

– In einer pluralen Situation müssen die christlichen Kirchen ihre Position im Gespräch mit Andersdenkenden klar, deutlich und für alle verständlich artikulieren; ein Rückzug auf einen nur für Insider nachvollziehbaren Theologen- und Kirchenjargon wäre nur um den Preis einer sektenhaften Abschottung von der übrigen Gesellschaft zu haben.

»Und siehe, ich bin bei euch alle Tage bis an der Welt Ende.«
Mt 28,20

– Eine finanziell ärmere Kirche könnte, wie viele Beispiele aus der Kirchengeschichte, aber auch aus anderen Ländern und aus den Freikirchen zeigen, möglicherweise eine glaubwürdigere Kirche sein.

– Und: Eine Kirche mit weniger Verwaltungsstrukturen und weniger Hauptamtlichen könnte das von den Reformatoren geforderte, durch eine zu starke Dominanz des Pastorenamts oft aber nur sehr halbherzig eingelöste »Priestertum aller Gläubigen« stärken ...

Weltweites Anwachsen von Religiosität und Christentum

Die Krise des mitteleuropäischen Christentums darf außerdem nicht darüber hinwegtäuschen, dass die weltweite Situation sich ganz anders darstellt: Global gesehen kann nicht davon die Rede sein, dass der Einfluss der Religionen zurückgeht; es ist eher ein Anwachsen und eine Renaissance der Religiosität zu beobachten, nicht selten allerdings auch in fundamentalistischer Ausprägung.[128] Auch die Anzahl der Christinnen und Christen geht insgesamt keineswegs zurück, sondern wächst prozentual sogar schneller als die Weltbevölkerung, wenn auch nicht in den uns vertrauten landeskirchlichen Formen, sondern vor allem auch durch den großen Zulauf, den die freien charismatischen Gemeinden der so genannten

www.wcc-coe.org

»Pfingstbewegung« aufweisen.[129] Das europäische Christentum wird von den jungen Kirchen Afrikas, Amerikas und Asiens unter dem Aspekt von Sinnlichkeit, Begeisterung, Vitalität und Lebensnähe in den kommenden Jahrzehnten zweifellos viel zu lernen haben, ohne sich dabei allerdings auch kritische Rückfragen an allzu emotionale und ekstatische Formen der Spiritualität verbieten zu müssen. Schreibt doch schon Paulus an die Korinther: »Wenn ihr in Zungen redet und nicht mit deutlichen Worten, wie kann man wissen, was gemeint ist? Ihr werdet in den Wind reden ... Ich will in der Gemeinde lieber fünf Worte reden mit meinem Verstand, damit ich auch andere unterweise, als zehntausend Worte in Zungen« (1. Kor 14,9.19).

Wird der Christ der Zukunft ein Mystiker sein?

In der Situation zunehmender Säkularisierung werden in Mitteleuropa hoffentlich auch die verschiedenen christlichen Kirchen stärker zusammenarbeiten. Die Unterscheidung zwischen evangelischem und katholischem Christentum ist für meisten Christinnen und Christen gar nicht mehr plausibel, sodass viele konfessionelle Kontroversen wohl bald endgültig Geschichte sein werden. Andererseits könnte es gerade unter den Bedingungen der Globalisierung wichtig werden, den spezifischen Wert einzelner Traditionen zu erhalten. So spricht zum Beispiel in einer durch funktionales Denken, Hektik und auch Oberflächlichkeit geprägten Zeit vieles dafür, den in katholischen Klöstern bewahrten Schatz von Meditation (von lat. *meditari* = »nachsinnen«, »sich in Gedanken versenken«), Kontemplation (von lat. *contemplatio* = »Betrachtung«, »Versenkung«) und mystischer (von griech. *mýein* = »Augen und Mund schließen«) Selbst- und Gotteserfahrung neu zu entdecken. Die kontemplativen, ansatzweise auch im evangelischen Christentum vorhandenen Traditionen Europas (berühmte Vertreterinnen und Vertreter sind z.B. Hildegard von Bingen, Meister Eckhart, Nikolaus von Kues, Teresa von Avila, Gerhard Ter-

»Halt an! Wo läufst du hin? Der Himmel ist in dir. / Suchst du Gott anderswo, du fehlst ihn für und für.«
Angelus Silesius (1624–1677)

steegen, Edith Stein, Simone Weil) sind in ähnlicher Weise ganzheitlich ausgerichtet wie die Spiritualität der Pfingstkirchen, sie reflektieren ihre Frömmigkeit aber gleichzeitig oft auf einem erstaunlich hohen philosophischen und theologischen Niveau. Auffällig ist in der europäischen Mystik weiter durch die Jahrhunderte ein hoher Frauenanteil, ein besonders inniges Verhältnis zur Schöpfung und ein sehr individueller, undogmatischer, oft kirchenkritischer, nicht selten geradezu ketzerisch erscheinender Zugang zu Gott – alles Merkmale, die dem modernen Menschen sehr entgegenkommen. Karl Rahner, der wohl bekannteste katholische Theologe des 20. Jahrhunderts vertrat auf diesem Hintergrund sogar die These »Der Christ der Zukunft wird ein Mystiker sein, oder er wird nicht mehr sein«.[130]

Kampf und Kontemplation

In jüngster Zeit ist eine ganze Reihe von sehr hilfreichen, gut lesbaren Büchern zur Mystik erschienen,[131] noch sinnvoller wäre vielleicht die Teilnahme an einem praktischen Einführungskurs in die Techniken christlicher Meditation. Angebote finden sich in vielen katholischen Klöstern, in evangelischen Kommunitäten, aber zum Beispiel auch auf jedem evangelischen Kirchentag.[132] An dieser Stelle sei nur noch hervorgehoben, dass mystische Frömmigkeit und gesellschaftspolitisches Engagement sich in keiner Weise ausschließen müssen. In Taizé, einem kleinen Dorf in Burgund, suchen seit vielen Jahrzehnten Zehntausende von jungen Erwachsenen aller Konfessionen neue Formen der Spiritualität, des Gesprächs, aber auch des Engagements. Einer der Grundgedanken der internationalen Gemeinschaft von Taizé lautet dementsprechend: »Kampf und Kontemplation«. Aus der kontemplativen Stille erwächst für Christinnen und Christen nicht nur die eigene Seelenruhe, sondern auch die Energie, sich den Mitmenschen und den Problemen der Welt mit neuer Kraft zuzuwenden.

www.kommunitaeten.de

www.kirchentag.de

www.taize.fr

Kapitel IX

Was geht uns das an?

Zur sozialen Verantwortung der Christinnen und Christen

Was wir allzu gern verdrängen

Dass Gottes Reich der Liebe »noch nicht« ungebrochene Wirklichkeit ist, erfahren Menschen in vielerlei Hinsicht ...

Dass Gottes Reich der Liebe in dieser Welt »noch nicht« ungebrochene Wirklichkeit ist, erfahren Menschen in vielerlei Hinsicht:

Jeder von uns merkt es an sich selbst, an seinen Unzulänglichkeiten und Schwächen, an seiner Engstirnigkeit und Ichbezogenheit, an seiner Hartherzigkeit und Eigenliebe. Wir spüren es, wenn wir krank oder behindert sind. Wir spüren es, wenn wir alt werden und mit dem Sterben konfrontiert werden.

Dass Gottes Reich der Liebe erst im Anbrechen ist, manchmal so unscheinbar und leise, dass wir es gar nicht mehr glauben wollen, zeigt sich in unseren Freundschaften, Ehen und Familien; es zeigt sich an dem Leistungsdruck, unter den wir uns und andere stellen; es zeigt sich daran, dass wir ohne staatliche Ordnung und ohne staatlichen Zwang nicht in der Lage sind, unser Zusammenleben zu regeln.

»Denn wir wissen, dass die ganze Schöpfung bis zu diesem Augenblick mit uns seufzt und sich ängstet.« Röm 8,22

Dass wir »noch nicht« im Reiche Gottes leben, wird deutlich, wenn wir aus den Medien von Naturkatastrophen und abgestürzten Flugzeugen, von vergifteten Lebensmitteln und sterbenden Wäldern, von terroristischen Anschlägen und Kriegen erfahren.

Und, als wenn dies alles nicht genug wäre, das »Noch nicht« des Gottesreiches meldet sich grausam und bedrohlich in einer Spielart, die wir als Bürgerinnen und Bürger eines der reichsten Länder der Erde allzu leicht vergessen: in Gestalt massenhafter Armut und himmelschreiender sozialer Ungerechtigkeit.

Zwar gibt es Armut und soziale Ungerechtigkeit auch bei uns in der Bundesrepublik Deutschland. Wir denken oft nur nicht daran: an den Stadtstreicher, der im Winter erfriert; an die sechsköpfige Familie, deren Vater keine Arbeit mehr findet; an die Alten, deren Rente gerade eben zum Überleben reicht; an die Asyl Suchenden, die im Nachbarort in Wohncontainern wohnen müssen; an die ausländischen Arbeitnehmer, die wir einst mit großen Versprechungen ins Land geholt haben und die heute viele am liebsten wieder zurück in ihre Heimatländer schicken würden; an die vielen Frauen, die trotz aller Emanzipationsbestrebungen tagtäglich erleben müssen, dass in unserer Gesellschaft oft immer noch die Männer das Sagen haben; an die Menschen in den neuen Bundesländern, die gar nicht so selten sagen: »Früher ist das besser gewesen ...«

Zwar gibt es auch bei uns Armut und soziale Ungerechtigkeit ...

Doch was ist all das verglichen mit der Armut, der Ungerechtigkeit und dem Elend in den Ländern der Dritten und Vierten Welt? Wir wissen alle um die Millionen Männer, Frauen und Kinder, die jeden Tag hungern und verhungern. Wir haben ihre Gesichter und Körper im Fernsehen gesehen. Wir waren erschrocken und entsetzt. Wir haben vielleicht 50 oder 100 DM gespendet. Doch sind wir dann nicht wieder zur Tagesordnung übergegangen? Hatten wir nicht genug mit uns selbst zu tun? Und was nützt es den Hungernden, wenn wir uns tagein, tagaus ein schlechtes Gewissen machen?

... doch was ist all das verglichen mit der Armut, der Ungerechtigkeit und dem Elend in den Ländern der Dritten und Vierten Welt?

»Wenn ein Bruder oder eine Schwester Mangel hätte an Kleidung und an der täglichen Nahrung und jemand unter euch spräche zu ihnen: Geht hin in Frieden, wärmt euch und sättigt euch!, ihr gäbet ihnen aber nicht, was der Leib nötig hat – was könnte ihnen das helfen? So ist auch der Glaube, wenn er nicht Werke hat, tot in sich selber.«
Jak 2,15–17

Wer heute über verantwortliches Christentum nachdenkt, wer sich den Luxus leisten kann, sich über Gottesglaube und Atheismus, über Theologie und Naturwissenschaften, über das Wesen des Menschseins, über Staat und Kirche Gedanken zu machen, sollte auch von denen sprechen, die all diese Gedankengänge oft recht wenig interessieren dürften, weil ihnen nämlich das Allernotwendigste fehlt: die Handvoll Reis und das Stück Brot, nach denen sie hungern.

Auf der Seite der Armen und Entrechteten

Schon der Gott des Alten Testaments steht auf der Seite der Armen und Entrechteten.

→ S. 84 ff.

→ S. 82 ff.

→ S. 86 ff.

www.erlassjahr2000.de

Dass es Christinnen und Christen nicht egal sein kann und darf, ob andere Menschen in Hunger, Elend und Unterdrückung leben, lässt sich aus der Bibel vielfältig belegen:
Im »kleinen geschichtlichen Credo« (5. Mose 26,5–9) bekennt sich das Volk Israel zu dem Gott, der aus »Elend, Angst und Not« in Ägypten befreit hat. Die kasuistische Gesetzgebung Israels stellt die Schwachen und Armen unter besondere Fürsorge und besonderen Rechtsschutz (vgl. 2. Mose 22,20–25; 2. Mose 23,10 f.; 5. Mose 24,6–22). Die alttestamentlichen Propheten, allen voran Amos, sparen nicht mit deftigen Worten, um Israel an seine Pflicht gegenüber den Armen und sozial Benachteiligten zu erinnern. In 3. Mose 25,8–55 findet sich der utopische, so vermutlich nie in die Praxis umgesetzte Vorschlag, alle 50 Jahre, nach siebenmal sieben Jahren, ein Erlassjahr zu feiern, in dem Sklaven freigelassen und Grundbesitz zurückgegeben werden sollte, um in der Enkelgeneration die ursprünglichen Besitzverhältnisse wieder herzustellen. Zu Beginn des Erlassjahres sollte, wie heute im Judentum noch am Jom Kippur üblich, ein Widderhorn geblasen werden, weshalb man dieses Jahr auch Jobeljahr (später in nicht ganz unsinniger Weise verballhornt zu »Jubeljahr«; von hebr. *jobel* = »Widder«, »Widderhorn«) nennt.[133]

Jesus von Nazareth war kein reicher und mächtiger König.

→ S. 99 ff.

Jesus von Nazareth selbst war kein reicher und mächtiger König, der auf einem prächtigen Schimmel triumphierend in Jerusalem einzog. Lukas erzählt, er sei in einem Stall zur Welt gekommen, Matthäus, er sei schon als Kleinkind von den Soldaten des Herodes verfolgt worden. Alle Evangelisten sind sich einig, dass er als mittelloser Wanderprediger durch Palästina zog und dass er am Ende seines Lebens unschuldig gefoltert und grausam hingerichtet wurde.

Jesu besondere Zuwendung galt den Außenseitern und Randgruppen der damaligen Gesellschaft. In seinen Gleichnissen und Reden warnte er vor den Gefahren des Reichtums (vgl. Lk 12,13–21; Lk 16,19–31; Lk 18,18–27) und forderte zur Barmherzigkeit gegenüber Hilfsbedürftigen auf (vgl. z. B. Lk 10,25–37; Mt 25,31–46).

Jesu Zuwendung galt gerade auch den Außenseitern und Randgruppen der damaligen Gesellschaft.

Ist der Gott der Bibel somit eindeutig ein Gott, der auf der Seite der Armen und Entrechteten steht, so bedeutet diese »Option für die Armen«[134] allerdings nicht einfach, dass er damit ein Gegner oder Feind der Reichen und Besitzenden wäre. Auch Reiche können »arm dran« sein; deshalb wandte sich Jesus auch wohlhabenden Bürgern zu (vgl. Lk 19,1 ff.), und auch unter seinen Anhängern fanden sich keineswegs nur Leute aus dem einfachen Volk (vgl. z. B. Lk 8,3; Lk 23,50 ff.). Wohlstand und Überfluss sind in der Bibel nicht in sich selbst etwas Negatives. Schon bei König Salomo sind sie geradezu Ausdruck gottgefälligen Lebens (vgl. 1. Kön 10,1 ff.), und auch das ungebrochene Gottesreich kann man sich schlecht als einen Zustand materiellen Mangels vorstellen. Problematisch am Reichtum ist vielmehr, dass er oft ein Reichtum auf Kosten anderer ist, dass er zur Habgier und zur Hartherzigkeit verleiten und dass er darüber hinaus zum Selbstzweck und Götzendienst geraten kann (vgl. Mt 6,24!). Die »Option für die Armen« ist also keine »Option gegen die Reichen«, sondern im Grunde eine Option für das Wohlergehen aller; und solange dieser Zustand aussteht, geht es, genau formuliert, auch nicht um eine ausschließliche »Option für die Armen«, sondern um eine *»vorrangige* Option für die Armen«.

Option für die Armen: Ist der Gott der Bibel ein Feind der Reichen?

Trotz dieser notwendigen Differenzierung bleiben Christinnen und Christen von der Bibel her unmissverständlich aufgefordert, ihren Reichtum und Wohlstand nicht für sich zu behalten, sondern ihn mit den Armen dieser Welt zu teilen. Doch wie kann das praktisch aussehen? Reicht es, wenn wir 10 Pro-

Christinnen und Christen sind von der Bibel her unmissverständlich dazu aufgefordert, ihren Reichtum und Wohlstand nicht für

sich selbst zu behalten. Doch wie kann das praktisch aussehen?

zent unseres Einkommens an »Brot für die Welt« spenden? Oder müssten wir nicht wie Franz von Assisi und viele andere Christen vor und nach ihm ganz auf unseren Wohlstand verzichten? Doch wäre solch ein Verhalten nicht nur naiv und lächerlich? Würde es die Armut dieser Welt wirklich spürbar lindern? Obwohl von Jesus nicht überliefert ist, dass er derartige Problematisierungen – die ja allzu leicht zum Alibi für Untätigkeit geraten können – angestellt hätte, können wir uns solchen Fragen schlecht verschließen. Sie drängen sich auf und verlangen nach Antworten.

Lernen am Modell: Wie sind Christen und Nichtchristen mit der »Sozialen Frage« des 19. Jahrhunderts umgegangen?

Vielleicht fallen solche Antworten leichter, wenn wir die Problematik der Dritten und Vierten Welt über einen historischen Umweg angehen, nämlich über einen Rückblick darauf, wie Christen und Nichtchristen im 19. Jahrhundert bei uns in Deutschland auf die so genannte »Soziale Frage« reagiert haben. Unsere Welt, wie sie heute ist, ist in mancherlei Hinsicht ein Ergebnis von politischen und wirtschaftlichen Weichenstellungen, die im 19. Jahrhundert getroffen wurden, und ein Blick zurück mag uns das Gespür für die Notwendigkeiten der Gegenwart schärfen.

Zum Beispiel: Die »Soziale Frage« des 19. Jahrhunderts[135]

Als »Soziale Frage« des 19. Jahrhunderts bezeichnet man die wirtschaftlichen und sozialen Folgen des Übergangs von der Agrargesellschaft zur Industriegesellschaft.

Als »Soziale Frage« bezeichnet man die wirtschaftlichen und sozialen Fragen des Übergangs von der Agrargesellschaft zur Industriegesellschaft. Dieser Prozess setzte in England in der 2. Hälfte des 18. Jahrhunderts mit einer Reihe von bahnbrechenden technischen Erfindungen ein (1755: Erfindung der Spinnmaschine; 1769: Erfindung der Dampfmaschine durch James Watt; 1786: Erfindung des mechanischen Webstuhls) und erfasste Deutschland, das unter anderem aufgrund seiner Zersplitterung in eine

Vielzahl von Kleinstaaten zunächst schlechte Voraussetzungen für eine Industrialisierung bot, etwa ab 1835 (1834: Gründung des Deutschen Zollvereins; 1835: Fahrt der ersten Eisenbahn von Nürnberg nach Fürth). In der Mitte des 19. Jahrhunderts beschleunigte sich der Industrialisierungsprozess in Deutschland deutlich (so stieg z.B. die Anzahl der Maschinenfabriken zwischen 1852 und 1858 von 180 auf 322!), um dann nach dem gewonnenen Krieg gegen Frankreich und der Reichsgründung unter Bismarck von 1871–73 geradezu in einen Wirtschaftsboom zu münden. Zu Beginn des 20. Jahrhunderts stand Deutschland als eine der führenden Industrienationen Europas da.

Die Industrialisierung brachte für die überwiegende Mehrzahl der Bevölkerung zunächst keineswegs eine Verbesserung der Lebensqualität mit sich. In der Regel waren vielmehr Verarmung und Verelendung die Folge.

So faszinierend dieser Vorgang auf den ersten Blick wirken mag, so brachte er für die überwiegende Mehrzahl der Bevölkerung zunächst jedoch keineswegs eine Verbesserung der Lebensqualität mit sich. Im Gegenteil: Mit dem Einsetzen der Industrialisierung verloren viele kleine Handwerksbetriebe ihre Existenzgrundlage, und der Einsatz von Maschinen und Kunstdünger führte zu Arbeitslosigkeit auch unter der sowieso schon verarmten Landbevölkerung. Hinzu kam eine durch medizinischen Fortschritt, das Ausbleiben von Hungersnöten und großen Kriegen sowie die Aufhebung von Eheverboten bedingte Bevölkerungsexplosion. So stieg in Preußen die Bevölkerung von 1816 bis 1846 um 60 Prozent, das Volkseinkommen aber nur um 0,5 Prozent.

Die arbeits- und mittellosen Menschenmassen drängten in die Großstädte, wo sie in slumähnlichen Verhältnissen leben mussten.

»Darum befahl der Pharao am selben Tag den Vögten des Volks und ihren Aufsehern und

Die arbeits- und mittellosen Menschenmassen drängten in die Industriezentren, um dort in den neu entstehenden Fabriken Arbeit zu suchen. Die Einwohnerzahl von Berlin wuchs z.B. von 172 000 Einwohnern im Jahr 1800 über 419 000 Einwohner im Jahr 1850 auf 1 889 000 Einwohner im Jahr 1900. Fast zwangsläufig kam es so zu einer Verslumung der großen Städte mit Wohnverhältnissen, die wir heute nur aus Entwicklungsländern kennen. Die bis vor kurzem noch in gewachsene ständische und familiäre

sprach: Ihr sollt dem Volk nicht mehr Häcksel geben, dass sie Ziegel machen wie bisher; lasst sie selbst hingehen und Stroh dafür zusammenlesen. Aber die Zahl der Ziegel, die sie bisher gemacht haben, sollt ihr ihnen gleichwohl auferlegen und nichts davon ablassen, denn sie gehen müßig … Man drücke die Leute mit Arbeit, dass sie zu schaffen haben und sich nicht um falsche Reden kümmern.«
2. Mose 5,6–9

In dieser Situation halfen oft auch Fleiß und Strebsamkeit nicht weiter. Die Fabrikherren beuteten ihre Arbeiter erbarmungslos aus.

Traditionen eingebundenen Handwerker und Bauern sahen sich mit einem Schlag mit einer entwurzelten, aus den Fugen geratenen Welt konfrontiert, in der Eigentumsdelikte, wilde Ehen, uneheliche Kinder, Prostitution, Alkoholismus und Bettelei geradezu die Regel waren. Die traditionellen Arbeits- und Lebensformen der ständischen Gesellschaft, der Zünfte und des überschaubaren Klein- und Familienbetriebs waren zerbrochen, zukunftsweisende Alternativen noch nicht in Sicht.

In dieser Situation nützte es dem Industriearbeiter auch wenig, wenn er fleißig und strebsam war. Die neuen, nicht auf Bedarfsdeckung, sondern auf Profit ausgerichteten Produktionsmethoden beuteten die Arbeitskraft der hungernden Massen erbarmungslos aus. Kinderarbeit war ebenso üblich wie eine wöchentliche Arbeitszeit von bis zu 90 Stunden, und zwar zu einem Lohn, der nicht zum Leben und nicht zum Sterben reichte. In den Fabriken herrschten miserable Arbeitsbedingungen (fehlende sanitäre Einrichtungen, mangelhaftes Licht, schlechte Belüftung) und eine an Straflager erinnernde Disziplin, die jeglichen Protest unnachsichtig im Keim erstickte. Da soziale Einrichtungen wie Arbeitslosen-, Kranken- oder Unfallversicherung erst am Ende des 19. Jahrhunderts ins Leben gerufen wurden, waren die Fabrikarbeiter auf Gedeih und Verderb ihren Fabrikherren ausgeliefert, denen oft an nichts anderem gelegen zu sein schien, als auf Kosten des Elends und der Armut der Vielen ihren persönlichen Wohlstand zu mehren.

Kirchliches Versagen

Vergegenwärtigt man sich nun, wie der deutsche Protestantismus im 19. Jahrhundert auf diesen tiefgreifenden ökonomischen und sozialen Umbruch reagierte, so stößt man, aufs Ganze gesehen, auf ein wenig rühmliches Kapitel der deutschen Kirchengeschichte. Die institutionelle Bindung an den Staat, sichtbar in der Ausübung des Kirchenregiments durch die Landesherren, engte den Spielraum der evangelischen Amtskirche in gesellschaftspolitischen Fragen von vornherein stark ein und machte die offizielle evangelische Kirche – im Unterschied zum deutschen Katholizismus, auf den im Rahmen dieser »Argumente« leider nicht ausführlich genug eingegangen werden kann – zwangsläufig zur staatskonformen und obrigkeitshörigen Einrichtung. So vertraten die meisten evangelischen Theologen und Pfarrer eine Theologie der Ordnung, die die überlieferten familiären und ständischen Ordnungen für unantastbar und gottgewollt erklärte, und das zu einer Zeit, als diese Ordnungen längst im Prozess der Auflösung begriffen waren. Man forderte mit moralischem Pathos von den verarmten Industriearbeitern, die man als eigenen neuen Stand überhaupt erst um die Mitte des 19. Jahrhunderts wahrzunehmen begann, regelmäßigen Kirchgang, Nächstenliebe, Ehrlichkeit und eheliche Treue, ohne zu bedenken, dass mancher Proletarier dem nur allzu gerne nachgekommen wäre, aufgrund der ihm aufgezwungenen Arbeits- und Lebensbedingungen aber gar nicht dazu in der Lage war. Für die meisten protestantischen Theologen lag es auch auf der Hand, dass Gott Unterordnung und Überordnung, Obrigkeit und Untertanen geschaffen hatte und dass auch diese politische Ordnung, ebenso wie die überlieferten Familien- und Ständeordnungen, nicht das veränderliche Produkt menschlichen Willens, sondern eine heilige und ewige Setzung Gottes war. Dementsprechend hilflos reagierten sie lange Zeit auf jegliche Forderung nach politischer Mitsprache und Demokratie. Wer die herrschende Obrigkeit kritisierte, wer über neue Staats- und Gesellschaftsformen nachdachte, wer gar von Revolution sprach, lehnte sich aus der Sicht der Amtskirche nicht nur gegen den

Die institutionelle Bindung an den Staat machte es der offiziellen protestantischen Kirche unmöglich, auf den gesellschaftlichen Strukturwandel angemessen zu reagieren.

»Was siehst du aber den Splitter in deines Bruders Auge und nimmst nicht wahr den Balken in deinem Auge?« Mt 7,3

Immerhin gab es im Bereich der weitgehend von Laien getragenen Erweckungsbewegung eine Reihe von bemerkenswerten sozialen Initiativen. Der Schritt vom Einzelprojekt zum sozialpolitischen Gesamtkonzept blieb allerdings aus.

»Niemand flickt ein altes Kleid mit einem Lappen von neuem Tuch; denn der Lappen reißt doch wieder vom Kleid ab, und der Riss wird ärger.« Mt 9,16

Den meisten Angehörigen der Arbeiterklasse waren Almosen auf die Dauer zu wenig. So kam es zu einer Entfremdung zwischen Arbeiterschaft und evangelischer Kirche.

Staat auf, sondern rebellierte damit gleichzeitig auch gegen Gott.

Während die Arbeiterschaft vonseiten der offiziellen evangelischen Kirche also wenig Verständnis und Hilfe erwarten konnte, gab es im Bereich der weitgehend von Laien getragenen Erweckungsbewegung zu Beginn des 19. Jahrhunderts immerhin eine Reihe von bemerkenswerten Initiativen: So gründete der Berliner Freiherr von Kottwitz 1807 für brotlose Arbeiter und ihre Familien eine »Freiwilligen-Armen-Beschäftigungsanstalt«, in der er den Armen nicht nur Almosen, sondern auch Gelegenheit zur Selbsthilfe gab. Nach den Freiheitskriegen entstanden in ganz Deutschland so genannte »Rettungshäuser« für heimatlose und verwahrloste Jugendliche. 1832 rief die Hamburger Kaufmannstochter Amalie Sieveking einen weiblichen Verein für Armen- und Krankenpflege ins Leben, aus dem später durch die Unterstützung des Kaiserswerther Pfarrers Theodor Fliedner eine beeindruckende Diakonissenarbeit entstand. Gemeinsam war all diesen Projekten jedoch, dass sie sich zwar mit großer Aufopferung bemühten, einzelnen Menschen zu helfen und gegen das soziale Elend anzukämpfen, dass ihnen jedoch nicht der Schritt von der Einzelfallhilfe und vom Einzelprojekt zum Konzept einer umfassenderen Sozialhilfe oder gar zur Sozialpolitik gelang. Heutige Soziologen würden vielleicht sagen: Von Kottwitz, Sieveking, Fliedner und viele andere arbeiten an den Symptomen eines nicht mehr funktionierenden Gesellschaftssystems, während es notwendig gewesen wäre, über eine Neuorganisation des Gesellschaftssystems als Ganzem nachzudenken.

Auch den meisten Angehörigen der Arbeiterklasse waren Almosen auf die Dauer zu wenig. Sie wollten Rechte. Zu diesen verhalfen ihnen seit Ende der 60er Jahre vor allem Gewerkschaften und Sozialdemokratie, die sich aufgrund der Allianz von evangelischer Amtskirche und Obrigkeitsstaat fast zwangsläufig eine stark antikirchliche Ausrichtung geben mussten, was dann wiederum die Vorurteile der Ordnungstheologen bestätigte. Große Teile der deutschen Arbeiterschaft kehrten somit im 19. Jahrhundert der evangelischen Kirche den Rücken.

Ausnahmen bestätigen die Regel ...

- Erst 1882 wurde der Versuch gemacht, christliche Arbeitervereine zu gründen, die dann allerdings immer noch patriarchalisch von Pfarrern geleitet wurden.
- Erst in den 90er Jahren, als die SPD bei den Reichstagswahlen allen Behinderungen zum Trotz bereits über 20 Prozent der Stimmen erhielt, kam es zur Gründung von christlichen Gewerkschaften.
- Der Versuch des Hofpredigers Adolf Stöcker, 1878 eine Christlich-soziale Arbeiterpartei zu gründen, endete schon 1881 mit der Streichung des Wortes »Arbeiter« im Parteinamen. Stöcker verstand sich als Gegner der Sozialdemokratie; den gesellschaftlichen Umbruch sah er als Zersetzung des Volkslebens, für die er das moderne Judentum verantwortlich machte.
- Das von dem brandenburgischen Pfarrer Rudolf Todt verfasste Buch »Der radikale deutsche Sozialismus und die christliche Gesellschaft« (1877) mit der hochinteressanten These, wer die soziale Frage verstehen und zu einer wirklichen Lösung beitragen wolle, müsse in der Rechten die Nationalökonomie, in der Linken die wissenschaftliche Literatur der Sozialisten und vor sich aufgeschlagen das Neue Testament haben, blieb ohne Breitenwirkung.
- Der Eintritt des Bad Boller Pfarrers Christoph Blumhardt in die SPD führte noch 1899 zur Aufforderung der württembergischen Kirchenleitung, Blumhardt solle sein Pfarramt niederlegen.

Johann Hinrich Wichern

Johann Hinrich Wichern ist der Begründer der modernen Diakonie.

Wenn von der Reaktion des deutschen Protestantismus auf die »Soziale Frage« des 19. Jahrhunderts die Rede ist, verdient auch bei einer nur sehr groben historischen Skizze das Lebenswerk eines Mannes eine besondere Würdigung, nämlich das des Hamburger Theologen Johann Hinrich Wichern (1808–1881). Wichern gilt allgemein und zu Recht als »Vater der Inneren Mission« und damit als Begründer der modernen Diakonie. Selbst aus verarmten Verhältnissen stammend, lernte Wichern als Kandidat der Theologie in Hamburg aus allererster Hand das Elend der ausgebeuteten Arbeiterschaft kennen. 1833 eröffnete er dort ein Rettungshaus für verwaiste und verwahrloste Kinder und Jugendliche, das berühmte »Rauhe Haus«, in dem er Jungen und Mädchen in familienähnlichen Gruppen leben, lernen und auf ein späteres Berufsleben vorbereiten ließ. Für seine pädagogische Arbeit, die sich für damalige Verhältnisse durch eine erstaunliche Freiheit und das Prinzip liebender Zuwendung auszeichnete, benötigte Wichern viele Helfer. Er griff deshalb den urchristlichen Gedanken des Diakonats (vgl. Apg 6,1–6; 1. Tim 3,8–13) wieder auf und begründete das evangelische Diakonenamt. Die »Brüder«, wie Wichern die Diakone nannte, wurden in einer dem Rauhen Haus angegliederten Brüderanstalt ausgebildet und arbeiteten später auch in Kranken- und Irrenhäusern, in Gefängnissen, in der Armen- und Auswandererseelsorge und vielen anderen Bereichen kirchlicher Sozialarbeit.

1848 stellte er auf dem Kirchentag in Wittenberg ein umfassendes Konzept kirchlicher Sozialarbeit vor.

Hatte Wichern schon seit 1844 in seinen »Fliegenden Blättern aus dem Rauhen Hause« für ein umfassendes und grundlegendes, von ihm als »Innere Mission« bezeichnetes Konzept kirchlicher Sozialarbeit geworben, so kam seine große Stunde im September 1848 auf dem Kirchentag in Wittenberg. Diese Delegiertenversammlung zur »Gründung eines deutschen evangelischen Kirchenbundes«, die auf kirchlicher Ebene dem deutschen Partikularismus und Provinzialismus ein Ende bereiten sollte, verlief für alle Teilnehmer zunächst nicht sonderlich befriedigend. In für uns heute belanglos erscheinende Detailfragen verstrickt, empfanden es alle Anwesenden als einen befreienden und zukunftsweisenden Impuls, als Wichern in einer leidenschaftlich vorgetragenen, 75-minütigen Stegreifrede die Bildung eines »Central-Ausschusses für die innere Mission der deutschen evangelischen Kirche« vorschlug. Wichern sah, dass die soziale Frage mehr war als eine vorübergehende Krise und dass ihr deshalb auch nicht durch noch so gut gemeinte Einzelinitiativen wirksam begegnet werden konnte. Er forderte ein straff organisiertes Netzwerk von Wohlfahrtseinrichtungen und versprach sich davon eine »Reformation oder vielmehr Regeneration aller unserer innersten Zustände«.[136] Der christliche Glaube dürfe sich nicht in theologischen Streitigkeiten verlieren, sondern müsse sich in Taten »rettender Liebe« erweisen. Und wenn »die Leute nicht in die Kirche« kämen, so müsse »die Kirche zu den Leuten kommen«.[137]

»Seid aber Täter des Worts und nicht Hörer allein; sonst betrügt ihr euch selbst. Denn wenn jemand ein Hörer des Worts ist und nicht ein Täter, der gleicht einem Mann, der sein leibliches Angesicht im Spiegel beschaut; denn nachdem er sich beschaut hat, geht er davon und vergisst von Stund an, wie er aussah.«
Jak 1,22–24

Der Zentralausschuss wurde gegründet, und ein Jahr später legte Wichern eine 200-seitige Denkschrift vor mit dem Titel »Die innere Mission der Deutschen Evangelischen Kirche, eine Denkschrift an die deutsche Nation«. In dieser »Denkschrift« und in zahlreichen anderen Veröffentlichungen schilderte Wichern wie kaum ein zweiter evangelischer Theologe schonungslos das ganze Ausmaß der wirtschaftlichen und sozialen Verelendung in all ihren Erscheinungsformen. Die Ursache hierfür sah er in einer Entkirchlichung und Entchristlichung der ganzen Gesellschaft, wobei er der Habgier und Verantwortungslosigkeit der Besitzenden nicht weniger Schuld gab als der Sittenlosigkeit und Gottvergessenheit der Armen, deren oft alle moralischen Maßstäbe außer Kraft setzendes Verhalten er zwar nicht entschul-

Wichern sah das ganze Ausmaß der wirtschaftlichen und sozialen Verelendung und suchte nach neuen Wegen.

Die tiefere Ursache der sozialen Krise sah er in einer alle gesellschaftlichen Schichten betreffenden Abkehr vom Christentum.

digte, aber doch als Reaktion auf menschenunwürdige Lebensverhältnisse zu verstehen versuchte. »Nur durch eine sittliche Wiedergeburt des Volkes in seinen oberen und unteren Ständen« könne »eine befriedigende Ausgleichung zwischen den verschiedenen Besitzständen möglich werden, eine Ausgleichung, die, wenn sie gründlich und andauernd sein soll(e), im Innern, in den Gemütern beginnen«[138] müsse. Wohl wissend, dass die Überwindung der wirtschaftlichen Verelendung letztlich eine Aufgabe des Staates sein musste, ermahnte Wichern alle evangelischen Christen eindringlich, durch eine Rückkehr zu Gott, durch aktive Nächstenliebe und – soweit finanziell möglich – durch Spenden auf eine gemeinsame Erneuerung des ganzen Volkes aus dem Geiste des Christentums hinzuwirken.

Einer seiner zentralen Gedanken war die Wiederbelebung des Laienprinzips.

Da nach Wicherns Ansicht die herkömmlichen Pfarrämter dieser Aufgabe nicht gewachsen waren, griff er den reformatorischen Gedanken des allgemeinen Priestertums aller Gläubigen auf und setzte, hierin auch ganz ein Kind seines Jahrhunderts, auf die spontane und unbürokratische Kraft freiwillig organisierter und weitgehend auch von Laien getragener Vereine.

Mit seinem Konzept christlicher Bürgerinitiativen gelang Wichern der Aufbau eines landesweiten Netzwerks von sozialen Hilfseinrichtungen.

Während man sich in Deutschlands Amtskirchen noch über juristische, theologische und liturgische Fragen einer Kirchengemeinschaft stritt, überwand Wichern mit seinen christlichen Bürgerinitiativen in den folgenden Jahrzehnten den kirchlichen Provinzialismus auf praktischem Weg, und es gelang ihm, in kürzester Zeit in ganz Deutschland ein imponierendes Netz sozialer Einrichtungen aufzubauen. Ganz persönlich engagierte er sich insbesondere in der Strafgefangenenarbeit, bei der ihm der Gedanke der Resozialisierung am Herzen lag. Ab 1857 arbeitete er an dieser schwierigen und zunächst nicht sehr erfolgreichen Aufgabe als Staatsbeamter im offiziellen Auftrag des preußischen Innenministeriums, das ihn in den Kriegen von 1864, 1866 und 1870 auch mit der

Organisation der Felddiakonie betraute. Die letzten Jahre seines Lebens verbrachte Wichern nach einem Schlaganfall unter großen Schmerzen, bis er schließlich im April 1881 im Alter von fast 73 Jahren starb.

So kreativ, aufopfernd und verdienstvoll Wicherns Arbeit zweifellos war, so klar erscheinen aus heutiger Sicht auch die Grenzen seiner Konzeption:

So verdienstvoll Wicherns Arbeit war, so klar erscheinen aus heutiger Sicht auch die Schwächen seiner Konzeption:

- Wie die meisten anderen Theologen seiner Zeit war auch er einer Theologie der gottgegebenen Ordnungen verschrieben. Er konnte Staat und Gesellschaft nicht wie Luther als ein veränderbares und unterschiedlich gestaltbares »weltlich Ding« sehen. Ziel seiner Inneren Mission war die Wiederherstellung eines in früheren Zeiten scheinbar so unproblematischen Miteinanders von Familie, Ständen, Staat und Kirche. Immer wieder beschrieb er die Strukturkrise seiner Epoche als körperliche und seelische Erkrankung eines gleichsam naturwüchsigen Organismus, den es wie einen kranken Körper zu heilen galt. Mit dieser romantischen Vorstellung verkannte er Eigenart und historischen Stellenwert des nicht mehr aufzuhaltenden Industrialisierungsprozesses und erschien gerade auch liberal-aufgeklärt denkenden Bürgerkreisen in zunehmendem Maße als naiver und zumindest als Theoretiker nicht ernst zu nehmender Gesprächspartner.

– Wie die meisten anderen Theologen seiner Zeit sah er Staat und Gesellschaft im Grunde als unveränderliche, gottgegebene Ordnungen an.

- Noch verhängnisvoller war jedoch die Frontstellung, die Wichern zum Kommunismus aufbaute. Allzu einfach und unkritisch sah er die Innere Mission als das Werkzeug des Reiches Gottes und den Kommunismus als Inkarnation des Satans an. Ohne differenzierter über die Dialektik von »schon« und »noch nicht« nachzudenken, erklärte er allen kommunistischen und sozialistischen Bewegungen den offenen Kampf und trug damit nicht wenig zur Entfremdung zwischen Arbeiterschaft und evangelischer Kirche bei. Den deutschen Arbeitern blieb nun ihrerseits fast nichts anderes übrig, als Arbeiterbewegung und Innere Mission als unversöhnliche Gegner wahr-

– Dementsprechend konnte er im revolutionären Gedankengut des Kommunismus nur ein Werkzeug des Teufels sehen.

zunehmen, was nicht zuletzt auch dadurch verstärkt wurde, dass Wichern seit 1857 preußischer Staatsbeamter war und sich im Zentralausschuss der Inneren Mission die konservativen und reaktionären Vertreter immer stärkeren Einfluss verschafften.

– Den wegweisenden Gedanken von »christlichen Assoziationen der Hilfsbedürftigen selbst« ließ er leider wieder fallen.

• Wichern verfolgte unter dem Druck anderer Theologen und amtskirchlicher Vertreter einen Gedanken nicht weiter, den er schon 1848 auf dem Kirchentag in Wittenberg geäußert hatte und dessen Realisierung das Verhältnis von Arbeiterschaft und evangelischer Kirche in Deutschland vielleicht entscheidend zum Positiven geändert hätte. Wichern sprach nämlich schon damals, als es in Deutschland erst allererste Ansätze zu sozialistischem und gewerkschaftlichem Denken gab, von der Notwendigkeit von »christlichen Assoziationen der Hilfsbedürftigen selbst«.[139] Er überlegte, dass nicht nur von den wohlhabenden Schichten barmherzige Hilfe *für* die Hilfsbedürftigen organisiert werden dürfe, sondern dass diese Hilfsbedürftigen eigentlich auch selbst Verantwortung für ihre Situation übernehmen, sich selbst organisieren und ihre Interessen eigenständig vertreten müssten. Ende der 40er Jahre war das ein wegweisender Gedanke, der es möglich gemacht hätte, den entscheidenden Schritt von der »rettenden Liebe« einer an früheren Zuständen orientierten Sozialhilfe zur »gestaltenden Liebe«[140] einer zukunftsorientierten Sozialpolitik zu wagen.

Karl Marx/Friedrich Engels: Das Manifest der Kommunistischen Partei

Das Manifest der Kommunistischen Partei erschien ebenfalls im Jahr 1848. Es gilt bis heute als klassischer Grundlagentext des Marxismus-Leninismus.

Im Februar desselben Jahres 1848, in dem Wichern auf dem Kirchentag in Wittenberg zur Gründung der Inneren Mission aufrief, legten die deutschen Emigranten Karl Marx und Friedrich Engels ihr brillant formuliertes, nur 30 Seiten umfassendes »Manifest der Kommunistischen Partei« vor. Diese im Londoner Exil anonym herausgegebene Programmschrift eines damals noch wenig bekannten »Bundes der Kommunisten« fand zunächst nur zögernde Verbreitung, wurde in den folgenden Jahrzehnten aber, in alle europäischen Sprachen übersetzt, zur meistverbreiteten Publikation der internationalen Arbeiterbewegung. Bis heute gilt sie als klassischer Grundlagentext des Marxismus-Leninismus und dürfte neben der Bibel zu den auflagenstärksten Schriften der Weltliteratur überhaupt gehören.

Für Marx und Engels ist die Geschichte eine Geschichte von Klassenkämpfen. Auf die bürgerliche Revolution muss mit Notwendigkeit die proletarische folgen.

• Für Marx und Engels ist »die Geschichte aller bisherigen Gesellschaft ... die Geschichte von Klassenkämpfen«.[141] Sie versuchen zu zeigen, dass sich diese Klassenkämpfe im 19. Jahrhundert zuspitzen, und zwar zwischen der Klasse, die die Produktionsmittel besitzt, der »Bourgeoisie«, und der Klasse der besitzlosen Lohnarbeiter, dem »Proletariat«, das von der Bourgeoisie rücksichtslos ausgebeutet wird. Während das Bürgertum im Kampf gegen den Feudalismus lange Zeit eine revolutionäre Rolle spielte, ist es nach Marx und Engels im 19. Jahrhundert selbst dabei, zur herrschenden Klasse zu werden. Deshalb muss auf die längst überfällige bürgerliche Revolution, die im Jahre 1848 in fast ganz Europa endlich im Gang ist, mit geschichtlicher Notwendigkeit die eigentliche, alles entscheidende Revolution folgen, nämlich die proletarische.

Die wirtschaftlichen Verhältnisse sind die »Basis« aller gesellschaftlichen Prozesse. Alles andere ist »Überbau«.

• Da für Marx und Engels die wirtschaftlichen Verhältnisse die »Basis« aller gesellschaftlichen Prozesse darstellen und alle anderen Phänomene wie Staat, Recht, Philosophie, Literatur, Kunst oder Religion nur deren ideologischer »Überbau« sind, steht im Mittelpunkt ihrer Analyse eine Wirtschaftstheorie, deren Kernaussagen bereits im »Kommunistischen Manifest« enthalten sind und die von Marx später vor allem in seinem dreibändigen Hauptwerk »Das Kapital« (1867ff.) zum in sich geschlossenen Denksystem ausgearbeitet wurden:

→ S. 29ff.

Die kapitalistische Produktionsmethode führt zu einer immer schlimmeren Verelendung des Proletariats.

• Nach dieser Theorie ist die bourgeoise Produktionsmethode im Zeitalter der Industrialisierung eine kapitalistische. Sie ist nicht an Bedarfsdeckung, sondern an Profitmaximierung interessiert und betrachtet sowohl alle Produkte als auch die Arbeitskraft des Proletariats als Tauschware. Arbeit wird zur entfremdeten Lohnarbeit. Um im Konkurrenzkampf mit anderen Unternehmern möglichst gut abzuschneiden, zahlt der Besitzer der Produktionsmittel, der Kapitalist, dem Lohnarbeiter nur so viel Lohn, wie unbedingt notwendig ist, auf jeden Fall weniger, als er tatsächlich verdient hat: Er beutet ihn aus. Mit der Differenz aus Arbeitsleistung und Lohn, dem »Mehrwert«, kann der Kapitalist nun sein Kapital vermehren und bessere und modernere Maschinen, neue Produktionsmittel also, kaufen. Diese Verbesserung der Produktionsmittel verringert aber die Nachfrage nach Arbeitskräften und ermöglicht es, bei ständigem Anwachsen einer Reservearmee von Arbeitslosen, den Lohn noch stärker zu senken. So kommt es zu einer immer schlimmeren Verelendung der Massen.

Außerdem kommt es mit Notwendigkeit zu immer schwereren Wirtschaftskrisen.

• Da die größeren Betriebe aufgrund ihrer wirtschaftlichen und technischen Überlegenheit allmählich die mittleren und kleineren aufsaugen, entsteht gleichzeitig eine Akkumulation und Konzentration des Kapitals in wenigen Händen. Dieser Verdrängungswettbewerb lässt die Produktion der übrig gebliebenen Großbetriebe ins Uferlose steigen, und dies führt, weil die Kaufkraft der verarmten Bevölkerung nur sehr gering ist, mit Notwendigkeit zu schweren Wirtschaftskrisen.

Sobald sich diese Wirtschaftskrisen verschärfen, muss das Proletariat die bürgerliche Klasse mit Gewalt stürzen. Das Privateigentum an Produktionsmitteln muss aufgehoben werden.

• Sobald sich diese Krisen verschärfen, ist es nun die Aufgabe des Proletariats, die proletarische Revolution durchzuführen und die bürgerliche Klasse mit Gewalt zu stürzen. Wichtigster Schritt ist dabei die Abschaffung des Privateigentums an Produktionsmitteln. Der Vorbereitung dazu dient das »Kommunistische Manifest«, dessen letzte Sätze deshalb auch folgenden Wortlaut haben: »Mögen die herrschenden Klassen vor einer kommunistischen Revolution zittern. Die Proletarier haben nichts in ihr zu verlieren als ihre Ketten. Sie haben eine Welt zu gewinnen. PROLETARIER ALLER LÄNDER VEREINIGT EUCH!«[142]

Für die Übergangszeit des Sozialismus ist dann eine Diktatur des Proletariats notwendig. In der klassenlosen Gesellschaft des Kommunismus ist sie überflüssig.

● Die Welt, die das Proletariat aus der Sicht von Marx und Engels zu gewinnen hat, ist zunächst der Sozialismus, in dem der Grundsatz »Jeder nach seinen Fähigkeiten, jedem nach seiner Leistung« verwirklicht wird. Um eine Konterrevolution zu verhindern, bedarf es für eine unbestimmte Übergangszeit einer Diktatur des Proletariats, in der das Proletariat den Staatsapparat erobert und ihn zum Instrument einer gerechteren Eigentumsordnung macht. Fernziel ist jedoch die Verwirklichung einer weltweiten klassenlosen Gesellschaft, des eigentlichen Kommunismus, in dem jeder nach seinen Bedürfnissen leben darf, in dem alle Entfremdung aufgehoben ist, in dem es keinen materiellen Mangel mehr geben wird und in dem dann auch der Staat ähnlich wie die Religion von selbst abstirbt.

Für die ausgebeutete Arbeiterschaft des 19. Jahrhunderts schien das Kommunistische Manifest endlich einen realisierbaren Weg in eine bessere Zukunft aufzuzeigen.

Für sehr große Teile des entrechteten und ausgebeuteten Industrieproletariats im 19. Jahrhundert schien die Konzeption des »Kommunistischen Manifests« endlich einen realisierbaren Weg in eine bessere Zukunft zu weisen, einen Weg, den ihnen in vergleichbarer Weise weder Staat noch Kirche anbieten konnten. Marx und Engels versprachen politische Mitverantwortung, Wohlstand und Gerechtigkeit, und das Pathos und die geradezu messianische Zuversicht ihrer Kampfschrift wurden in der zweiten Hälfte des 19. Jahrhunderts von der deutschen Arbeiterschaft begeistert und bereitwillig aufgegriffen und weitergetragen.

Wie die Soziale Frage des 19. Jahrhunderts »gelöst« wurde

Marx und Engels kritisch beurteilt:

Heute, über 80 Jahre nach der Oktoberrevolution, ist es für uns wesentlich leichter, das gesellschaftspolitische Programm von Marx und Engels nüchtern und kritisch zu beurteilen.

– Was sie richtig gesehen haben…

• Richtig war es zweifellos, dass Marx und Engels ihre Kräfte nicht nur im Kampf mit Symptomen zerrieben, sondern nach den tieferen Ursachen der gesellschaftlichen Krise fragten. Richtig war auch ihre Einsicht, dass die industrielle Revolution nicht mehr zu bremsen oder gar rückgängig zu machen war und dass es deshalb ganz neuer Modelle gesellschaftlicher und ökonomischer Organisation bedurfte. Richtig und scharfsinnig waren zahlreiche ihrer Detailanalysen, etwa im Hinblick auf den Zusammenhang zwischen Rationalisierung und Arbeitslosigkeit oder auch im Hinblick auf eine bis heute zu beobachtende Tendenz zur Bildung von Kartellen und Monopolen.

– Wo sie sich irrten…

• Falsch war jedoch z.B. ihre Verelendungstheorie oder die These vom baldigen Verschwinden des Mittelstands. Zu Beginn des 20. Jahrhunderts war das durchschnittliche Lebensniveau der gesamten Bevölkerung ganz erheblich gestiegen, und es hatte sich ein starker und durchaus überlebensfähiger Mittelstand herausgebildet. Falsch oder doch zumindest viel zu optimistisch war aber vor allem auch die Hoffnung, die Abschaffung des Privateigentums an Produktionsmitteln führe mit Notwendigkeit zu einem Mehr an Wohlstand, Freiheit und sozialer Gerechtigkeit. Wenn wir heute die Staaten des real existierenden bzw. existiert habenden Sozialismus mit kapitalistischen Staaten des Westens vergleichen, so wird man auch bei sehr wohlwollender Betrachtung die Gesellschaftssysteme des inzwischen zusammengebrochenen Ostblocks wohl kaum als die menschenfreundlicheren und fortschrittlicheren bezeichnen.

Der Zukunftsentwurf des »Kommunistischen Manifests« beruhte, trotz – oder vielleicht auch gerade wegen? – seiner atheistischen Implikationen, auf quasi-religiösen Glaubenssätzen. Er repräsentierte eine säkularisierte Variante des jüdisch-christlichen Geschichtsmodells, und zwar unter einer folgenschweren Ausblendung und Verdrängung des biblischen »noch nicht«-Aspekts.

→ S. 173 ff.

Kann man davon sprechen, dass die Soziale Frage des 19. Jahrhunderts »gelöst« wurde?

Angesichts der immer noch bestehenden sozialen Ungerechtigkeiten und der tiefgreifenden Krisen, in denen sich unsere Welt heute befindet, lässt sich nur mit großen Vorbehalten davon sprechen, dass die Soziale Frage des 19. Jahrhunderts in Deutschland schließlich »gelöst« wurde. Und dennoch ist es eine nicht zu bestreitende Tatsache, dass ein einfacher Arbeiter in der Bundesrepublik Deutschland heute im Durchschnitt einen wesentlich höheren materiellen Wohlstand und wesentlich größere politische Freiheiten genießt als je zuvor in der Geschichte. Natürlich ist damit noch nichts über den Grad der Lebenszufriedenheit ausgesagt, und vieles spricht heute dafür, dass Wohlstand und politische Freiheiten auch ihre Schattenseiten haben, aber dennoch wird man nicht umhin können, von einem ganz erheblichen wirtschaftlichen und sozialen Fortschritt zu sprechen.

Unser heutiger Sozialstaat entstand durch ein komplexes Zusammenwirken unterschiedlichster Ansätze und Faktoren.

Bewirkt hat diesen sozialen Fortschritt weder die Innere Mission Wicherns noch der Marxismus alleine, sondern ein komplexes Zusammenwirken unterschiedlichster Ansätze und Faktoren. Zum Entstehen des modernen Sozialstaats, der in Deutschland am Ende des 19. Jahrhunderts mit der Einführung der gesetzlichen Kranken-, Unfall- und Altersversicherung (1883 ff.) endlich Gestalt gewann, hat das sozialdiakonische Engagement evangelischer Christen ebenso beigetragen wie die Soziallehren und die praktische Sozialarbeit des Katholizismus. Die Theoriebildung bürgerlicher Wirtschaftswissenschaftler war ebenso wichtig wie die innerbetriebliche Sozialpolitik einzelner Unternehmer wie Robert Bosch oder Alfred Krupp, die sich ohne gesetzlichen Zwang und sicherlich aus sehr vielschichtigen Motiven für die Einrichtung von Betriebskrankenkassen, Werkswohnungen, Werkskantinen, betrieblicher Altersversorgung und anderen Sozialleistungen entschieden. Ohne den politischen Druck der Gewerkschaften, der Sozialdemokratie und des Kommunismus hätte Deutschland für den Übergang vom feudalen Agrarstaat zur demokratischen und sozialen Industrienation sicherlich wesentlich länger gebraucht; aber auch ohne das politische Kalkül und Geschick eines Bismarck wäre vieles zweifellos ganz anders und nicht unbedingt besser gekommen.

Lehren aus der Geschichte

Die Lehren, die sich aus diesem Rückblick auf das 19. Jahrhundert für die sozialen Probleme der Gegenwart ziehen lassen, sind vielfältig und sicherlich immer auch eine Frage des jeweiligen Standpunkts. Einige, die mir persönlich besonders wichtig erscheinen, seien thesenartig festgehalten:

In Zeiten gesellschaftlichen und ökonomischen Umbruchs können Christen sich nicht auf die Rolle des barmherzigen Samariters beschränken. Christen haben auch eine sozialpolitische Verantwortung.

- Aus der Geschichte der protestantischen Diakonie des 19. Jahrhunderts können wir lernen, dass es in Zeiten gesellschaftlichen und ökonomischen Umbruchs nicht genügt, sich auf die Rolle des barmherzigen Samariters zu beschränken. Wer nur auf spontane Hilfe setzt oder sich mit der Organisation von Nothilfeprogrammen begnügt, verliert leicht die eigentlichen Ursachen der Not aus den Augen und riskiert darüber hinaus, trotz aller Aufopferung und trotz allen guten Willens, für Ziele, die gar nicht die seinen sind, missbraucht zu werden. So wie Sünde sich sowohl in individuellen als auch in kollektiven und strukturellen Phänomenen äußern kann, so gibt es auch nicht nur eine Liebe, die in Beziehungen zwischen einzelnen Menschen zum Ausdruck kommt, sondern auch eine Liebe, die in Strukturen tätig ist – oder die diese Strukturen auf unverantwortliche Art und Weise übersieht. Das christliche Engagement für mehr soziale Gerechtigkeit darf deshalb auch vor dem Schritt in die sozialpolitische Verantwortung nicht zurückscheuen.

Kirche darf sich nicht in Abhängigkeit vom Staat begeben.

- Die unglücklichen Auswirkungen der »Ehe von Thron und Altar« zeigen, dass die christliche Kirche gut daran tut, sich in ihrem sozialdiakonischen und sozialpolitischen Denken und Handeln nicht in Abhängigkeit vom Staat zu begeben. Christen respektieren und unterstützen die Aufgaben des Staates; wenn es ihnen aus der Sicht ihres Glaubens jedoch geboten erscheint, dürfen sie gegebenenfalls auch nicht zögern, staatliches Handeln oder auch staatliche Untätigkeit deutlich und unmissverständlich zu kritisieren.

Kirche darf nicht nur eine Funktionärskirche sein.

»Ihr aber seid das auserwählte Geschlecht, die königliche Priesterschaft . . .«
1. Petr 2,9

- Das Lebenswerk Wicherns und anderer Christen des 19. Jahrhunderts erinnert uns daran, dass Christinnen und Christen nicht darauf warten dürfen, dass Bischöfe, Oberkirchenräte oder Pfarrer für sie tätig werden. Im Sinn des allgemeinen Priestertums aller Gläubigen sind alle Christinnen und Christen dazu aufgerufen, ihre Gemeinden, Kirchen und diakonischen Einrichtungen so mitzugestalten, dass sie dem Geist des Evangeliums von Jesus Christus entsprechen. Niemand muss sich dabei überfordern oder meinen, alle Probleme dieser Welt ganz allein lösen, in jedem Arbeitskreis und in jeder Projektgruppe mitarbeiten zu müssen, aber der Christ hat auch kein Recht, den Dingen dieser Welt einfach ihren Lauf zu lassen. Jeder Einzelne soll an dem Ort, an den Gott ihn gestellt hat, und mit den Fähigkeiten und Kräften, die Gott ihm gegeben hat, an der Verwirklichung des Gottesreiches mitarbeiten. Nicht mehr, aber auch nicht weniger.

Hilfe zur Selbsthilfe ist wichtiger als entmündigende Fürsorge.

- Bei allem sozialdiakonischen Handeln der Kirche darf Wicherns Gedanke der »Assoziationen der Hilfsbedürftigen selbst« nie wieder in Vergessenheit geraten. An die Stelle entmündigender Fürsorge muss, soweit noch nicht geschehen, in jedem Fall eine Hilfe zur Selbsthilfe treten.

Sowohl eine Vernachlässigung des »Schon«- als auch eine Vernachlässigung des »Noch nicht«-Aspektes hat in der Sozialpolitik fatale Folgen.

- Die Wirkungsgeschichte des »Kommunistischen Manifests« verdeutlicht, dass große gesellschaftspolitische Visionen zwar notwendig und hilfreich sind, dass wir im Interesse der Menschlichkeit aber nicht versuchen dürfen, den Gang der Geschichte um jeden Preis an unsere Visionen anzupassen. War der Protestantismus des 19. Jahrhunderts oft genug eine Vertröstungsreligion, die den »schon«-Aspekt des anbrechenden Gottesreiches nicht ernst genug nahm, so war der Marxismus in seiner bisherigen Geschichte sehr oft in Gefahr, das von Menschen aus eigener Kraft nicht aufzuhebende »Noch nicht« einer unerlösten Welt zu gering zu veranschlagen.

Einzelfallhilfe und sozialpolitisches Handeln sind keine Alternativen, sondern gehören zusammen.

- Diakonisches Handeln am Einzelnen und sozialpolitisches Eintreten für die Änderung gesellschaftlicher Strukturen dürfen nicht als sich gegenseitig ausschließende Ansätze, sondern müssen als sich ergänzende Vorgehensweisen gesehen werden. Beides ist wichtig, denn es gibt sowohl eine unrealistische und politisch naive Verdrängung von Strukturproblemen als auch eine Flucht in die Allgemeinheit und Unverbindlichkeit von Strukturanalysen, bei denen das Schicksal des einzelnen Menschen in zynischer Weise nur als Beleg für die jeweils eigenen Theorien gesehen wird.

Schwarzweißmalerei hilft niemandem weiter. Unterdrückung muss Unterdrückung genannt werden, aber auch die Unterdrücker wollen befreit werden.

- Das komplexe Zusammenwirken unterschiedlicher Ansätze und Gruppen bei der Entstehung des deutschen Sozialstaats weist darauf hin, dass tragfähige Lösungen bzw. Zwischenlösungen am ehesten dann gefunden werden, wenn man die beteiligten Menschen nicht nur in Gut und Böse, in Genossen und Klassenfeinde einteilt und somit die Fronten verhärtet, sondern wenn man sich bemüht, Wege zu finden, die die Interessen und Einsichten aller Betroffenen angemessen zu berücksichtigen und zu würdigen versuchen. Solche Offenheit für die Interessen der anderen darf allerdings nicht dazu dienen, das Verhältnis zwischen Ausbeutern und Ausgebeuteten, zwischen Unterdrückern und Unterdrückten zu beschönigen. Ziel muss es aus christlicher Sicht vielmehr sein, die Strukturen der Ausbeutung und Unterdrückung tatsächlich zu überwinden und auf diese Weise auch die Ausbeuter und Unterdrücker von ihrer inhumanen Rolle zu befreien und auch ihnen die Möglichkeit zur Entfaltung ihrer wahren Gottebenbildlichkeit zu eröffnen.

Intensive Glaubenserfahrung und soziales Engagement sind keine Gegensätze.

- Wichern und viele andere Vertreterinnen und Vertreter der Diakonie des 19. Jahrhunderts sind für uns eindrückliche und nachahmenswerte Beispiele für eine Lebenshaltung, in der intensive Glaubenserfahrungen und engagiertes soziales Handeln keine Gegensätze bilden, sondern untrennbar zusammengehören. Das soziale Handeln des Christen gewinnt seine Zielsetzung, Ausdauer und Kraft gerade auch in schwierigen und ausweglos erscheinenden Situationen aus dem Glauben, und dieser Glaube drängt aus sich selbst heraus darauf hin, in Taten der Liebe konkrete Gestalt zu gewinnen.

Konsequenzen für die Gegenwart

Versuchen wir, diese Einsichten auf die sozialen Fragen unserer Gegenwart und speziell auf unser Verhältnis zur Dritten und Vierten Welt anzuwenden, dann hieße das unter anderem:

Den Menschen in der Dritten und Vierten Welt kann langfristig nur durch eine neue Weltwirtschaftsordnung geholfen werden.

- Mit großherzigen Spenden zur Weihnachtszeit oder an einem »Tag für Afrika« können wir Reichen dieser Welt uns nicht aus der sozialen Verantwortung für unsere hungernden Mitmenschen stehlen. Sicherlich ist auch eine spontane Soforthilfe oft sinnvoll, und jedem Unterernährten ist mit einer Lebensmittelsendung zumindest kurzfristig geholfen. Zu den Ursachen des Elends in den Entwicklungsländern stoßen wir aber erst dann vor, wenn wir und unsere Politiker beginnen, wirklich ernsthaft über eine neue

»Als Jesus das hörte, sprach er zu ihm: ... Verkaufe alles, was du hast, und gib's den Armen ... Als er das aber hörte, wurde er sehr traurig; denn er war sehr reich.« Lk 18,22f.

Weltwirtschaftsordnung nachzudenken und auch vor den entsprechenden Konsequenzen nicht mehr die Augen zu verschließen. Es besteht kein Zweifel, dass die Armut der anderen aufs Engste mit unserem Wohlstand und Lebensstil zusammenhängt und dass eine gerechtere Weltwirtschaftsordnung zwangsläufig auch einschneidende Auswirkungen auf uns selbst hätte. Eine Senkung unseres Lebensstandards wäre wahrscheinlich. Die Arbeitslosenproblematik würde sich bei uns mit Sicherheit verschärfen. Aber vielleicht täte sich auch eine Chance zu einem behutsameren Umgang mit unserer Umwelt und auch mit uns selbst auf. Auf jeden Fall ist die wirtschaftliche und soziale Strukturkrise, in der sich unsere Welt befindet, mindestens so tiefgreifend und komplex wie die Strukturkrise des 19. Jahrhunderts. Im Grunde hat sich die soziale Frage nur verlagert und hat weltweite Dimensionen angenommen. Es ist für uns Reiche in dieser Situation beschämend, wie sehr wir uns immer wieder durch unsere privaten Alltagsgeschäfte von dieser alle Menschen dieses Erdballs betreffenden Realität ablenken lassen.

Kirchliche Entwicklungshilfe darf Konflikten mit dem Staat nicht aus dem Weg gehen.

www.brot-für-die-welt.de

www.misereor.de

• Dass kirchliche Entwicklungsarbeit nicht nur eine Variante der staatlichen Entwicklungshilfe sein darf, ist für Einrichtungen wie »Brot für die Welt« und »Misereor« heute eine Selbstverständlichkeit. Christen helfen auch da, wo es staatlichen Stellen aus politischen Gründen nicht genehm ist, und sie helfen so, dass es möglichst den Betroffenen und nicht in erster Linie wieder unseren eigenen Interessen nützt. Vergleicht man andererseits einmal den Rüstungsetat unseres Landes mit dem Entwicklungshilfeetat, so kann man sich durchaus fragen, ob die christlichen Kirchen nicht noch viel schärfer, als sie es bisher getan haben, auch die politischen Grundkonzeptionen unserer Parteien in Frage stellen müssten. Können die Kirchen es hinnehmen, dass Politiker in unserem Land versuchen, unsere heimischen Arbeitsplätze durch Rüstungsexporte in die Dritte Welt zu sichern? Oder um ein Beispiel aus einem anderen Bereich zu nehmen: Haben wir Christen uns eigentlich mit makabren Phänomenen wie »Milchhalden«, »Fleischüberschüssen« und »Butterbergen« schon abgefunden?

- Dass Christinnen und Christen nicht darauf warten dürfen, bis andere für sie handeln, bezeugen heute auf eine gute Weise nicht nur Menschen, die einen Teil ihres Lebens für die Arbeit in der Entwicklungshilfe zur Verfügung stellen, sondern z. B. auch ehrenamtliche Mitarbeiter in so genannten Dritte-Welt-Läden. Christen und Nichtchristen versuchen hier zum einen Aufklärungsarbeit zu leisten, zum anderen verkaufen sie aber auch Dritte-Welt-Produkte wie Kaffee, Tee oder Jutetaschen, wobei sie darauf achten, dass der Erlös auch wirklich den Erzeugern und nicht nur dem Zwischenhandel zugute kommt. Solche Aktionen ändern zwar nichts an der Weltwirtschaftsordnung, aber sie schärfen das Bewusstsein der Menschen und haben zeichenhaften Charakter. Viele Christinnen und Christen machen sich heute auch Gedanken über den Zusammenhang zwischen ihren persönlichen Ernährungsgewohnheiten und dem Elend in der Dritten Welt. So ist es z.B. eine Überlegung wert, ob nicht reichlich Nahrung für alle Menschen dieser Erde produziert werden könnte, wenn wir selbst unseren übertriebenen und auch für unsere eigene Gesundheit nicht unproblematischen Fleischkonsum zügeln würden. Interessante Anregungen zu dieser und anderen Fragen bieten die verschiedensten Aktionen und Materialien der großen kirchlichen Hilfswerke. Wäre es darüber hinaus aber nicht Aufgabe jeder einzelnen Christin und jedes einzelnen Christen, sich in Bürgerinitiativen und politischen Parteien dafür zu engagieren, dass die Überlebensprobleme der Entwicklungsländer, die sich mittelfristig auch als unsere eigenen Überlebensprobleme erweisen könnten, endlich entschlossen und beherzt angegangen werden?

Entwicklungshilfe fängt bei jedem Einzelnen von uns an.

www.transfair.org

»Und er sprach: Womit wollen wir das Reich Gottes vergleichen, und durch welches Gleichnis wollen wir es abbilden? Es ist wie ein Senfkorn; wenn das gesät wird aufs Land, so ist's das kleinste unter allen Samenkörnern auf Erden; und wenn es gesät ist, so geht es auf und wird größer als alle Kräuter und treibt große Zweige, so dass die Vögel unter dem Himmel unter seinem Schatten wohnen können.«
Mk 4,30–32

Entwicklungshilfe muss Hilfe zur Selbsthilfe sein.

• Dass Entwicklungshilfe Hilfe zur Selbsthilfe sein muss, dass entwicklungspolitische Konzeptionen gemeinsam mit den Betroffenen erarbeitet werden, dass sie auch das Eintreten für die Verwirklichung von Menschenrechten und politischer Mitverantwortung beinhalten müssen, ist in der Entwicklungsarbeit der christlichen Kirchen heute weithin unbestritten. Man hat aus den Fehlern der Vergangenheit gelernt, zumindest, was die Theorie anbelangt.[143]

Patentrezepte helfen nicht.

• Einfache Rezepte für die Lösung der Probleme dieser Welt gab es im 19. Jahrhundert nicht, und es gibt sie heute auch nicht. Das wird jeder bestätigen, der vor Ort in der Entwicklungshilfe gearbeitet hat. Revolutionen beseitigen bei genauerem Hinsehen das soziale Elend in der Dritten Welt ebenso wenig wie Milliardenkredite oder religiöse Bekehrungskampagnen – so schwer diese Wahrheit für uns auch oft zu ertragen sein mag.

Auch Spenden haben ihren Sinn.

• So wenig wir uns auf Spendenaktionen für die Dritte Welt beschränken können, so wenig können wir auf sie verzichten. Sicherlich hilft es den Entwicklungsländern langfristig mehr, wenn sich die Strukturen des Weltmarkts verändern, aber bis diese Strukturen einmal geändert sind – und wer weiß, wann das sein wird! –, sind Millionen und Abermillionen von Menschen elend zugrunde gegangen.

Die Zukunft lässt sich nur gemeinsam meistern.

• Will man die Hoffnung auf gewaltfreie Lösungen und Zwischenlösungen, die sowohl von den Reichen als auch von den Armen dieser Welt bejaht und als Erweiterung von Lebensqualität empfunden werden können, nicht aufgeben, dann gibt es keinen anderen Weg als den, dass zwischen Menschen der Ersten und Zweiten und Menschen der Dritten und Vierten Welt ein aufrichtiger und konstruktiver Austausch von Erfahrungen und Wünschen, von Überlegungen und Ideen in Gang kommt. Ein solcher Austausch muss auf vielen Ebenen stattfinden, angefangen von Austauschprogrammen für Jugendliche und Studenten über Patenschaften zwischen Kirchengemeinden bis hin zu internationalen Konferenzen und großen politischen Gipfeln. Oft mögen solche Bemühungen recht naiv und weltfremd erscheinen, oft mögen sie auch für andere Zwecke missbraucht werden. Und dennoch müssen sie vorangetrieben und verstärkt werden, denn eine Alternative dazu gibt es nicht.

»Und wenn morgen die Welt unterginge...«

● So wenig sich Menschen in der Mitte des 19. Jahrhunderts vorstellen konnten, wie die Soziale Frage in Deutschland je einer Lösung zugeführt werden könne, so wenig wissen wir heute, wie die weltweite soziale Krise für alle Menschen dieser Erde auf eine auch nur halbwegs befriedigende Art und Weise überwunden werden soll. Wir wissen etwas genauer als die Generationen vor uns, welche Fehler und Sackgassen wir vermeiden sollten, doch mehr auch nicht. Es wäre unangebracht und im Hinblick auf die Hungernden und Leidenden dieser Welt respektlos, unter diesen Umständen naiven Optimismus und oberflächliche Zuversicht zu verbreiten. Und dennoch ist es Aufgabe der Christinnen und Christen, gerade auch durch ihr soziales Engagement sichtbar zu machen, dass die Welt nach ihrer festen Überzeugung in den Händen eines gütigen Gottes ruht, dessen Liebe so mächtig ist, dass sie alle Grenzen menschlicher Vorstellungskraft übersteigt. Martin Luther, dem seine Zeit oft nicht weniger perspektivenlos erschien als uns die unsere und der sich dennoch mit aller Lebenskraft den Aufgaben dieser Welt zuwandte, wird ein berühmtes Zitat zugeschrieben, dem nichts hinzuzufügen bleibt: »Und wenn morgen die Welt unterginge, so würde ich heute noch mein Apfelbäumchen pflanzen.«[144]

Sonntag – ein Tag wie jeder andere?

»Was geht uns das an? Zur sozialen Verantwortung der Christinnen und Christen.« Es mag zunächst verwundern, am Ende dieses Kapitels einen Ab-

Sonntag – Institution im Wandel

schnitt zum Thema »Sonntag« zu lesen, aber der Stellenwert der Institution Sonntag ist in unserer Gesellschaft zur Zeit einem grundlegenden Wandel unterworfen, und dies hat weitreichende Auswirkungen auf unser Menschenbild, auf unser Verständnis von Zeit und Arbeit, und damit auch auf das Selbstverständnis unserer Gesellschaft.[145]

»Der Sonntag und die staatlich anerkannten Feiertage bleiben als Tage der Arbeitsruhe und der seelischen Erhebung gesetzlich geschützt.« Art. 139 WRV/Art. 140 GG

»Also, sonntags kracht's bei uns oft in der Familie. Dass jeder jede Woche einen oder zwei freie Tage hat, finde ich schon wichtig, aber das könnte man auch auf verschiedene Tage verteilen. Dann gäbe es z. B. auch nicht so schlimme Staus auf den Straßen.« Björn, 19 Jahre

Der Schutz des Sonntags ist zwar im Grundgesetz garantiert, wird in der Praxis jedoch in vielerlei Hinsicht unterlaufen: Die Kommunen erteilen immer öfter Ausnahmegenehmigungen für Ladenöffnungen auch am Sonntag. Bäckereien bieten ihrer Kundschaft auch sonntags frische Brötchen, Tankstellen und Autowaschanlagen, Solarien und Fitnesscenter sind geöffnet, Call-Center sind sieben Tage die Woche rund um die Uhr erreichbar. Viele Menschen wollen den Sonntag als besondere Zeit eines erlebnisbetonten Konsums nutzen, suchen die Abwechslung, fürchten am Sonntag die Einsamkeit und Langeweile oder auch die ungewohnte Nähe der Familie. Selbst in Kirchengemeinden finden an Sonntagen nicht nur Gottesdienste statt (die freilich von der überwiegenden Mehrzahl der Bevölkerung nicht mehr in Anspruch genommen werden), sondern es werden auch vielfältige Formen von Festen und Veranstaltungen angeboten, bei denen sehr wohl auch Elemente einer neuen Verkaufs-, Einkaufs- und Unterhaltungskultur zum Zuge kommen. Wichtig ist schließlich auch, dass in bestimmten Branchen (etwa in der Produktion von Microchips) das Anhalten des Produktionsprozesses zu erheblichen technischen und ökonomischen Nachteilen führen würde und dass unter den Bedingungen eines globalen, zunehmend auch vom E-Commerce bestimmten Marktes rigide Verkaufsbeschränkungen unter Umständen auch dem Wirtschaftsstandort Deutschland erhebliche Nachteile bringen könnten. Was steht mit der Institution des Sonntags auf dem Spiel?

Kulturgeschichtlich gesehen hat sich die Einrichtung des Sonntags aus dem jüdischen Sabbat heraus entwickelt. Die wöchentliche Feier des Sabbats (von hebr. *schabbat* = »aufhören, ruhen«), die in Israel vor allem in der Zeit des babylonischen Exils als Zeichen der Abgrenzung zu den Nachbarreligionen eine besondere Bedeutung gewann, wird im Alten Testament zum einen damit begründet, dass Gott selbst bei der Erschaffung der Welt am siebenten Tage ruhte (2. Mose 20,8–11). Arbeit, selbst die göttliche Arbeit, ist nicht die »Krone der Schöpfung«, die »Krone der Schöpfung« ist der Abstand zur Arbeit, der Sabbat. Zum anderen wird im hebräischen Teil der Bibel auch ein ausdrücklicher Zusammenhang zwischen dem Sabbatgebot und der Erinnerung an die Befreiung aus der Knechtschaft in Ägypten hergestellt (5. Mose 5,12–15). Der Sabbat ist ein Tag der Befreiung vom fremdbestimmten Leben und damit im Judentum immer auch ein Vorgriff auf messianische Zeiten. Diesem Ziel dienen auch die zahlreichen Ge- und Verbote, die für fromme Juden den Ablauf des Sabbats regeln. Sie wollen nicht einengen und die Lebensfreude bremsen, sondern einen Freiraum schaffen, damit der Mensch sich auf das Wesentliche seiner Existenz besinnen kann.

Zur Kulturgeschichte des Sonntags

→ S. 48 f.

→ S. 78 ff.

www.hagalil.com

Als Tag der Befreiung, nämlich als der Befreiung vom Tod, wird im frühen Christentum dann auch der auf den Sabbat folgende Tag, der Sonntag, verstanden. Der Sonntag erinnert an das Zentrum des christlichen Glauben, die Auferweckung des am Kreuz hingerichteten Jesus von Nazareth von den Toten. Den Sonntag, im römischen Kalender der *dies solis* (= »Tag der Sonne« = Sonntag = engl. *sunday*), feiern die Christinnen und Christen der Urgemeinde als »Tag des Herrn« (daher auch franz. *dimanche*, ital. *domenica*, span. *domingo*). Unter Kaiser Konstantin, der das Christentum auf den Weg zur Staatsreligion brachte, wurde der Sonntag 321 n. Chr. zum gesetzlichen Ruhetag.

→ S. 119 ff.

». . . und dass er auferstanden ist am dritten Tage . . .«
1. Kor 15,4

Dies blieb so bis zum Beginn der Industrialisierung, in der man meinte, dem reibungslosen Ablauf der Produktionsabläufe Vorrang vor den Bedürfnissen der Menschen und der Religion einräumen zu müssen. Der Schutz des Sonntags musste von der Arbeiterbewegung erkämpft werden: 1839 wurde in Preußen die Sonntagsarbeit für Jugendliche untersagt, ab 1870 wurde Sonntagsarbeit im öffentlichen Dienst und in traditionell pietistisch geprägten Gebieten verboten. Aber 1885 leisteten immer noch 70 Prozent aller Arbeitnehmerinnen und Arbeitnehmer Sonntagsarbeit. Erst 1891 wird die Sonntagsarbeit durch die Reichsgewerbeordnung allgemein verboten. Mit der Weimarer Reichsverfassung von 1919 erhält der Schutz des Sonntags Verfassungsrang.

Sonntag = Sabbat?

Stellt der Sonntag also eine wichtige kulturgeschichtliche Errungenschaft dar, so werden wir mit dieser nicht leichtfertig umgehen dürfen. Andererseits wäre es sicherlich falsch, historisch gewachsene Arbeitszeitregelungen theologisch zu überhöhen. Die Reformatoren in der Tradition Luthers etwa unterschieden sehr deutlich zwischen Sabbat und Sonntag und betonten, dass die Sonntagsruhe von Gott nicht um jeden Preis gefordert sei. Der Sonntag wurde für die Verfasser des Augsburger Bekenntnisses von 1530 lediglich aus pragmatischen Gründen eingerichtet, damit sich die christliche Gemeinde zu einer gemeinsamen Zeit zu einem Gottesdienst versammeln kann.[146]

Auch wird man zugestehen müssen, dass in anderen, durchaus nicht weniger christlich geprägten Staaten, etwa im Mittelmeerraum, an Sonntagen z. B. wesentlich liberaler mit den Ladenöffnungszeiten umgegangen wird. Und wer für eine völlige, dem jüdischen Sabbat angenäherte Sonntagsruhe plädiert, muss sich sicherlich auch fragen lassen, ob er sich nicht schon selbst gelegentlich gezwungen fühlte, in der einen oder anderen Form am Sonntag zu arbeiten, und wie viele Dienstleistungen anderer Menschen er selbst am Sonntag mit großer Selbstverständlichkeit in Anspruch nimmt.[147]

Positive Religionsfreiheit und worüber man diskutieren kann ...

Aus der Perspektive der Religion ist im Sinne einer positiven Religionsfreiheit (Art. 4 GG) lediglich daran festzuhalten, dass auch bei faktisch geringem Gottesdienstbesuch die Möglichkeit zur Teilnahme an einem Gottesdienst an jedem Sonntag allen offenstehen muss. Alle anderen Fragen der Gestaltung des Sonntags können grundsätzlich zur Diskussion gestellt werden.

In diese Diskussion ist dann allerdings von christlicher Seite mit Nachdruck auf den symbolischen und zeichenhaften Charakter des Sonntags hinzuweisen:

Die Sonntagspause als Symbol: Anregung für das Leben in einer modernen Gesellschaft

- Der Sonntag ist ein Symbol dafür, dass der Mensch nicht nur durch Arbeit, theologisch gesprochen: durch seine »Werke«, definiert ist. Gerade in einer Epoche, in der die Möglichkeiten zur Erwerbsarbeit knapp werden, ist es wichtig zu sehen, dass das Alte und das Neue Testament Arbeit zwar nicht abwerten (vgl. etwa 1. Mose 1,28; 1. Mose 2,15; 1. Thess 4,11), aber in ihr auch nicht das Ziel und den Zweck des Lebens sehen. Der Sonntag betont die Würde des Menschen und erinnert daran, dass der Mensch mehr ist als eine ökonomische Größe.

»Der Sabbat ist um des Menschen willen gemacht und nicht der Mensch um des Sabbat willen.« Mk 2,27

- In modernen Gesellschaften sind die Einzelne und der Einzelne in zunehmenden Maße selbst dafür verantwortlich, wie sie ihr Leben gestalten. Der Rahmen der Tradition ist nicht mehr selbstverständlich vorgegeben. In diesem Zusammenhang kann der Sonntag eine regelmäßige Chance zum Unterbrechen des Alltagstrotts und damit eine hilfreiche Anfrage an das in unserer Gesellschaft vorherrschende Menschenbild, an unser Verständnis von Arbeit und Freizeit, an unseren Umgang mit der Zeit und unserem Leben insgesamt sein. Der Sonntag erinnert daran, dass der Mensch das einzige Lebewesen ist, das nicht darum herumkommt, nach dem Sinn seines Lebens zu fragen.

- Die modernen Gesellschaften sind in starkem Maße durch Individualisierung geprägt. Dies führt zu einem Gewinn an persönlicher Freiheit, möglicherweise aber auch zu Vereinsamung und Vereinzelung. Der Sonntag erinnert daran, dass der Mensch ein soziales Wesen ist, eröffnet eine regelmäßige Chance zu gemeinsam verbrachter Freizeit und bildet damit ein wichtiges Gegengewicht zu den negativen Folgen der Individualisierung.

Kapitel X

Soll jeder nach seiner Fasson selig werden?

Zum Dialog mit Andersdenkenden und anderen Religionen[148]

Wie hältst du's mit der Mission?

Ich sehe die Dinge so. Du siehst sie anders. Wie gehen wir miteinander um?

■ In neun Kapiteln habe ich versucht, *eine* christliche Antwort auf die eingangs gestellte Frage nach dem Sinn des Lebens zu entfalten. Andere Christen werden hoffentlich in vielen Punkten zustimmen, in manchen mit Sicherheit auch andere Akzente setzen und das eine oder andere vielleicht sogar völlig falsch dargestellt finden. Atheisten, Agnostiker und Angehörige anderer Religionen aber werden den hier vorgelegten Antwortversuch vermutlich nicht nur in einzelnen Punkten, sondern grundsätzlich in Frage stellen. Ihre Antwort auf die Frage nach dem Sinn des Lebens lautet anders, und es stellt sich deshalb abschließend das Problem, wie Christinnen und Christen mit Andersdenkenden und Andersgläubigen umgehen sollen. Oder anders gefragt: Wie steht es mit dem missionarischen Anspruch des Christentums?

Mission muss sein – aber in welcher Form?

Das Christentum ist seinem innersten Wesen nach eine missionarische Religion.

■ Zunächst ist festzuhalten, dass das Christentum als Religion der Liebe seinem innersten Wesen nach in der Tat eine grenzüberschreitende und deshalb auch missionarische Religion ist. Wer der festen Überzeugung ist, dass Jesus Christus und kein anderer

→ S. 145 f.

Mitte, Ursprung und Ziel aller Schöpfung ist, hat auch das Bedürfnis, diesen Glauben weiterzugeben, und zwar sowohl in seiner näheren Umgebung als auch weltweit. Der christliche Gott will, »dass *allen* Menschen geholfen werde und sie zur Erkenntnis der Wahrheit kommen« (1. Tim 2,4). Deshalb erteilt der auferstandene Christus am Ende des Matthäusevangeliums allen, die an ihn glauben, den so genannten Missionsbefehl: »Mir ist gegeben alle Gewalt im Himmel und auf Erden. Darum gehet hin und machet zu Jüngern alle Völker: Taufet sie auf den Namen des Vaters und des Sohnes und des Heiligen Geistes und lehret sie halten alles, was ich euch befohlen habe. Und siehe, ich bin bei euch alle Tage bis an der Welt Ende« (Mt 28,18–20).

Die äußere Mission des Christentums ist von ihrer Geschichte her mit einer schweren Hypothek belastet.

■ Christliche Mission ist jedoch vor allem als »äußere Mission« mit einer schweren historischen Hypothek belastet. Oft genug wurde sie vom »christlichen Abendland« aus mit Schwertern und Kanonen geführt, bis hin zum Völkermord (vgl. z. B. die »Missionierung« Lateinamerikas!), und bis heute steht sie in der Dritten Welt nicht ohne Grund im Verdacht, Partnerin und Wegbereiterin eines politischen und wirtschaftlichen Kolonialismus und Imperialismus zu sein.

»Wenn ich das Wort ›Mission‹ schon höre ...«
Silke, 16 Jahre

Wer auf diesem Hintergrund zu Recht fragt, ob hier die Mission (von lat. *missio* = »Sendung, Botschaft, Auftrag«) des Jesus von Nazareth oder die ganz anderer Götter zum Zuge kam und kommt, sollte allerdings auch nicht unterschlagen, dass durch Christentum und westliche Kultur in der Dritten Welt oft z. B. auch eine ganz entscheidende Verbesserung des Gesundheits- und Bildungswesens bewirkt wurde.

Aber auch die »Innere Mission« steht bei vielen im Verdacht, »auf Seelenfang aus zu sein«.

■ Auch christliche Mission als »Innere Mission«, d. h. als Mission im ehemals christlichen, heute z. T. stark säkularisierten Abendland, steht häufig im Verdacht, »auf Seelenfang aus zu sein« und den Mitmenschen eine frömmelnde Ideologie überstülpen zu wollen. Insbesondere der Evangelisation und Mission durch pietistisch-evangelikale Gruppierungen wird von vielen der Vorwurf gemacht, die Botschaft von Jesus Christus mit einer bestimmten Art der Frömmigkeit, mit der Zugehörigkeit zu bestimmten Vereinigungen, mit einer religiösen Sondersprache, mit einer bestimmten, z. T. heuchlerischen Moral, mit politischem Konservatismus, Weltfremdheit und Intoleranz zu verquicken.

»Johannes sprach zu ihm: Meister, wir sahen einen, der trieb böse Geister in deinem Namen aus, und wir verboten's ihm, weil er uns nicht nachfolgt. Jesus aber sprach: Ihr sollt's ihm nicht verbieten. Denn niemand, der ein Wunder tut in meinem Namen, kann so bald übel von mir reden. Denn wer nicht gegen uns ist, der ist für uns.« Mk 9,38–40

Die Betroffenen sollten diese Vorwürfe immer wieder zum Anlass nehmen, ihre Frömmigkeit selbstkritisch daraufhin zu befragen, ob sie zum Ziel hat, »dass allen Menschen geholfen werde und sie zur Erkenntnis der Wahrheit kommen«, oder ob vielleicht wirklich oft nur die Durchsetzung der eigenen Interessen und Vorstellungen das treibende Motiv ist.

Wer die pietistisch-evangelikale Tradition kritisiert, sollte sich aber fragen, ob seine eigene Frömmigkeit oder Lebenshaltung ebenso ernsthaft, alltagsbezogen, engagiert, opferbereit und konsequent ist wie die vieler Pietisten und Evangelikaler.

Absolutheitsanspruch und Toleranz

■ Sucht man nun nach einem Konzept christlicher Mission, das aus den Fehlern und Irrwegen der Vergangenheit zu lernen versucht, so ist vor allem das Verhältnis von christlichem Absolutheitsanspruch und der Toleranz gegenüber Andersdenkenden und Andersgläubigen zu klären.[149]

Mit welchem Recht dürfen Christen versuchen, Andersgläubige von ihrem Weg abzubringen?

Muss es Christen nicht darum gehen, Buddhisten, Hindus, Muslime, Angehörige einer Stammesreligion, Atheisten oder Agnostiker von ihrem falschen Weg abzubringen? Ist es andererseits aber nicht auch so, dass die tiefe Religiosität und das hohe moralische Niveau von Nichtchristen für uns Christen oft so beeindruckend, faszinierend und beschämend ist, dass wir sie nicht einfach für unseren Glauben vereinnahmen oder sie gar verdammen können? Oder provozierend gefragt: Ist ein tiefgläubiger Hindu, ein frommer Jude, ein sozial engagierter Agnostiker dem Gott, der in Jesus von Nazareth Mensch geworden ist, weniger lieb als ein bloßer »Taufscheinchrist« oder ein intoleranter Frömmler? Und wer von uns wäre sich völlig sicher, nicht das eine oder andere zu sein?

Der Absolutheitsanspruch des Christentums bezieht sich auf Christus, nicht auf das Christentum.

Der Ausweg aus diesem Dilemma scheint mir darin zu liegen, dass nach neutestamentlichem Glauben nicht das Christentum oder eine bestimmte Spielart des Christentums absolut und einzigartig ist, sondern Christus selbst. Christinnen und Christen sind zur Mitarbeit am angebrochenen Gottesreich und zu dessen Verbreitung aufgerufen, aber es ist Gottes und nicht der Christen Reich, für das sie sich engagieren sollen.

Wir wissen nicht, ob Gott nicht auch mit den anderen Religionen und Weltanschauungen noch etwas vorhat, was wir jetzt noch nicht recht verstehen.

Wie das Gottesreich letztlich beschaffen ist, also z. B. auch die Frage, wer unter welchen Bedingungen von Gott angenommen wird oder nicht, entzieht sich unserer Kenntnis. Weil unser jetziges Wissen »Stückwerk« (1. Kor 13,9) ist, wissen wir nicht, ob Gott in seiner Heilsgeschichte nicht vielleicht auch mit den anderen Religionen und Weltanschauungen etwas vorhat, was wir jetzt noch nicht recht verstehen.

Der christliche Absolutheitsanspruch macht demütig und tolerant.

Christinnen und Christen werden gerade um des christlichen Absolutheitsanspruches willen demütig und selbstkritisch sein, dem Heiligen Geist nicht vorschreiben wollen, wo und wie er wirksam werden soll, und somit sowohl anderen Christen als auch Andersdenkenden gegenüber grundsätzlich tolerant sein. Unbestrittenes Vorbild ist für Christen dabei der historische Jesus von Nazareth, dem – nach allem, was wir wissen – nicht an religiösen Theorien, Frömmigkeitsformen oder bestimmten Lebensstilen, sondern an konkreten Menschen in all ihrer Vielfalt, Andersartigkeit und Hilfsbedürftigkeit gelegen war.

■ Toleranz ist allerdings etwas anderes als Beliebigkeit, meint mehr, als dass jeder nach seiner Fasson glücklich werden darf und soll. Auch wenn Christen wissen, dass sie »allesamt Sünder« (Röm 3,23) und somit nicht gegen Irrtümer gefeit sind, werden sie mit Mitchristen und Nichtchristen um die Wahrheit und die rechte Sicht der Wirklichkeit streiten, und zwar gerade deshalb, weil ihnen die anderen als Menschen und Geschöpfe Gottes nicht gleichgültig sind. Von solchem Streit ist schon in den ältesten Schriften des Neuen Testaments die Rede (vgl. z.B. Gal 2,11 ff.; 1.Kor 3,1 ff.; 1.Kor 8; 2.Kor 10–11), und er steht stets unter dem Vorzeichen, dass es gerade auch im Geiste der Agape nicht egal ist, wie Menschen glauben und leben, dass Jesus Christus die einzige Wahrheit und das einzige Heil ist, dass die volle Offenbarung dieser Wahrheit und dieses Heils aber noch ausstehen und nicht uns, sondern dem dreieinigen Gott gehören.

Toleranz meint etwas anderes als Beliebigkeit. Das Interesse am anderen führt zum Streit um die Wahrheit.
→ S. 148 ff.

Oder anders gesagt: Christinnen und Christen sollen den Dialog mit Andersdenkenden und Nichtchristen mit großer Ernsthaftigkeit und großem Engagement, aber nicht mit dem drohenden Zeigefinger führen. Und vor allem sollten sie bei aller Notwendigkeit von Theorie nicht vergessen: »Evangelium« heißt wörtlich *»frohe* Botschaft« und nicht »trockene Lehre«.

Christen sollten den Dialog mit Andersdenkenden ernsthaft und engagiert, aber nicht mit dem drohenden Zeigefinger führen.

Entwicklungshilfe contra Mission?

■ Sowohl im Hinblick auf die äußere als auch auf die innere Mission wird häufig das soziale Engagement in Entwicklungshilfe und Sozialarbeit gegen die Verkündigung des Evangeliums ausgespielt. Dieser Gegensatz ist unnötig und aus dem unchristlichen Bedürfnis nach Schwarz-Weiß-Malerei entstanden. Christinnen und Christen werden natürlich auch in materieller Sicht überall dort helfen, wo sie helfen können, und zwar unter Berücksichtigung entwicklungspoliti-

Wer Menschen hilft, kommt mit ihnen ins Gespräch und wird auch nach den Motiven und Zielen seines Tuns gefragt. So können aus sozialem Handeln missionarische Situationen entstehen.

scher und sozialpädagogischer Einsichten und ohne Rücksicht auf bestimmte Bekenntnisse oder Religionen. Wer dabei nicht nur Geldscheine, Lebensmittelpakete, Maschinen oder Medikamente abliefert, sondern sich wirklich auf die betroffenen Menschen einlässt, wird auch mit ihnen ins Gespräch kommen und sehr schnell nach den Motiven und Zielen seines Tuns gefragt werden. Hier beginnt die Verkündigung des Evangeliums im engeren Sinn, und zwar als dialogisch ausgerichteter Prozess, der – aus christlicher Sicht – nicht von den Wahrheitsansprüchen der beteiligten Menschen, sondern von der frei machenden und zusammenführenden Wahrheit des Heiligen Geistes getragen wird. Weil der Heilige Geist ein Geist der Liebe ist, stehen im Mittelpunkt solcher Prozesse nicht Bekehrungsrituale, Taufe oder Mitgliederwerbung, sondern konkrete Menschen mit ihren Fragen und Sorgen. Will der Christ in diesem Zusammenhang allerdings nicht wichtige Antworten schuldig bleiben, wird er nicht umhinkönnen, sich erst einmal selbst Rechenschaft darüber abzulegen, wer und wie wichtig für ihn persönlich Jesus Christus ist. In einzelnen Fällen liegen hier sicher ganz erhebliche Defizite vor.

Christliche Mission ist keine Einbahnstraße aus dem westlichen Kulturkreis in die Dritte Welt, sondern ein wechselseitiger Lernprozess zwischen gleichberechtigten Partnern.

■ Wenn die volle Wahrheit und das volle Heil der Zukunft und damit nach christlicher Überzeugung Jesus Christus gehören und Wahrheit und Heil somit als ein offener, noch nicht abgeschlossener Prozess gesehen werden, dann werden europäische und nordamerikanische Christen in der Dritten Welt nicht mehr mit der Vorstellung und dem Anspruch auftreten können, unsere westliche Form des Christentums sei die einzig richtige und selig machende. In einer Situation, in der sich das Christentum in Europa und Nordamerika in einer schweren Orientierungskrise befindet, entstehen in der Dritten Welt viele sehr lebendige, neue christliche Kirchen mit ganz anderen, uns oft sehr fremden Ausdrucks- und Lebensformen, von denen wir sehr viel lernen können. Christliche Mission wird deshalb nicht mehr eine Einbahnstraße aus dem westlichen Kulturkreis in die Dritte Welt sein können, sondern kann nur noch als wechselseitiger Lernvorgang zwischen gleichberechtigten Partnern aufgefasst werden. Man spricht deshalb auch von einer »Mission auf sechs Kontinenten«.[150]

Synkretismus als Chance und Gefahr

Christen können auch von anderen Religionen lernen. Früher oder später stellt sich dabei allerdings das Problem des »Synkretismus«.

■ Lernen können wir aber nicht nur von Christen anderer Kulturkreise, sondern auch von Angehörigen ganz anderer Religionen. So leben z.B. in den Stammesreligionen der Dritten Welt wichtige Einsichten über das Gleichgewicht von Individuum, Gemeinschaft und natürlicher Umwelt fort, die uns Mitteleuropäern längst abhanden gekommen sind. Hinduismus und Buddhismus erinnern uns an meditative und mystische Traditionen, die es zwar auch im Christentum gibt, von denen der gestresste Mensch der westlichen Industriekultur aber kaum mehr etwas weiß. Muslime zeigen uns auf beeindruckende und uns manchmal auch irritierende Weise, wie man Religion nicht nur an Feiertagen, sondern im Alltag des täglichen Lebens praktizieren kann.

Wer sich mit diesem hochinteressanten Thema eines Dialogs zwischen den Religionen beschäftigt, stößt früher oder später auf das Problem des so genannten »Synkretismus«, auf das an dieser Stelle wenigstens kurz noch eingegangen werden soll.[151]

Als »Synkretismus« bezeichnet man die Vermischung und Verschmelzung von verschiedenen Religionen.

■ Als Synkretismus bezeichnet man die Vermischung und Verschmelzung von verschiedenen Religionen. Das Wort wird meist mit einer abwertenden Konnotation gebraucht, in dem Sinne, dass man die Abweichung vom rechten Glauben, einen Ausverkauf von unaufgebbaren Inhalten, ein nivellierendes Einerlei unterstellt.

Das Phänomen des Synkretismus ist aktuell, sowohl in der Dritten Welt, wo junge christliche Kirchen auf dem Hintergrund des Hinduismus, des Buddhismus oder von Stammesreligionen entstehen, aber auch bei uns in Europa im Zusammenhang mit neuen religiösen Bewegungen (man denke etwa an die Mun-Kirche, an die Bhagwan-Bewegung, die Anthroposophie, New Age u. Ä.).

Synkretismus ist schon im Alten Testament zu finden und gehört von Anfang an zum Christentum dazu.

■ Sicherlich wäre es grundfalsch, Synkretismus von vornherein abzulehnen. Schon im Alten Testament ist nicht zu übersehen, dass z. B. der priesterschriftliche Schöpfungsbericht Anleihen beim altbabylonischen Weltbild macht. Das Urchristentum war ein durch und durch synkretistisches Phänomen, entstanden aus jüdischen und hellenistischen Elementen (man denke nur an den religionsgeschichtlichen Hintergrund des Gottessohn-Titels!).

→ S. 48 f.

→ S. 128 ff.

Die Apostelgeschichte erzählt, wie Paulus in seiner berühmten Missionsrede auf dem Areopag in Athen bemüht war, den gebildeten Griechen in der Terminologie ihrer Philosophie und Religion entgegenzukommen (Apg 17,16–34). Die Kirchenväter der ersten Jahrhunderte verteidigten das im Judentum wurzelnde Christentum mit Hilfe von Begriffen und Kategorien aus der griechischen Philosophie. Dass unser Weihnachts- und Osterbrauchtum zum Teil auf außerchristlichen Vorstellungen beruht, empfindet heute kaum jemand als Gefährdung des Christentums.

Synkretismus kann ein Zeichen für den missionarischen Erfolg des Christentums sein.

■ Wenn in afrikanischen und südamerikanischen Gottesdiensten getanzt und durcheinander gesungen wird, wenn im Namen des christlichen Gottes Heilungen versucht werden, wenn Jesus als Afrikaner oder Asiate dargestellt wird, wenn er den Titel »großer Häuptling« oder »Medizinmann« bekommt, dann ist dagegen deshalb auch wenig einzuwenden – es handelt sich um einen legitimen und geradezu notwendigen Vorgang des Heimischwerdens und der Assimilation des Christentums in einer von ihm bisher noch nicht erfassten Umwelt.

Und er kann uns auf vergessene

■ Und wenn in unserer von Technik und Rationalität geprägten Industriegesellschaft in breiten Kreisen der

Bevölkerung plötzlich ein Interesse an Mystik, Magie und Okkultismus erwacht, dann ist das für Christinnen und Christen zunächst ein Signal für eine unbefriedigte Religiosität, das auch auf Defizite und vergessene Traditionen unseres kirchlichen Lebens hinweist und im Interesse der betroffenen Menschen nicht einfach als Rückfall ins Heidentum abgetan werden kann.

Traditionen unseres kirchlichen Lebens aufmerksam machen.

■ Grenzen sind um der Wahrheit und der Ehrlichkeit willen jedoch zweifellos da erreicht, wo z. B. Jesus einfach als ein Gott unter vielen in den hinduistischen Götterhimmel eingereiht wird, wo Jesus, wie z. B. in der Umbanda-Religion, zum Ahnengeist wird, den man durch Magie gefügig machen kann, oder wo die Frage auftaucht, ob Maria und Jesus gleichwertige Gottheiten sind. Hier müssen Christen gegebenenfalls auch eindeutig und unmissverständlich zwischen »christlich« und »nichtchristlich« unterscheiden. Wo die Grenze im Einzelnen verläuft, wird dabei wohl nur von Fall zu Fall zu entscheiden sein. Kriterium werden wiederum nie abstrakte Lehrsätze oder Theorien sein können, sondern immer nur das, was die Menschen konkret mit ihren Vorstellungen verbinden, und die immer neue Konfrontation dieser Vorstellungen mit den Aussagen der biblischen Tradition.

Gegebenenfalls ist jedoch auch unmissverständlich zwischen »christlich« und »nichtchristlich« zu unterscheiden.

Quintessenz

■ Weltoffenheit, Dialogbereitschaft und Toleranz gegenüber Andersdenkenden stehen im Zeichen des Evangeliums von Jesus Christus nicht im Widerspruch zu Glaubensgewissheit, theologischer Klarheit und ernsthaftem Wahrheitsstreben, weder theoretisch noch praktisch – das ist die Quintessenz recht verstandener christlicher Mission, und das ist, so hofft der Verfasser, auch eine angemessene Zusammenfassung dessen, worum es in diesem Buch insgesamt ging.

Anmerkungen

Vorwort

1 Jörg Zink/Rainer Röhricht, Was Christen glauben. Gütersloh, 11. Aufl., 1987, S. 10.

2 Die Abkürzungen der biblischen Bücher folgen der von der Deutschen Bibelgesellschaft Stuttgart herausgegebenen revidierten Lutherbibel von 1984. Nach dieser Bibelübersetzung wird, falls nichts anders vermerkt, auch zitiert.

3 Sehr empfehlenswert, allerdings auch schon sehr umfangreich, sind Hans Küngs Taschenbuch »Christ sein« (München 1993) sowie der von Manfred Kießig u. a. herausgegebene »Evangelische Erwachsenenkatechismus« (Gütersloh, 6., völlig neu bearbeitete Aufl., 2000). Außerdem möchte ich verweisen auf Wolfhart Pannenberg, Das Glaubensbekenntnis – ausgelegt und verantwortet vor den Fragen der Gegenwart. Gütersloh, 6., überarbeitete Aufl., 1995.

4 Vgl. dazu den vom Ministerium für Kultus, Jugend und Sport Baden-Württemberg herausgegebenen Lehrplan für das Fach Evangelische Religionslehre an Gymnasien sowie die vergleichbaren Lehrpläne in anderen Bundesländern. Das vorliegende Buch entspricht inhaltlich weitgehend dem Stoff der in Frage kommenden Pflichteinheiten für die Grundkurse der Sekundarstufe II.
Man kann sich sicher fragen, ob es pädagogisch sinnvoll ist, eine derartige Zusammenfassung des Oberstufenstoffes zu veröffentlichen. Wird Religionsunterricht damit nicht vollends zum Paukfach? Ist evangelischer Religionsunterricht auf dem Weg, jede kritische Distanz zur Leistungsschule zu verlieren? Fördert ein solches Buch nicht eher einen stofforientierten als einen teilnehmerzentrierten Unterricht?
Ich halte diese Anfragen und Bedenken für sehr berechtigt. Aber: Lässt sich nicht alles missbrauchen – jeder Film, jedes Videoband, jede Diareihe, jedes Arbeitsheft? Ist ein Medium nicht immer nur so gut oder schlecht wie die Pädagogin und der Pädagoge, die es benutzen?
Ich möchte meine »Argumente« ausdrücklich nicht als ein Lehrbuch, sondern als ein Begleitbuch zum Religionsunterricht verstanden wissen, als ein Begleitbuch, das im Zusammenhang mit dem Unterricht in der Sekundarstufe II entstanden ist, das aber sicherlich auch in bestimmten Bereichen der Erwachsenenbildung, der Gemeindearbeit oder des Studiums seine Verwendung finden kann. Als Begleitbuch

kann und will dieses Buch Unterricht und Bildungsarbeit nicht ersetzen; es kann aber vielleicht helfen, den oft sehr disparaten »Bausteinen« und »Modulen« des Schulalltags einen Bauplan nachzuliefern.
Das Entscheidende am christlichen Glauben lässt sich nach meiner festen Überzeugung nur durch persönliche Begegnungen und durch Auseinandersetzungen mit konkreten Menschen vermitteln. Bücher, Arbeitshefte oder andere Medien können immer nur eine Ergänzung und ein Hilfsmittel sein. Wer diesen Standpunkt mit mir teilt, wird von meinen »Argumenten« hoffentlich einen verantwortlichen und d.h. wirklich »argumentativen« Gebrauch machen. Er wird versuchen, sie in den Dienst offener und lebendiger Lernprozesse zu stellen, und nicht umgekehrt Lernprozesse um jeden Preis in das Joch von Stoff- und Prüfungsvorgaben zwängen.
Wie ich mir Oberstufenunterricht im Fach Religion im Einzelnen vorstelle, habe ich inzwischen in folgenden Publikationen deutlich zu machen versucht: Peter Kliemann, Impulse und Methoden. Anregungen für die Praxis des Religionsunterrichts. Stuttgart 2. Aufl., 2003. – Peter Kliemann/Andreas Reinert, Thema Mensch. Schülerheft und Lehrerkommentar. Stuttgart 1998. – Dies., Thema Mensch. Texte – Hintergründe – Informationen (Materialband). Stuttgart 1999. – Peter Kliemann/Andreas Reinert, Thema Gott. Schülerheft. Stuttgart 2007. – Dies., Thema Gott. Lehrerkommentar. Stuttgart 2008. – Dies., Thema Gott. Texte – Hintergründe – Informationen. Stuttgart 2008.

5 Aus stilistischen Gründen habe ich gelegentlich auf umständliche Formulierungen wie »Schülerinnen und Schüler« oder »Lehrerinnen und Lehrer« verzichtet. Da auch Schreibweisen wie »LehrerInnen« oder »Schüler/innen« die Lesbarkeit eines Textes nicht verbessern, möge man/frau mir die eine oder andere Inkonsequenz nachsehen ...

Kapitel I

6 Gerhard Sauter hat in einer sehr scharfsinnigen und engagierten Schrift mit dem Titel »Was heißt: nach dem Sinn fragen?« (München 1982) die These vertreten, die Frage nach dem Sinn des Lebens sei theologisch schon falsch gestellt, weil sie unterstelle, der Sinn des Lebens sei überhaupt durch menschliches Nachdenken und Suchen auffindbar. Die Sinnfrage entpuppe sich deshalb aus christlicher Sicht als eine »Götzenfrage« (a.a.O., S. 163).
So sehr Sauter auf erkenntnistheoretischer Ebene recht zu geben ist, dass Sinn nach biblischem Gottesglauben immer nur aufgrund von Gnade geschenkt und niemals durch menschliche Anstrengung hergestellt werden kann, so wenig lässt sich die Frage nach dem Sinn des Lebens in der seelsorgerlichen und pädagogischen Praxis einfach als unzulässig verbieten. Die Frage wird im Alltag, in z.T. sehr verzweifelten Situationen, von Christen wie Nicht-Christen immer wieder tatsächlich formuliert, und es wäre sowohl unbarmherzig als auch

unrealistisch, solch konkretem Fragen mit allzu theoretischen Skrupeln zu begegnen. Im Grunde verhält es sich mit der Sinnfrage wie mit der so genannten Theodizeefrage. Man darf sie durchaus stellen, man darf und muss auch über sie nachdenken, man wird aber auch lernen müssen, dass es auf sie gar keine abschließende und befriedigende Antwort geben kann. Vgl. dazu unten, S. 23 f.

Wie sehr die Sinnfrage nach wie vor gerade auch nicht-religiöse Menschen beschäftigen kann, zeigen z. B. folgende Publikationen: Jürgen August Alt, Wenn Sinn knapp wird. Über das gelingende Leben in einer entzauberten Welt. Frankfurt/M. New York 1997. – Der blaue Reiter. Journal für Philosophie. Heft 8 (1998). – Christoph Fehige u. a. (Hrsg.), Der Sinn des Lebens. München 2000. – Für eine positive Aufnahme der Sinnfrage aus religionssoziologischer Sicht vgl. Peter L. Berger, Sehnsucht nach Sinn. Glauben in einer Zeit der Leichtgläubigkeit. Frankfurt/M. New York 1994. – Ansonsten ist zu beobachten, dass zentrale Aspekte der Sinnfrage in letzter Zeit von Philosophen und Psychologen interessanterweise verstärkt unter dem Begriff »Glück« behandelt werden.

7 Vgl. dazu Wolfhart Pannenberg, Was ist der Mensch? Die Anthropologie der Gegenwart im Lichte der Theologie. Göttingen, 8. Aufl., 1995.

8 Martin Luther, Der große Katechismus. In: Calwer Luther-Ausgabe. Hrsg. von Wolfgang Metzger. Band 1. Gütersloh, 2. Aufl., 1977, S. 22.

9 Der Versuch, den christlichen Glauben ausgehend von 1. Joh 4,8.16 begrifflich zu denken, hat eine lange Geschichte. Schon für Martin Luther war Gott »ein glühender Backofen voller Liebe, der von der Erde bis an den Himmel reicht« (Weimarer Ausgabe, Band 10 III, S. 56). In unserem Jahrhundert wurde die These »Gott ist Liebe« vor allem von Karl Barth und seinen Schülern weitergedacht. Vgl. dazu Otto Hermann Pesch, Artikel »Liebe«. In: Peter Eicher (Hrsg.), Neues Handbuch theologischer Grundbegriffe, Band 3. München, erweiterte Neuausgabe, 1991, S. 220–239.

Kapitel II

10 Georg Büchner, Dantons Tod, 3. Akt, 1. Szene.

11 Yehoshua Amir, Jüdisch-theologische Positionen nach Auschwitz. In: Günther Ginzel (Hrsg.), Auschwitz als Herausforderung für Juden und Christen. Heidelberg 1980, S. 453–455.

12 Wer sich intensiver mit der Theodizeeproblematik beschäftigen möchte, findet gut aufbereitetes Material und weiterführende Literatur bei Georg Langenhorst (Hrsg.), Hiobs Schrei in die Gegenwart. Ein literarisches Lesebuch zur Frage nach Gott im Leid. Mainz 1995. – Albrecht Willert, Das Leiden der Menschen und der Glaube an Gott. Studienbuch Religionsunterricht Sekundarstufe II, Band 5. Göttingen 1997. – Anspruchsvoller z. B. Walter Groß/Karl-Josef Kuschel, Ich schaffe Finsternis und Unheil. Ist Gott verantwortlich

für das Übel? Mainz 1992. – Hans-Gerd Janssen, Gott – Freiheit – Leid. Das Theodizeeproblem in der Philosophie der Neuzeit. Darmstadt, 2. Aufl., 1993. – Armin Kreiner, Gott und das Leid. Paderborn 1994. – Wolfgang Härle, Dogmatik. Berlin/New York, 3., überarbeitete Aufl., 2007, S. 439–455. – Ingolf U. Dalferth, Das Böse. Essay über die Denkform des Unbegreiflichen. Tübingen 2006.

13 Zur Problematik der Gottesbeweise sowie zur Auseinandersetzung mit dem neuzeitlichen Atheismus vgl. das sehr fundierte und gut lesbare Taschenbuch von Hans Küng, Existiert Gott? Antwort auf die Gottesfrage der Neuzeit. München, 4. Aufl., 2001. – Oder, wesentlich differenzierter: Karl Müller, Gott erkennen. Das Abenteuer der Gottesbeweise. Regensburg 2001. – Ders., Gottes Dasein denken. Eine philosophische Gotteslehre für heute. Regensburg 2001.

14 Ludwig Feuerbach, Sämtliche Werke. Hrsg. von Wilhelm Bolin und Friedrich Jodl. Band VIII, Stuttgart 1960ff. S. 360.

15 Karl Marx, Zur Kritik der Hegelschen Rechtsphilosphie. In: Werke – Schriften – Briefe. Hrsg. von Hans-Joachim Lieber und Peter Furth. Band I, Darmstadt 1962ff. S. 488.

16 Ebenda.

17 Ebenda.

18 Ebenda.

19 Wladimir Iljitsch Lenin, Über die Religion. Eine Sammlung ausgewählter Aufsätze und Reden. Berlin 1956, S. 7.

20 A.a.O., S. 489.

21 Friedrich Nietzsche, Der Antichrist, Absatz 62. Zitiert nach Karl Schlechta (Hrsg.), Friedrich Nietzsche. Werke in drei Bänden. München 1956. Band II, S. 1235. – Ansonsten lässt sich die Philosophie Nietzsches auf wenigen Seiten natürlich kaum adäquat und unmissverständlich darstellen. Für eine nähere Beschäftigung mit dem Denken Friedrich Nietzsches seien z.B. empfohlen Steven E. Aschheim, Nietzsche und die Deutschen. Karriere eines Kultes. Stuttgart Weimar 2000. – Raymond J. Benders u.a. (Hrsg.), Friedrich Nietzsche, Chronik in Bildern und Texten. München 2000. – Rüdiger Safranski, Nietzsche. Biographie seines Denkens. München 2000. – du – Die Zeitschrift der Kultur, Heft 6/1998: Friedrich Nietzsche – Wendepunkt der Moderne. – Günter Figal, Nietzsche. Eine philosophische Einführung. Stuttgart 1999. – Volker Gerhardt, Friedrich Nietzsche. München 1992. – Walter Kaufmann, Nietzsche. Philosoph – Psychologe – Antichrist. Darmstadt, 2., durchgesehene Aufl., 1988. – Henning Ottmann (Hrsg.), Nietzsche-Handbuch. Leben – Werk – Wirkung. Stuttgart Weimar 2000. – Bernhard H.F. Taureck, Nietzsche-ABC. Leipzig 1999.

22 Vgl. dazu z.B. den berühmten Abschnitt 125 aus Nietzsches Schrift »Die fröhliche Wissenschaft« mit dem Titel »Der tolle Mensch«. In der Schlechta-Ausgabe, Band II, S. 126ff. Interessanterweise spricht diesen Satz »der tolle Mensch«. Zu einer detaillierten Interpretation dieses Textes vgl. z.B. Christoph Türcke, Der tolle Mensch. Nietzsche und der Wahnsinn der Vernunft. Frankfurt/M., 3. Aufl., 2000.

23 So der Titel einer Nietzsche-Schrift aus den Jahren 1884/85.

24 So der Titel eines nicht mehr fertig gestellten, auf vier Bände angelegten Werks von Nietzsche.
25 Friedrich Nietzsche, Der Antichrist, Absatz 8, a.a.O., S. 1169.
26 Ebenda.
27 Vgl. dazu Eugen Biser, Nietzsche für Christen. Eine Herausforderung. Freiburg 1983.
28 Für eine genauere Auseinandersetzung mit Camus vgl. z.B.: du – Die Zeitschrift der Kultur, Heft 6/1992: Wiederbegegnung mit Albert Camus. – Sabine Dramm, Dietrich Bonhoeffer und Albert Camus. Analogien im Kontrast. Gütersloh 1998.
29 Albert Camus, Der Mythos des Sisyphos. Reinbek 2000, S. 160.
30 So der Titel eines 1951 von Camus veröffentlichten Buches.

Kapitel III

31 Vgl. zum Folgenden auch Veit Jakobus Dieterich, Glaube und Naturwissenschaft. Oberstufe Religion 2. Materialheft und Lehrerband. Stuttgart 1996. Dort weiterführende Literaturhinweise.
32 Vgl. dazu das von Philosophielehrern aus 17 Ländern Europas erarbeitete »Lesebuch für den Philosophieunterricht in Europa«: Luise Dreyer (Hrsg.), Mythos und Logos. Die Dialektik der griechischen Aufklärung als europäisches Paradigma. Frankfurt/M. 1998. – Zur theologischen Diskussion um den Mythos vgl. z.B. Volker Hörner/Martin Leiner (Hrsg.), Die Wirklichkeit des Mythos. Eine theologische Spurensuche. Gütersloh 1998.
33 Für eine genauere Analyse der biblischen Schöpfungstexte vgl. Peter Kliemann/Andreas Reinert, Thema Mensch. Texte – Hintergründe – Materialien (Materialband). Stuttgart 1999, bes. S. 83–162; oder: Welt und Umwelt der Bibel, Heft 2 (1996): Themenheft »Schöpfung«. – Eine gründliche Auseinandersetzung mit der kreationistischen Kritik an der Evolutionstheorie findet sich bei Hansjörg Hemminger/Wolfgang Hemminger, Jenseits der Weltbilder. Naturwissenschaft – Evolution – Schöpfung. Stuttgart 1991.
34 Man denke etwa an die für unsere Augen ganz »unwissenschaftliche«, aber doch sehr effektive Verquickung von »Wissenschaftlichkeit«, Religion und Aberglauben im alten Ägypten oder Griechenland. Vgl. dazu die provozierenden Überlegungen von Paul Feyerabend, Erkenntnis für freie Menschen. Frankfurt/M. 1980 – Ders., Wider den Methodenzwang. Frankfurt/M. 1986.
35 Vgl. zu dieser Formulierung Wolfhart Pannenberg, Wissenschaftstheorie und Theologie. Frankfurt/M. 1973, S. 299ff.
36 Wer sich über die Inhalte eines Theologiestudiums informieren will, sei verwiesen auf Roman Heiligenthal u. a., Einführung in das Studium der Evangelischen Theologie. Stuttgart Berlin Köln 1999.
37 Für eine detaillierte und trotzdem auch für Nicht-Theologen leicht lesbare Einführung in die Arbeitsweise historisch-kritischer Bibelauslegung vgl. z.B. Diego Arenhoevel, So wurde Bibel. Sachbuch zum

Alten Testament. Stuttgart, 5. Aufl., 1986. – Bernhard Lang, Die Bibel. Eine kritische Einführung. Paderborn, 2., erweiterte Aufl., 1994. – Horst Klaus Berg, Ein Wort wie Feuer. Wege lebendiger Bibelauslegung. München Stuttgart, 3. Aufl., 1996, bes. S. 41ff. – Einen stärker wissenschaftlich ausgerichteten Einstieg bieten z.B. Gottfried Adam u.a., Einführung in die exegetischen Methoden. Gütersloh 2000. – Werner Stenger, Biblische Methodenlehre. Düsseldorf 1987 (dort auch weitere Literatur!).

38 Dass Theologie und Naturwissenschaften sich nicht mit einem bloßen Nebeneinander verschiedener Zugänge zur Wirklichkeit begnügen können, haben in den letzten Jahren verschiedene Autoren betont. Vgl z.B. Hans-Peter Dürr u.a., Gott, der Mensch und die Wissenschaft. Augsburg 1997. – Jürgen Moltmann, Gott in der Schöpfung. Ökologische Schöpfungslehre. Gütersloh, 4. Aufl., 1993. – Günter Altner, Naturvergessenheit. Grundlagen einer umfassenden Bioethik. Darmstadt 1991. – Christian Link, Schöpfung. Band II: Schöpfungstheologie angesichts der Herausforderungen des 20. Jahrhunderts. Gütersloh 1991.

39 Vgl. hierzu Rudolf Mack/Dieter Volpert, Auf der Suche nach einer menschenfreundlichen Moral. Oberstufe Religion 4, Schülerheft. Stuttgart 1994, S. 46, sowie ausführlicher Heinz Eduard Tödt, Perspektiven theologischer Ethik. München 1988, S. 21ff.

Kapitel IV

40 Für eine ausführliche Einführung in das Alte Testament vgl. z.B. Alfons Deissler, Die Grundbotschaft des Alten Testaments. Ein theologischer Durchblick. Freiburg, vollständig überarbeitete und erweiterte Neuausgabe, 1995. – Friedrich Johannsen, Alttestamentliches Arbeitsbuch für Religionspädagogen. Stuttgart u.a., 2., überarbeitete Aufl., 1998. – Otto Kaiser, Der Gott des Alten Testaments. 2 Bände. Göttingen 1993/1998. – Werner H. Schmidt, Alttestamentlicher Glaube in seiner Geschichte. Neukirchen, 8., vollständig überarbeitete und erweiterte Aufl., 1996. – Werner Trutwin, Gesetz und Propheten. Düsseldorf, 20. Aufl., 1994.

41 Zur näheren Beschäftigung mit dem Dekalog vgl. Horst Georg Pöhlmann/Marc Stern, Die Zehn Gebote im jüdisch-christlichen Dialog. Ihr Sinn und ihre Bedeutung heute. Eine kleine Ethik. Frankfurt/M. 2000. – Welt und Umwelt der Bibel, Heft 17 (2000): Die Zehn Gebote. Weisungen zum Menschsein.

42 Zitiert nach Rudolf Mack/Dieter Volpert, Kennen Sie die zehn Gebote? Oberstufe Religion 8, Lehrerheft, S. 22.

43 Vgl. dazu insgesamt z.B. Franz Josef Stendebach, Rufer wider den Strom. Sachbuch zu den Propheten Israels. Stuttgart 1985.

44 Vgl. dazu Hans Walter Wolff, Die Stunde des Amos. Prophetie und Protest. München, 6. Aufl., 1986.

45 Differenzierte Analysen zum Verständnis von Gottebenbildlichkeit

und Herrschaftsauftrag finden sich in Peter Kliemann/Andreas Reinert, Thema Mensch ... (vgl. Anm. 4)

46 Für die genauere Beschäftigung mit dem Thema »Bioethik« vgl. z. B.: Reiner Anselm/Ulrich Körtner, Streitfall Biomedizin. Urteilsfindung in christlicher Verantwortung. Göttingen 2003. – Tilman Bechthold-Hengelhaupt, Ethische Aspekte der Gentechnik. Ein Handbuch für den Ethikunterricht. Göttingen 2007. – Peter Dabrock u. a., Menschwürde und Lebensschutz. Herausforderungen theologischer Bioethik. Gütersloh 2004. – Dietmar Mieth, Was wollen wir können? Ethik im Zeitalter der Biotechnik. Freiburg 2002.

47 Dabei geht es um die weit reichende, empirisch aber nicht entscheidbare Frage, an welchem Punkt menschliches Leben beginnt: Bei der Befruchtung der Eizelle? Am vierzigsten Tag nach der Empfängnis (so der Theologe Thomas von Aquin)? Beim ersten Atemzug des Kindes (so eine verbreitete Auffassung der Antike)? Wie wenig in diesem Punkt der Verweis auf die alttestamentliche Bibelstelle Gen 1, 26 ff. weiterhilft, zeigt ein Blick auf die Diskussion im Judentum: Ein Fötus, der sich nicht länger als vierzig Tage entwickelt hat, gilt im Talmud noch als »reines Wasser«. Und Embryonen und Prä-Embryonen außerhalb des Mutterleibs werden von vielen Rabbinern anders bewertet als Embryonen im Mutterleib. Vgl. hierzu: Miryam W. Wahrman, »Im Reagenzglas gibt es kein Verbot«. In: Allgemeine Jüdische Wochenzeitung 2/2001, S. 3.

Zu bedenken ist in diesem Zusammenhang auch, ob es zur Klärung und Versachlichung beiträgt, in der schwierigen Diskussion um die Grenzen der Biotechnologie den Maßstab der Gottebenbildlichkeit mit dem Begriff der Person zu verknüpfen. Die Verfasser der Genesistexte kennen diesen Begriff nicht, er entwickelt sich, kulturgeschichtlich gesehen, in den Jahrhunderten nach Christus aus dem Versuch, die Dreieinigkeit des christlichen Gottes angemessen zu denken (Gott als »ein Wesen in drei Personen«; Jesus Christus als »eine Person in zwei Naturen«). Personalität besteht in diesem Sinne gerade nicht in einer in sich ruhenden Identität, sondern in der Bezogenheit auf anderes. Auf den Menschen angewandt, könnte man sagen, die Personalität des Menschen zeige sich in der Beziehung zu sich selbst, zur Natur, zu anderen Menschen und zu Gott. – Diese theologischen Wurzeln des Personbegriffs sind in der Neuzeit nicht mehr allen bekannt. Personalität wird oft einfach mit Individualität, Rationalität und der Fähigkeit, sich seiner selbst bewusst zu sein, gleichgesetzt. In diesem Zusammenhang spielt die provozierende Argumentation des australischen Philosophen Peter Singer eine nicht immer ganz glückliche Rolle. Er bestimmt, ohne die geistesgeschichtliche Tradition aufzunehmen, Personalität als Fähigkeit, ein rationales und selbstbewusstes Wesen zu sein, und diskutiert dann in einer sehr pragmatischen, für europäische Ohren zum Teil schockierenden Weise, ob Menschen ohne Bewusstsein ihrer selbst der Personstatus aberkannt werden sollte, andererseits aber höher entwickelte Tiere als Personen bezeichnet werden dürften. Einschlägige, umstrittene Publikation: Peter Singer, Praktische Ethik.

Stuttgart, 2., überarbeitete und erweiterte Aufl., 1994. Wichtig erscheint mir, dass die Redlichkeit und der humane Anspruch der Argumente Singers nicht von vornherein in Frage gestellt werden; vgl. dazu z. B. Peter Singer, Je mehr wir für andere leben, desto zufriedener leben wir. In: Karlheinz Deschner (Hrsg.), Woran ich glaube. Gütersloh 1990, S. 267–271, oder Peter Singer, Wie sollen wir leben? Ethik in einer egoistischen Zeit. Erlangen 1996. – Wer die Position Singers nicht nur dämonisieren will, wird um eine philosophische Auseinandersetzung mit den Stärken und Grenzen des Utilitarismus nicht herumkommen. Vgl. hierzu z. B. Kurt Wuchterl, Streitgespräche und Kontroversen in der Philosophie des 20. Jahrhunderts. Bern Stuttgart Wien 1997, S. 261ff. – Ekkehard Martens, Zwischen Gut und Böse. Elementare Fragen angewandter Philosophie. Stuttgart 1997, bes. S. 103ff. – Joachim von Soosten, Nutzenerwartungen und Mythenspiralen. Das biotechnologische Zeitalter. In: entwurf 3/2000, S. 10–12. – Falk Wagner, Behinderte Neugeborene – Leben, das zu leben sich nicht lohnt? Zur Auseinandersetzung mit dem Präferenz-Utilitarismus von Peter Singer. In: Theologie Practica 1/1993, S. 49–59.

48 Zum folgenden Argumentationsgang vgl. Hans Heinrich Schmid, Altorientalische Welt in der alttestamentlichen Theologie. Zürich 1974.

49 Apokryphen (von griech. *apókryphos* = »verborgen, geheim«) sind Schriften, die aus biblischen Zeiten stammen, bei denen man sich aber nicht einigen konnte, ob sie in die Bibel aufgenommen werden sollten oder nicht. Im katholischen Alten Testament sind einige Schriften enthalten, die die protestantischen Bibeln allenfalls als Anhang führen. Die auch in katholischen Bibeln nicht aufgenommenen Apokryphen sind leicht zugänglich gemacht durch die von Alfred Schindler herausgegebenen Ausgabe »Apokryphen zum Alten und Neuen Testament«. Zürich, 5. Aufl., 1993.

50 Einen sehr plastischen Eindruck hiervon vermittelt Gerd Theißen mit seinem Buch »Der Schatten des Galiläers. Historische Jesusforschung in erzählender Form« (Gütersloh, 14. Aufl., 1997).

Kapitel V

51 Standardwerke für eine wissenschaftlich fundierte Auseinandersetzung mit der Gestalt Jesu sind u. a. Günther Bornkamm, Jesus von Nazareth. Stuttgart u. a., 15. Aufl., 1995. – Gerd Theißen/Annette Merz, Der historische Jesus. Ein Lehrbuch. Göttingen, Neuauflage, 1999. – Ansonsten sei verwiesen auf das Buch von Jürgen Moltmann, Der gekreuzigte Gott. Das Kreuz Christi als Grund und Kritik christlicher Theologie. Gütersloh, 6. Aufl., 1993, das auch den Anlass gab, die Formulierung vom »gekreuzigten Gott« in den Untertitel der vorliegenden »Argumente« aufzunehmen. Zum geistes- und theologiegeschichtlichen Hintergrund dieses provozierenden Ausdrucks vgl. Eberhard Jüngel, Gott als Geheimnis der Welt. Zur Begründung der Theologie des Gekreuzigten im Streit zwischen Theismus und

Atheismus. Tübingen 1977, S. 83ff. – Für die folgenden Überlegungen zur Quellenfrage vgl. Wolfgang Knörzer, Was wir von Jesus wissen. Stuttgart, 4. Aufl., 1977.

52 Zum Folgenden vgl. Fritz Böbel, Grundfragen des Glaubens. Eine Glaubenslehre in Einzellektionen. Band 1. München 1969, S. 71ff.

53 Gotthold Ephraim Lessing, Werke. Hrsg. von Herbert G. Göpfert, Band VII. Darmstadt 1976, S. 455 (»Aus den Papieren des Ungenannten«).

54 Fritz Böbel, a.a.O., S. 79f.

55 Vgl. insbesondere Schalom Ben-Chorin, Bruder Jesus. Der Nazarener in jüdischer Sicht. München 1967. – Ders., Jesus im Judentum. Wuppertal 1970. – Ansonsten vgl. zum Stand des jüdisch-christlichen Dialogs Jakob J. Petuchowski/Clemens Thoma, Lexikon der jüdisch-christlichen Begegnung. Neubearbeitung. Freiburg 1997. – Kirchenamt der EKD (Hrsg.), Christen und Juden II: Zur theologischen Neuorientierung im Verhältnis zum Judentum. Gütersloh 1991. – Kirchenamt der EKD (Hrsg.), Christen und Juden III – Schritte der Erneuerung im Verhältnis zum Judentum. Gütersloh 2000. – Albrecht Lohrbächer (Hrsg.), Was Christen vom Judentum lernen können. Freiburg, 5. Aufl., 1997.

Kapitel VI

56 Wer sich näher mit der Begriffsgeschichte von »Liebe« beschäftigen möchte, sei verwiesen auf den Artikel »Liebe« im 21. Band der Theologischen Realenzyklopädie, S. 121–191.

57 Vgl. dazu Helmut Gollwitzer, Das hohe Lied der Liebe. München, 8. Aufl., 1991.

58 Übersetzung nach: Das Neue Testament übersetzt und kommentiert von Ulrich Wilckens. Gütersloh, 7. Aufl., 1983.

59 Vgl. hierzu ausführlich und fundiert Eberhard Jüngel, Das Evangelium von der Rechtfertigung des Gottlosen als Zentrum des christlichen Glaubens. Eine theologische Studie in ökumenischer Absicht. Tübingen, 2., verbesserte Aufl., 1999.

60 Vgl. Eberhard Jüngel, Gottes Sein ist im Werden. Verantwortliche Rede vom Sein Gottes bei Karl Barth. Tübingen, 4. Aufl., 1986. – Eine leicht verständliche Einführung in das christliche Verständnis der Dreifaltigkeit bietet Leonardo Boff, Kleine Trinitätslehre. Düsseldorf, 2. Aufl., 1991. – Anspruchsvoller: Karl-Heinz Ohlig, Ein Gott in drei Personen? Vom Vater Jesu zum »Mysterium« der Trinität. Mainz Luzern 1999.

61 Zu diesem Verständnis von Theorie als kritischer Theorie vgl. z.B. Norbert Greinacher, Das Theorie-Praxis-Problem in der Praktischen Theologie. In: Ferdinand Klostermann/Rolf Zerfaß (Hrsg.), Praktische Theologie heute. München Mainz 1974, S. 103–118. – Anspruchsvoller: Godwin Lämmermann, Praktische Theologie als kritische oder als empirisch-funktionale Handlungstheorie. München 1981 (dort weitere Literaturhinweise).

62 Zum Argumentationsgang des folgenden Kapitels vgl. auch das in Anm. 4 zitierte dreiteilige Unterrichtsmodell von Kliemann/Reinert. Dort finden sich sowohl ergänzende und präzisierende Texte als auch weiterführende Literaturhinweise.

63 Vgl. zum Folgenden Alexander Schwan, Artikel »Hobbes«. In: Theologische Realenzyklopädie, Band 15, S. 404–412. Dort auch weiterführende Literaturangaben.

64 Thomas Hobbes, Leviathan. Zitiert nach der auch sonst sehr empfehlenswerten Schrift von Eberhard Jüngel, Zum Wesen des Friedens. Frieden als Kategorie theologischer Anthropologie. München 1983, S. 42. Ansonsten vgl. Thomas Hobbes, Leviathan oder Stoff, Form und Gewalt eines kirchlichen und bürgerlichen Staates. Hrsg. und eingeleitet von Iring Fetscher. Frankfurt/M., 9. Aufl., 1999.

65 »Authoritas, non veritas facit legem.« Zitiert nach Eberhard Jüngel, a. a. O., S. 43.

66 Für eine nähere Auseinandersetzung mit Jean-Jacques Rousseau vgl. z. B. Karl Barth, Die protestantische Theologie im 19. Jahrhundert. Zürich, 6. Aufl., 1994. – Martin Rang, Rousseaus Lehre vom Menschen. Göttingen 1959. – Iring Fetscher, Rousseaus politische Philosophie. Zur Geschichte des demokratischen Freiheitsbegriffs. Frankfurt/M., 13. Aufl., 1993.

67 Nach Hans Joachim Störig, Kleine Weltgeschichte der Philosophie. Stuttgart Berlin Köln, 17., vollständig überarbeitete und erweiterte Aufl., 1999, S. 431 f.

68 Der hier dargestellte Gedankengang vereinfacht die vorliegende theologische Problematik bewusst: »Der biblische Befund enthält in sich eine Aporie . . .: Einerseits sind nach den seltenen, doch gewichtigen Aussagen des Alten Testaments . . ., die im Neuen Testament nachklingen (1. Kor 11,7; Jak 3,9), alle Menschen unverlierbar nach dem Bilde Gottes erschaffen. Andererseits ist nach zentralen Aussagen des Neuen Testaments allein Jesus Christus das wahrhaftige Ebenbild, in das die Menschheit erst durch den Gottesgeist in Glaube und Taufe hineingestaltet werden soll (Joh 12,45; 14,9; Röm 8,29; 1. Kor 15,45–49; 2. Kor 3,18; 4,4; Phil 3,21; Kol 1,15). Hieraus resultiert die systematische Alternative: Ist der Einsatzpunkt bei einer unverlierbaren Gottebenbildlichkeit aller Menschen zu nehmen und Jesus Christus als deren höchste Aufgipfelung zu werten, oder muß man von der radikalen Erneuerung des Gottesbildes in Jesus Christus her auf dessen Verlust oder Verkehrung im Sündenfall Adams zurückschließen?« (Albrecht Peters, Artikel »Bild Gottes; IV: dogmatisch«. In: Theologische Realenzyklopädie, Band 6, S. 506–515; ebenda, S. 505 f.)

69 Wer sich intensiver mit Martin Luther beschäftigen möchte, sei verwiesen auf Gerhard Ebeling, Luther. Einführung in sein Denken. Tübingen, 4. Aufl., 1981. – Richard Friedenthal, Luther. Sein Leben und seine Zeit. München, 9. Aufl., 1997. – Eberhard Jüngel, Zur Freiheit eines Christenmenschen. Eine Erinnerung an Luthers Schrift.

München, 3. Aufl., 1991. – Dietrich Korsch, Martin Luther zur Einführung. Hamburg 1997. – Bernhard Lohse, Martin Luther. Eine Einführung in sein Leben und sein Werk. München, 3., vollständig überarbeitete Aufl., 1997. – Ernstpeter Maurer, Luther. Freiburg Basel Wien 1999. – Heiko A. Oberman, Luther. Mensch zwischen Gott und Teufel. München, verbesserte Ausgabe, 1987.

70 Zitiert nach dem von Ernst Kähler herausgegebenen Reclamheft Nr. 1578, Stuttgart 2000, S. 121.

71 A. a. O., S. 114

72 A. a. O., S. 123

73 Im Folgenden zitiert nach Martin Luther, Von der Freiheit eines Christenmenschen. In: Wolfgang Metzger (Hrsg.), Calwer Luther-Ausgabe, Band 2. Gütersloh 1983.

74 A. a. O., S. 162.

75 A. a. O., S. 163.

76 Ebenda.

77 A. a. O., S. 174.

78 A. a. O., S. 175.

79 A. a. O., S. 183.

80 Ebenda. – Die lateinische Formulierung lautet nach der Weimarer Ausgabe, Band 7, S. 66: *Dabo itaque me quendam Christum proximo meo, quemadmodum Christus sese praebuit mihi.*

81 Calwer Luther-Ausgabe, a.a.O., S. 187

82 Zu diesem Begriff vgl. Pier Paolo Pasolini, Scritti Corsari. Mailand 1977, S. 130f.; deutsch leider nur in Auswahl: Pier Paolo Pasolini, Freibeuterschriften. Die Zerstörung der Kultur des Einzelnen durch die Konsumgesellschaft. Berlin 1979.

83 Martin Luther, Vom ehelichen Leben (1522). In: Weimarer Ausgabe, Band 10 II, S. 275–304, dort S. 283.

Kapitel VIII

84 Alfred Loisy, Evangelium und Kirche. München 1904, S. 112f.

85 Vgl. Das Neue Testament übersetzt und kommentiert von Ulrich Wilckens. Gütersloh, 7. Aufl., 1983.

86 Vgl. hierzu wie auch zu den folgenden Abschnitten dieses Kapitels Eberhard Röhm/Jörg Thierfelder, Kirche – Staat – Politik. Zum Öffentlichkeitsauftrag der Kirche. Oberstufe Religion 3. Materialheft und Lehrerheft. Stuttgart 1979. – Knapp und präzise informiert auch das Taschenbuch von Reinhold Zippelius, Staat und Kirche. Eine Geschichte von der Antike bis zur Gegenwart. München 1997. – Einen gut lesbaren Überblick über die Geschichte der christlichen Kirchen bietet jetzt außerdem der Begleitband zu einer ARD-Fernsehserie: Leo Strohm, 2000 Jahre Christentum. Eine Religion verändert die Welt. München Stuttgart 1999.

87 *Si Tiberis ascendit in moenia, si Nilus non ascendit in rura, si caelum stetit, si terra mouit, si fames, si lues, statim »Christianos ad leonem!« Tantos ad unum?* Tertulliani opera, pars I, CCL 1, Apologeticum. Eligius Dekkers (Hrsg.), Turnhout 1954, S. 133.

88 Zur sog. »Konstantinischen Wende« vgl. knapp und anschaulich Inken Rühle, Sonnen-Wende. Konstantin und der fragwürdige Triumph der Kirche über Heidentum und Judentum. Tübingen 1999. – Grundlegend jetzt: Alexander Demandt/Josef Engemann, Konstantin der Große. Mainz 2007.

89 Vgl. Wolfgang Metzger (Hrsg.), Calwer Luther-Ausgabe, Band 4. Gütersloh 1983, S. 35.

90 Vgl. Röhm/Thierfelder, Lehrerheft, S. 30–32.

91 Beide Schriften sind mitabgedruckt in Band 4 der Calwer Luther-Ausgabe.

92 Wolfgang Metzger (Hrsg.), a.a.O, S. 43.

93 A. a. O., S. 42.

94 Vgl. a.a.O., S. 72 ff.

95 Weimarer Ausgabe, Band 39 II, S. 49.

96 Ebenda.

97 Vgl. dazu ausführlicher Axel von Campenhausen, Staatskirchenrecht. München 1973, S. 26–51.

98 Zum Thema dieses Abschnitts gibt es inzwischen sehr gut aufbereitete Materialien. Vgl. neben Röhm/Thierfelder, Materialheft, S. 40ff., die Materialien und Literaturhinweise im »entwurf« 1–2/1984, sowie das mehrbändige Werk von Eberhard Röhm/Jörg Thierfelder, Juden – Christen – Deutsche. Stuttgart 1990 ff.

99 Vgl. die Richtlinien der Glaubensbewegung »Deutsche Christen« vom 26. Mai 1932, zitiert nach Röhm/Thierfelder, Materialheft, S. 47.

100 Zur Sportpalast-Kundgebung vom 13. November 1933 vgl. Georg Denzler/Volker Fabricius, Christen und Nationalsozialisten. Frankfurt/M. 1993, S. 50 ff.; S. 274 f. – Kurt Maier, Kreuz und Hakenkreuz. Die evangelische Kirche im Dritten Reich. München 1992, S. 49 ff.

101 Vgl. die Selbstverpflichtung der Mitglieder des Pfarrernotbundes vom 21. September 1933, zitiert nach Röhm/Thierfelder, S. 48.

102 Im Folgenden zitiert nach Röhm/Thierfelder, S. 48. – Ansonsten findet sich die Barmer Erklärung jetzt auch unter den im Anhang evangelischer Gesangbücher abgedruckten Bekenntnissen.

103 In Auszügen abgedruckt a. a. O., S. 52 f.

104 Für weitere kritische Fragen zur Rolle der Kirchen im Nationalsozialismus vgl. Ernst Klee, »Die SA Jesu Christi«. Die Kirchen im Banne Hitlers. Frankfurt/M. 1989. – Ders., »Persilscheine« und falsche Pässe. Wie die Kirchen den Nazis halfen. Frankfurt/M., 3. Aufl., 1992.

105 Röhm/Thierfelder, S. 62. – Dass diese Schulderklärung noch wesentlich deutlicher und selbstkritischer hätte ausfallen können, zeigt ein Vergleich mit dem so genannten »Darmstädter Wort« des Bruderrates der Evangelischen Kirche in Deutschland, abgedruckt a. a. O., S. 63.

106 Diese und alle folgenden Gesetzestexte sind abgedruckt a. a. O., S. 29ff.

107 Die im folgenden Abschnitt nur knapp skizzierte Form des konfessionellen Religionsunterrichts wird ausführlich diskutiert und begründet bei Karl Ernst Nipkow, Bildung in einer pluralen Welt. Band 1: Moralpädagogik. Band 2: Religionspädagogik im Pluralismus. Gü-

tersloh 1998. – Eine kritische Gegenposition im Sinne des Brandenburger Modells erschließt sich z. B. über das Taschenbuch von Jürgen Lott, Wie hast du's mit der Religion? Das neue Schulfach »Lebenskunde – Ethik – Religionskunde« (LER) und die Werteerziehung in der Schule. Gütersloh 1998.

108 Nicht unerwähnt bleiben darf gerade auch im Hinblick auf das Schulwesen in den östlichen Bundesländern, dass Art. 7 GG nach Art. 141 GG (»Artikel 7 Absatz 3 Satz 1 findet keine Anwendung in einem Lande, in dem am 1. Januar 1949 eine andere landesrechtliche Regelung bestand.«) im Bundesland Bremen keine Gültigkeit hat. In Bremen findet deshalb »ein bekenntnismäßig nicht gebundener Unterricht in Biblischer Geschichte auf allgemein christlicher Grundlage«, also eine Art überkonfessionelle Religions- und Weltanschauungskunde statt. Ob die so genannte »Bremer Klausel« auch in Brandenburg, Mecklenburg-Vorpommern, Sachsen, Sachsen-Anhalt und Thüringen hätte Anwendung finden können, wird von Fachleuten aus juristischen Gründen bezweifelt. Tatsächlich haben sich außer Brandenburg alle neuen Bundesländer ausdrücklich für die Einführung des konfessionellen Religionsunterrichts nach Art. 7 des Grundgesetzes entschieden.

109 Zitiert nach dem vom Ministerium für Kultus, Jugend und Sport Baden-Württemberg herausgegebenen Bildungsplan für das Gymnasium der Normalform, Stuttgart 1994, S. 815.

110 Vgl. die Vorbemerkung zum Lehrplan Ethik, herausgegeben vom Ministerium für Kultus, Jugend und Sport Baden-Württemberg. In: Bildungsplan für das Gymnasium der Normalform, Band 2. Stuttgart 1984, S. 1360. Der baden-württembergische Lehrplan von 1994 enthält diese Formulierung interessanterweise nicht mehr.

111 Vgl. zu den notwendigen Rahmenbedingungen eines solchen Unterrichts: Urs Baumann (Hrsg.), Islamischer Religionsunterricht. Frankfurt/M. 2001.

112 Ausführlicher dargestellt ist diese Problematik bei Karl Ernst Nipkow, Religionsunterricht in der Leistungsschule. Gütersloh 1979.

113 Die Denkschriften der Evangelischen Kirche in Deutschland. Herausgegeben von der Kirchenkanzlei der EKD, Band 1/1, S. 62. Dieses Selbstverständnis der Evangelischen Kirche in Deutschland im Kontext der Zivilgesellschaft findet sich neuerdings noch einmal klar herausgearbeitet und begründet bei Wolfgang Huber, Kirche in der Zeitenwende. Gesellschaftlicher Wandel und Erneuerung der Kirche. Gütersloh 1998.

114 Denkschriften und Stellungnahmen der EKD werden vom Kirchenamt der EKD, Herrenhäuserstr.12, 30419 Hannover, herausgegeben und erscheinen im Gütersloher Verlagshaus.

115 Im Folgenden zitiert nach: Die Denkschriften der Evangelischen Kirche in Deutschland. Herausgegeben von der Kirchenkanzlei der EKD, Band 1/1.

116 A. a. O., S. 81.

117 A. a. O., S. 109.

118 A.a.O., S. 132.
119 Zur Geschichte der Kirche in der DDR vgl. Peter Maser, Glauben im Sozialismus. Berlin 1989. Über die Rolle der evangelischen Kirche im Herbst 1989 informiert knapp, präzise und reflektiert Heino Falcke, Die unvollendete Befreiung. Die Kirchen, die Umwälzung in der DDR und die Vereinigung Deutschlands. München 1991. – Aus historischem Abstand vgl. Joachim Mehlhausen/Leonore Siegele-Wenschkewitz (Hrsg.), Zwei Staaten – zwei Kirchen? Ergebnisse und Tendenzen der Forschung. Leipzig 2000 (dort weitere Literaturhinweise!).
120 Zur Entstehung und Verbreitung dieser programmatischen Formel vgl. Theologische Studienabteilung beim Bund der Evangelischen Kirchen in der DDR (Hrsg.), Zum Gebrauch des Begriffes »Kirche im Sozialismus«. Informationen und Texte Nr. 15. März 1988.
121 Vgl. dazu die Gemeinsame Pressemitteilung über das Gespräch zwischen dem Vorstand der Konferenz der evangelischen Kirchenleitungen in der DDR und dem Vorsitzenden des Staatsrates der DDR vom 6. 3. 1978, abgedruckt bei Röhm/Thierfelder, Materialheft, S. 34–36.
122 Einen guten Einblick in diese oppositionellen Aktivitäten bietet aus der Perspektive eines Betroffenen z.B. Friedrich Schorlemmer, Worte öffnen Fäuste. Die Rückkehr in ein schwieriges Vaterland. München 1992.
123 So der Titel eines lesenswerten Dokumentenbandes von Jörg Swoboda (Hrsg.), Die Revolution der Kerzen. Christen in den Umwälzungen der DDR. Wuppertal Kassel 1990.
124 Vgl. Gerhard Rein, Die protestantische Revolution. 1987–1990. Ein deutsches Lesebuch. Berlin 1990.
125 Diese These vertrat bereits im Frühjahr 1989 der DDR-Bürgerrechtler Rolf Henrich. Vgl. dazu ders., Der vormundschaftliche Staat. Vom Versagen des real existierenden Sozialismus. Reinbek 1989, bes. S. 223ff.
126 Vgl. dazu Gerhard Besier/Stephan Wolf (Hrsg.), »Pfarrer, Christen, Katholiken«. Das Ministerium für Staatssicherheit der ehemaligen DDR und die Kirchen. Neukirchen-Vluyn, 2., durchgesehene und um weitere Dokumente vermehrte Aufl., 1992. – Gerhard Besier, Der SED-Staat und die Kirche. 3 Bände. Berlin 1993–1995. – Kritische Bewertungen der Position Besiers finden sich z.B. in der epd-Dokumentation 8/1992: Kirche und Stasi. Materialien zu der aktuellen Diskussion um das Besier-Buch und die Angriffe auf Manfred Stolpe.
127 Friedrich Schorlemmer, a.a.O., S. 400.
128 Vgl. Martin Riesebrodt, Die Rückkehr der Religionen. Fundamentalismus und »der Kampf der Kulturen«. München 2000.
129 Zur Auseinandersetzung mit den Pfingstkirchen vgl. Walter Hollenweger, Charismatisch-pfingstliches Christentum. Göttingen 1997.
130 Karl Rahner, Im Gespräch. Hrsg. von Paul Imhof und Hubert Biallowons. Band 2, München 1983, S. 34.
131 Vgl. z.B. Georg Schmid, Mystik der Weltreligionen. Stuttgart 2000. – Dorothee Sölle, Mystik und Widerstand: Du stilles Geschrei. Ham-

burg 1997. – Jörg Zink, Dornen können Rosen tragen. Mystik – die Zukunft des Christentums. Stuttgart 1997. – Ders., Die goldene Schnur. Anleitung zu einem inneren Weg. Stuttgart 1999. – Klaus Berger, Was ist biblische Spiritualität? Gütersloh 2000.

132 Ansonsten vgl. z.B. Almuth und Werner Huth, Praxis der Meditation. München 2000. – Matthias-Grünewald-Verlag (Hrsg.), Klosterführer. Christliche Stätten der Besinnung im deutschsprachigen Raum. Mainz 2000. – Für weitere, sehr anregende Überlegungen zur Zukunft der Kirche vgl. außerdem Klaus Berger, Kann man auch ohne Kirche glauben? Gütersloh 2000.

Kapitel IX

133 Genauere Informationen zum historischen Ursprung und zur Wirkungsgeschichte des Jobeljahres finden sich bei Georg Scheuermann (Hrsg.), Das Jobeljahr im Wandel. Untersuchungen zu Erlassjahr- und Jobeljahrtexten aus vier Jahrtausenden. Würzburg 2000. – Vor einer unreflektierten Übertragung von 3. Mose 25 auf heutige Wirtschaftsverhältnisse warnt aus ökonomischer Sicht zu Recht Josef Wieland, »Option für die Armen?« Grenzübergänge der Sozialethik. In: Zeitschrift für Evangelische Ethik 40 (1996), S. 57–66.

134 Die Formulierung »Option für die Armen« wurde Ende der 60er Jahre von der lateinamerikanischen »Theologie der Befreiung« geprägt: Die eurozentrische und vorwiegend akademische Perspektive bisheriger Theologie sollte durch eine Theologie aus der Perspektive der Armen und Entrechteten ersetzt bzw. ergänzt werden, die biblische Botschaft bewusst auch auf die politische Überwindung sozialer Missstände und Ungerechtigkeiten bezogen werden. Motor der Befreiung sollten so genannte »Basisgemeinden« sein, die – ausgehend von der gemeinsamen Beschäftigung mit der Bibel – konkrete Schritte für eine Veränderung von Gesellschaft und Kirche von der Basis entwickelten. Wichtige Etappen bei der Ausformulierung der »Option für die Armen« waren die Generalversammlungen der lateinamerikanischen Bischöfe in Medellin/Kolumbien (1968) und Puebla/Mexiko (1979). Der obrigkeitskritische Ansatz der Theologie der Befreiung löste bei den Regierenden, aber auch bei der römischen Kirchenleitung immer wieder heftige Reaktionen aus. Andererseits wurde der theologische Grundsatz der vorrangigen Option für die Armen zunehmend und weltweit Bestandteil offizieller Kirchendokumente.

135 Zum Thema »Kirche und Soziale Frage des 19. Jahrhunderts« vgl. insgesamt Günter Brakelmann, Die soziale Frage des 19. Jahrhunderts. Bielefeld, 6. Aufl., 1979.

136 Johann Hinrich Wichern, Ausgewählte Schriften. Hrsg. von Karl Janssen, Band 1. Gütersloh 1979, S. 121.

137 Vgl. a.a.O., S. 122.

138 Johann Hinrich Wichern, Ausgewählte Schriften. Hrsg. von Karl Janssen, Band 3. Gütersloh 1979, S. 229.

139 A.a.O., S. 248.

140 Dieser Ausdruck stammt von dem viel zu wenig beachteten Sozialreformer Victor Aimé Huber (1800–1869). Vgl. dazu Brakelmann, a. a. O., S. 141ff.

141 Karl Marx/Friedrich Engels, Manifest der Kommunistischen Partei. Stuttgart 1999 (Reclamheft Nr. 8323), S. 19.

142 A. a. O., S. 56.

143 Wer einen unmittelbaren Einblick in die Probleme der Entwicklungshilfe gewinnen will, kann bei Oikocredit/Ökumenische Entwicklungsgenossenschaft für ca. 450 DM einen Anteilschein erwerben und sich dadurch als unmittelbar Beteiligter Schwierigkeiten, Risiken und Chancen von Entwicklungshilfe vor Augen führen. Nähere Informationen (mit den entsprechenden regionalen Kontaktadressen) bei Gebhard Böhm/Michael Hugelstein (Hrsg.), Der liebe Gott und das liebe Geld. Das Modell der ökumenischen Entwicklungsgenossenschaft EDCS. Ostfildern 1996. – Internet: www.oikocredit.org.

144 Dass das Apfelbäumchen-Wort ihm tatsächlich nur zugeschrieben wird und offensichtlich erst aus der Nachkriegszeit stammt, zeigt jetzt Martin Schloemann, Luthers Apfelbäumchen? Ein Kapitel deutscher Mentalitätsgeschichte seit dem Zweiten Weltkrieg. Göttingen 1994. Ob der Satz Martin Luther zumindest gefallen und er ihm wohl zugestimmt hätte?

145 Für eine vertiefte Auseinandersetzung mit der Problematik des Sonntags vgl. z. B. Ulrich Körtner, Evangelische Sozialethik, Göttingen 1999, S. 303ff. (mit weiterführenden Literaturhinweisen). – Zum aktuellen Stand der Diskussion zum Thema »Sonntagsarbeit« vgl. im Internet mit Hilfe einer Suchmaschine das Stichwort »Sonntag«. Zur Zeit bieten verschiedene kirchliche Einrichtungen kostenlose Arbeitshilfen an.

146 »Es gebührt sich für die Gemeinden, solche Anordnungen um der Liebe und Ruhe willen zu befolgen und sie soweit zu halten, dass nicht einer beim anderen Anstoß errege, sondern alles in den Kirchen ordentlich und friedlich zugehe; allerdings auch so, dass nicht die Gewissen beschwert werden und man meine, diese Dinge seien heilsnotwendig und man sündige, wenn man sie nicht halte ... Denn diejenigen täuschen sich sehr, die behaupten, durch die Autorität der Kirche sei an Stelle des Sabbats das Halten des Sonntags als Pflicht eingeführt worden. Die Heilige Schrift ist es gewesen, die den Sabbat abschaffte, nicht die Kirche. Seit das Evangelium geoffenbart ist, können alle mosaischen Zeremonien unterbleiben. Weil aber doch ein bestimmter Tag festgesetzt werden musste, damit das Volk wisse, wann es sich versammeln müsse, bestimmte die Kirche, wie offenkundig ist, dazu den Sonntag; und man entschied sich, scheint es, um so eher für diesen Tag, als die Menschen ein Beispiel christlicher Freiheit haben und wissen sollten, dass weder die Beobachtung des Sabbats noch sonst eines Tages heilsnotwendig ist.«
Confessio Augustana, Artikel 28, 55–60, Übersetzung von Heinrich Bornkamm, zitiert nach Leif Grane. Die Confessio Augustana. Einführung in die Hauptgedanken der lutherischen Reformation. Göttingen, 2., durchgesehene Aufl., 1980, S. 187f.

147 Vgl. hierzu Hellmut Steffens, Der ge(schein)heiligte Sonntag. Fakten und Meinungen zur Sonntagsarbeit. Frankfurt/M. 1990.

Kapitel X

148 Eine Darstellung der wichtigsten Weltreligionen hätte den Rahmen dieses Buches gesprengt. Vgl. dazu jetzt: Peter Kliemann, Das Haus mit den vielen Wohnungen. Eine Einführung in die Religionen der Welt. Stuttgart, 2., verbesserte Aufl., 2006.

149 Vgl. zur Vertiefung Karl-Josef Kuschel (Hrsg.), Christentum und nicht-christliche Religionen. Darmstadt 1994. – Theo Sundermeier, Was ist Religion? Religionswissenschaft im theologischen Kontext. Ein Studienbuch. Gütersloh 1999. – Wissenschaftlich und gründlich Perry Schmidt-Leukel, Theologie der Religionen. Probleme – Optionen – Argumente. Neuried 1997. – Etwas älter, aber knapp und sehr anregend Falk Wagner, Über die Legitimität der Mission. Theologische Existenz heute, Heft 154. München 1968.

150 Vgl. Theodor Müller-Krüger (Hrsg.), In sechs Kontinenten. Dokumente der Weltmissionskonferenz von Mexiko-City 1963. Stuttgart 1964.

151 Für eine vertiefte Auseinandersetzung vgl. Falk Wagner, Möglichkeiten und Grenzen des Synkretismusbegriffes für die Religionstheorie. In: Volker Drehsen/Walter Sparn (Hrsg.), Konturen des modernen Synkretismus. Gütersloh 1996, S. 72–117.

Peter Kliemann
Impulse und Methoden
Anregungen für die Praxis
des Religionsunterrichts
204 Seiten
76 sw Abbildungen
ISBN 978-3-7668-3465-2

Dieses Buch bietet Erfahrungsberichte aus der Schulpraxis, zahlreiche methodische Hinweise und Anregungen zur Planung und Durchführung des Unterrichts sowie viele Materialien und Denkanstöße in Form von Karikaturen und Abbildungen.
Dieses vielfältige Angebot will Lehrerinnen und Lehrer anregen zum Ausprobieren, zum Gedankenaustausch, zum Weiterdenken und Weiterentwickeln eines lebendigen, erfahrungsoffenen und kommunikativen Unterrichts.
Eine Übersicht für eilige Leser ermöglicht eine rasche Orientierung über die in den Beiträgen angebotenen Anregungen und Materialien.

Peter Kliemann/Andreas Reinert
Thema: Gott – Schülerheft
Material für den Unterricht
in der Oberstufe
48 Seiten, durchgehend farbig,
Format 21 × 28 cm
ISBN 978-3-7668-3957-2

Das Thema Gott ist eines der zentralen Bildungsplanthemen und hat eine entsprechende Bedeutung im Religionsunterricht. Auch für die Schülerinnen und Schüler ist die »Frage nach Gott« und die Antworten, die auf diese Frage gegeben werden, von hohem Stellenwert und ein wichtiger Faktor, wie sie den Unterricht und seine Relevanz bewerten.

»Thema: Gott« bietet:
- fundierte Textauswahl für einen niveauvollen Unterricht
- abwechslungsreiches Bildprogramm für eine mehrdimensionale Erschließung des Themas
- zeitgemäßes, schülerorientiertes Layout
- Orientierung an den Bildungsplänen der Oberstufe
- Möglichkeiten zu einem kompetenzorientierten, kreativen Unterricht

Begleitend zum Schülerheft sind erschienen:

Peter Kliemann/Andreas Reinert
Thema: Gott – Lehrerkommentar
ca. 128 Seiten, zahlreiche ergänzende Materialien
Format DIN A4
ISBN 978-3-7668-3958-9

Peter Kliemann/Andreas Reinert
Thema: Gott – Materialband
ca. 240 Seiten, zahlreiche ergänzende Materialien
Format DIN A4
ISBN 978-3-7668-3959-6

Kombi-Paket: Thema: Gott
3 Bände zusammen (Schülerheft, Lehrerband und Materialband)
ISBN 978-3-7668-4008-0

Oberstufe Religion NEU
Herausgegeben von
Veit-Jakobus Dieterich
und Hartmut Rupp

Veit-Jakobus Dieterich
Wirklichkeit – Schülerheft
80 Seiten, zahlreiche farbige Abbildungen
Format DIN A4
ISBN 978-3-7668-3978-7

Hans-Jürgen Herrmann und Ulrich Löffler
Religionen – Schülerheft
80 Seiten, zahlreiche farbige Abbildungen
Format DIN A4
ISBN 978-3-7668-3992-3

Gerhard Büttner, Hanna Roose, Friedrich Spaeth
Jesus Christus – Schülerheft
80 Seiten, zahlreiche farbige Abbildungen
Format DIN A4
ISBN 978-3-7668-4043-1

Lehrerbände:

Wirklichkeit – ISBN 978-3-7668-3984-8
Religionen – ISBN 978-3-7668-3993-0
Jesus Christus – ISBN 978-3-7668-4044-8